LE VOYAGE DE NOS VIES

CHRIS COLFER

LE VOYAGE DE NOS VIES

OU QUAND LA RÉALITÉ REJOINT LA (FAN)FICTION

Traduit de l'anglais (États-Unis) par Cyril Laumonier

Michel LAFON

Titre original : *Stranger than fanfiction*
Première édition publiée en mars 2017 par Little, Brown and Company

Loi n° 49-956 du 16 juillet 1949 sur les publications destinées à la jeunesse

118, avenue Achille-Peretti – CS70024
92521 Neuilly-sur-Seine Cedex

www.lire-en-serie.com

À Ashley,
la meilleure amie possible.
Ta mémoire étant meilleure que la mienne,
il faudra que tu me dises quelles parties
de ce livre sont bien vraies.

Chapitre 1

AU DIABLE LES CONVENTIONS !

Ce n'était pas une vraie WizCon tant que personne ne se faisait piétiner. C'était en tout cas ce que les employées du parc des expositions de Santa Clara se répétaient. Le succès de l'événement annuel ne se mesurait jamais en nombre d'entrées (les billets se vendaient comme des petits pains) mais en nombre de blessures que s'infligeaient entre eux les visiteurs trop enthousiastes.

Heureusement, les incidents de la WizCon n'étaient jamais graves, mais l'euphorie était telle que les participants devenaient des dangers pour eux-mêmes et pour les autres. Aussi, plus on comptait d'accidents, plus les organisateurs appréciaient le travail qu'ils avaient accompli.

Au vu des arrivants matinaux qui, au comble de l'excitation, se pressaient contre les vitres en verre à l'extérieur, le personnel de la convention savait déjà que la WizCon 2017 allait battre de nouveaux records.

– Il est midi une ! cria un petit garçon déguisé en alien gris. Vous deviez ouvrir à midi !

– Allez, on attend depuis des heures ! lança une vieille dame habillée en Marie-Antoinette décapitée.

– Nous, on est là depuis hier ! dit une ado très fatiguée au milieu d'un groupe en costume de dinosaure.

Le parc des expositions était cerné par une foule immense de personnages historiques, d'espèces éteintes et de créatures extraterrestres. N'importe quel passant aurait été terrifié mais, malgré ses airs de secte psychédélique, la foule était parfaitement innocente.

Tous ces gens étaient venus à la WizCon parce qu'ils étaient fans de la série télévisée à succès *Wiz Kids*, une série d'action-aventure qui suivait un trio de petits génies voyageant à travers le temps et l'espace, dans une machine construite avec une cabine de W-C chimiques.

Naturellement, à la diffusion du pilote, la presse s'était défoulée sur la série comme sur une *piñata*. Chaque article sur son « postulat ridicule » était plus virulent que le précédent. Les critiques avaient pris un malin plaisir à la mettre en pièces, au point de faire le concours de celui qui la « détestait le plus ». Cependant, chaque coup porté n'avait fait qu'alimenter le buzz autour de *Wiz Kids*. Les spectateurs étaient allés voir ce qu'il en était d'une telle « absurdité » et n'avaient finalement pas détourné les yeux comme prévu. On avait fini par trouver le caractère farfelu de la série plutôt attachant, et son esprit insolite, hors des sentiers battus, avait trouvé un écho, au point de donner naissance à un phénomène planétaire.

Non, ce n'était pas du Shakespeare, et *heureusement*.

Du jour au lendemain, tout le monde connaissait le trio d'ados. Leurs visages s'étaient retrouvés imprimés sur des T-shirts, des boîtes de conserve, des draps de lit, toutes sortes de produits hygiéniques, et leurs vies personnelles alimentaient la presse people.

Neuf saisons plus tard, les spectateurs des *Wiz Kids* étaient plus nombreux et plus passionnés que jamais. Se faisant appeler les Wizzers, ils dominaient Internet avec plus de hashtags, sujets tendance, forums de discussions et fanfictions que n'importe quelle autre série. Et tel un pèlerinage religieux, chaque quatrième week-end de juin, les Wizzers du monde entier se rendaient à Santa Clara, en Californie, pour la sacro-sainte convention *Wiz Kids* afin de rendre hommage tous ensemble à la série.

– Il est midi cinq ! cria la mère de triplés habillés en soldats romains. Ouvrez les portes, à la fin !

– Laissez-nous entrer ! Il fait chaud ici ! dit un homme couvert des pieds à la tête d'un costume de martien.

– Ma moustache est en train de fondre ! cria une petite fille déguisée en Edgar Allan Poe (du moins l'espéraient les personnes autour).

Enfin, à midi dix, les portes s'ouvrirent et une armée d'aliens, de personnages célèbres disparus et de grands reptiles s'engouffra dans le parc des expositions… *la WizCon 2017 venait de démarrer !* Les agents de sécurité guidèrent avec précaution la foule excitée comme une nuée de moutons explosifs. Les secours se tenaient à l'affût, brancards sortis. Les autres employés du lieu faisaient des paris sur les invités qui allaient « craquer ».

Les premiers Wizzers à passer les portes foncèrent vers le théâtre, où le « Panel acteurs et créateurs de *Wiz Kids* » allait se tenir plus tard dans l'après-midi. Seuls les six cents premiers arrivés allaient pouvoir y assister, tandis que les malheureux retardataires devraient le regarder sur un écran du grand hall.

Mourant d'envie de voir leurs acteurs préférés en chair et en os, les ados chargèrent à travers le parc, faisant au passage tomber des stands des produits dérivés hors de prix et trébucher des visiteurs âgés et inoffensifs. Ils se serrèrent entre les portes étroites du théâtre et se jetèrent sur les premiers sièges disponibles. En quelques minutes, tous les sièges furent pris par des jeunes surexcités. Ils jetèrent des regards pleins de pitié vers les pauvres âmes errantes sans fauteuil, tels les passagers de troisième classe du *Titanic.*

Pas un seul Wizzer ne tenait en place. Tout le monde dans le théâtre se tortillait comme s'il avait une furieuse envie d'aller aux toilettes. L'attente était une torture et certains durent respirer dans des sacs en papier pour ne pas défaillir… mais qui pouvait leur jeter la pierre ? *L'heure était venue !* Plus que quelques minutes d'agonie et le panel qu'ils avaient attendu toute l'année allait commencer !

Leurs yeux jonglaient de part et d'autre de la scène, comme s'ils voulaient deviner de quel côté allaient arriver leurs héros. Une table était installée sur la scène avec quatre chaises, quatre micros et quatre plaques nominatives. La foule couinait comme une meute de hyènes en lisant les noms des acteurs et des créateurs des *Wiz Kids*, en particulier celui de Cash Carter, l'acteur principal de la série.

Sans l'ombre d'un doute, c'était lui que les Wizzers attendaient plus que tout. En dehors des personnes en costumes, pratiquement tout le monde dans le théâtre portait un T-shirt à l'effigie de son personnage, le Dr Webster Bumfuzzle. Le docteur était connu pour ses lunettes épaisses, son nœud papillon vert et sa blouse bleue. Les Wizzers murmuraient entre eux, se demandant ce que Cash Carter pouvait bien faire en ce moment et s'il était aussi impatient qu'eux…

Des loges, l'agitation dans le théâtre résonnait comme le grondement du tonnerre au loin. Cash Carter s'était réfugié dans les toilettes, où le bruit de la foule était totalement effacé par le bourdonnement des lumières au néon. Il se tenait face au miroir, les yeux clos, profitant du calme tant qu'il le pouvait.

Cash n'était pas du genre jaloux mais il enviait le *calme* des gens. Ce n'était que dans le silence le plus absolu qu'il pouvait simplement *exister* et ne pas être renvoyé à qui et à ce qu'il était, ou, comme disaient les critiques, à qui et à ce qu'il *n'*était pas. Mais trouver un endroit loin de l'agitation d'un plateau de télévision, des clics frénétiques des paparazzis ou des murmures d'une foule assoiffée était très rare. Les toilettes avaient peut-être des carreaux cassés sur les murs, des taches suspectes au plafond, une odeur terriblement acide, et quelqu'un s'y était certainement fait assassiner par le passé, mais pour Cash, c'était un sanctuaire.

Sa tranquillité fut cependant soudain interrompue par un bruit contre la porte.

– Monsieur Carter ? demanda un employé sous-payé. Vous êtes encore là ? On aimerait commencer le panel dans cinq minutes.

– Cinq minutes ? Je croyais qu'on ne commençait pas avant quatorze heures.

– Il *est* quatorze heures.

Sans s'en rendre compte, Cash avait passé plus d'une heure dans les toilettes. Il ouvrit ses yeux cernés, injectés de sang, et contempla son reflet. L'acteur de vingt-deux ans était mince, avec une barbe de trois jours et des cheveux en bataille. Il portait un blazer noir par-dessus le T-shirt dans lequel il avait dormi la veille et s'était mis une eau de toilette forte pour masquer le fait qu'il n'avait pas pris de douche depuis deux jours.

– Est-ce que tout va bien ? Vous êtes là-dedans depuis un moment.

– Ça va, marmonna Cash. J'ai perdu la notion du temps. On peut lancer la présentation du panel, je sors dans cinq minutes.

– En fait, les producteurs souhaitent s'entretenir avec les acteurs avant le début du panel.

Cash grogna.

– Dans ce cas, je sors dans dix minutes.

L'employé poussa un long soupir.

– Entendu, dit-il avant d'appuyer sur un bouton de son casque. Il dit qu'il sort dans dix mi... oui, je sais qu'on est en retard. Dis au public qu'on commencera plutôt vers quatorze heures trente. Calme-toi, Gary... c'est la WizCon, pas les Oscar.

L'employé descendit le couloir en soufflant, laissant à Cash quelques instants de répit.

Cash était une vraie boule de nerfs, comme attaqué par une nuée de chauves-souris. Même après neuf années de conventions, il restait nerveux à l'idée de se montrer devant un auditoire. Il était peut-être fou mais il ne se faisait pas à l'idée de pénétrer une pièce remplie d'inconnus en train d'applaudir, de hurler et de pleurer. S'il n'avait jamais pris pour acquise l'affection que lui vouaient les Wizzers, être la source d'autant de joie lui mettait beaucoup trop de pression. Un mot de travers et il risquait de blesser le cœur de toute une génération de jeunes gens pour le reste de leur vie, et de se faire haïr pour le reste de la sienne.

C'était putain de dur d'être adulé.

Heureusement pour lui, Cash avait ces derniers temps un peu d'aide pour se détendre. Il plongea la main dans sa poche et en tira trois grosses pilules et deux bonbons à la marijuana. Il avala les pilules, mâcha les bonbons, et fit couler le tout avec une gorgée de la flasque qu'il gardait dans son blazer. Certes, ce n'était pas le mélange le plus *sain*, mais ses friandises fonctionnaient mieux lorsqu'il les prenait toutes en même temps.

Cash referma les yeux, prit une profonde inspiration et attendit que ses armes secrètes fassent leur effet. Quelques instants plus tard, on frappa de nouveau à la porte.

– Monsieur Carter ? lança l'employé. Ça fait *quinze* minutes. Vous êtes prêt ?

Les friandises spéciales de Cash avaient pour effet de lui faire perdre la notion du temps, mais son anxiété s'était totalement évaporée. À dire vrai, il ne ressentait plus grand-chose. Tout lui paraissait léger, facile, comme s'il flottait dans les nuages à bord d'une montgolfière. Ce ne fut qu'au moment d'ouvrir ses yeux dilatés et de regarder autour de lui qu'il se rappela où il était. Son cocktail préconvention avait fonctionné !

– M. Carter ? Vous m'entendez ? demanda l'employé qui s'impatientait un peu plus à chaque seconde.

Cash ricana. Il y avait quelque chose de drôle à se faire appeler « M. Carter » par une personne du double de son âge.

– Ouais, je t'ai entendu. *Place au spectacle !*

Cash quitta avec réticence son sanctuaire de porcelaine, et suivit l'employé dans le couloir. La loge était plus remplie qu'il ne l'imaginait. Six personnes étaient assises face à lui et, dans son état second, il fallut un moment à Cash pour toutes les reconnaître.

Damien Zimmer, le créateur de *Wiz Kids*, était assis au centre avec le producteur exécutif de la série, Jim Kaufman. À leur droite, se tenaient les partenaires de Cash, la superbe Amy Evans et le beau gosse Tobey Ramous. À la gauche de Damien et Jim, un homme et une femme d'âge moyen, portant tous deux un costume de marque. Cash savait que ce devait être des producteurs de la chaîne, mais ceux-ci se faisaient virer et embaucher si vite qu'il ne connaissait pas leurs noms.

– Eh bien, en voilà une surprise, dit Cash.

– Vous nous laissez une minute ? demanda Jim à l'employé.

L'homme surchargé mourait d'envie de commencer l'événement, mais il leur accorda un instant d'intimité.

– Assieds-toi, Cash, dit Damien en pointant une chaise vide.

– Euh… OK, répondit Cash en prenant place.

Tous les six le regardaient avec des visages fermés, à l'exception de ses amis acteurs, qui consultaient les réseaux sociaux sur leur téléphone. Cash voyait bien qu'on lui en voulait pour quelque chose, quelque chose de bien pire que de prendre son temps aux toilettes. Peut-être avait-il fait un commentaire déplacé dans une interview ou alors oublié de live-tweeter pendant une rediffusion.

– Alors… qu'est-ce qu'il se passe ?

– Avant de commencer, il faut que tu saches que nous sommes tous réunis ici parce que nous tenons à toi, répondit Jim.

– Dah, c'est la WizCon ! Tout le monde est ici parce qu'on tient à moi.

La remarque fut reçue par plusieurs yeux levés au ciel et des soupirs, mais Cash n'essayait même pas de jouer au plus malin. Au contraire, après trois analgésiques, ses bonbecs et un shot de whisky, il était trop détendu pour comprendre le moindre sous-entendu.

– L'heure est grave, Cash, intervint la femme. Cela ne va pas être une conversation très agréable, mais elle est nécessaire si nous voulons empêcher que les choses s'enveniment.

– S'enveniment ? De quoi vous parlez ?

Chacun laissa la responsabilité de la conversation aux autres, jusqu'à ce qu'elle ne retombe sur les genoux de Damien, telle une lourde pile de livres, des livres qu'il n'avait *pas* envie de lire.

– Nos rapports ont toujours été tendus, aussi je ne suis probablement pas le meilleur messager, dit Damien avec un soupir théâtral. Depuis la fin du tournage de la saison 9 et le début de la pause annuelle, tu perds les pédales. Nous avons tout d'abord cru que c'était une phase, mais après deux mois de bêtise absolue, nous craignons le pire. Nous avons tous modifié nos emplois du temps pour être là aujourd'hui et parler de ton comportement ces derniers temps.

Damien avait raison : il n'était pas le bon messager. En réalité, c'était bien la dernière personne sur Terre de qui Cash prendrait des leçons de comportement.

À seulement trente-cinq ans, Damien Zimmer avait l'ego et la prétention des pires clichés d'Hollywood. Il avait commencé sa carrière comme enfant acteur dans une sitcom mielleuse, *C'est qui, le parent ?*, dont on se souvenait plus pour ses affreux rires enregistrés que pour sa qualité d'écriture. Quand Damien avait la vingtaine, il avait créé *Wiz Kids* dans l'intention d'en être la star. La chaîne lui en avait acheté les droits mais avait estimé Damien trop vieux et l'avait forcé à trouver des acteurs plus jeunes. Malgré l'immense succès de *Wiz Kids* et la fortune colossale qu'il avait amassée, Damien en avait toujours voulu à Cash de lui avoir « volé » son rôle et sa place sous le feu des projecteurs.

– Attendez, c'est une *intervention* ? Juste avant une convention ?

– Dans le mille, répliqua Damien. Et je crois qu'il en était grand temps. On t'a vu ivre dans toutes les boîtes de la ville, défoncé dans des lieux publics, tracer sur Sunset Boulevard avec des prostituées à l'arrière de ta Lamborghini, et tu as une descente de police chez toi un jour sur deux pour faire cesser tes fêtes infernales.

– D'une, c'étaient des *strip-teaseuses* et de deux, je conduis une *Maserati*, rectifia Cash. Et ce n'est pas illégal d'organiser des fêtes et d'être bourré.

– Non, mais *la mise en danger d'autrui*, si. Tu as eu de la chance de ne pas être poursuivi quand tu as emmené les scouts d'Amérique faire du parachute ou ces pauvres enfants malades sur un stand de tir.

– Tu es aussi coupable de violation de propriété, renchérit Jim. Quelqu'un t'a filmé en train de grimper sur la statue d'un éléphant sur le site de La Brea, *nu*, en criant : « Je suis le roi des mammouths ! » Tu n'imagines pas les efforts déployés par le service des relations publiques de la chaîne pour éviter que les images ne finissent sur Internet.

Cash se mit à glousser.

– Faut admettre que ça, c'était magique. Tiens, d'ailleurs, je pourrais en avoir une copie ? J'ai perdu mon téléphone ce soir-là et je verrai peut-être où je l'ai laissé.

Sa demande reçut pour toute réponse un silence qui en disait long.

– Je crois que tu as entamé une spirale infernale d'égoïsme, de bêtise et d'autodestruction, enchaîna Damien. Tu salis ta réputation et tu mets en péril les audiences de la série. Même si nous ne tournons rien en ce moment, tu représentes toujours cette chaîne, ce studio et *ma* société de production...

Damien récitait son texte comme un soliloque de Shakespeare, mais les yeux de Cash se détournèrent de lui. Son attention fut entièrement captée par Amy, qui commençait à prendre des selfies sur son téléphone. Cash ne pouvait imaginer quelque chose de plus inapproprié au beau milieu d'une intervention ; c'était comme commander une pizza en plein enterrement. Enfin, cela ne le surprenait pas. Le narcissisme d'Amy l'avait toujours fasciné.

Une fois sur le plateau de tournage, Cash avait vu par accident l'album photo d'Amy en confondant son téléphone avec le sien.

Toutes les photos étaient des selfies exactement dans la même position, avec son expression favorite, *sensuellement surprise.* Il avait fait défiler des kilomètres de photos mais n'avait pas trouvé un seul cliché de ses amis ou de sa famille ; il n'y avait qu'Amy. Parfois, il s'inquiétait qu'Amy ne soit pas vraiment Amy mais un fanatique portant un costume confectionné avec sa peau.

– Cash, tu m'écoutes au moins ? demanda Damien, penché en avant pour le regarder de plus près. Attends, tu es *défoncé* ?

– Pas assez pour cette conversation, marmonna Cash dans sa barbe.

La nouvelle provoqua un éclat de ses collègues, en particulier Tobey Ramous, qui fut tellement énervé qu'il en jeta son téléphone.

– *Ça ne sert à rien !* Il en a rien à foutre de ce qu'on lui dit. Je suis censé être à Los Angeles ce soir pour une séquence de nuit. Ça va encore durer longtemps ?

Tobey (ou Super Stéroïdes, comme Cash aimait l'appeler derrière son dos) faisait référence au tournage de *Moth-Man*, l'adaptation pour plusieurs millions de dollars d'un comics dans laquelle il jouait. Il s'était tant musclé pour l'occasion, et si vite, que c'était un miracle qu'il noue encore ses lacets tout seul. *Moth-Man* était le genre d'occasion dont rêvaient tous les acteurs, et Tobey consacrait tout son congé de *Wiz Kids* au tournage. Cash trouvait en tout cas très amusant que Tobey passe quatre-vingts heures par semaine déguisé en insecte géant et trouve quand même son temps plus précieux que celui des autres.

– Je vais abréger pour vous, répondit Cash. Je comprends que mon comportement fasse lever quelques sourcils, mais après neuf saisons à suivre les règles, à dire toujours ce qu'il faut et à ne jamais dévier du droit chemin, je crois que j'ai le droit de *m'amuser un peu.* Enfin, les gars, je suis dans cette série depuis que j'ai douze ans. On n'est jeune qu'une fois, j'ai juste envie d'être *jeune* tant que je peux.

À en juger par les regards qu'on lui adressait, personne n'éprouvait la moindre compassion pour lui. Tout le monde se foutait de son envie d'être jeune.

– Malheureusement, ta définition de la *jeunesse* viole les conditions de ton contrat, rétorqua un des producteurs. Ton manager et toi avez accepté la clause de moralité du studio quand nous t'avons embauché, puis à nouveau lors des négociations pour la sixième saison. Si tu ne changes pas de comportement, nous serons obligés de te poursuivre en justice.

La menace était très sérieuse mais, plutôt que de trembler sur son siège, Cash éclata de rire.

– Vous ne pouvez me poursuivre que si je suis encore sous contrat. Et à la vitesse où vont les choses, je doute que vous m'employiez encore longtemps.

– C'est ça que tu veux, en fait ? intervint Amy. Tu cherches à te faire *virer* ? C'est pathétique !

– Mec, tu es vraiment trop con, ajouta Tobey. Si tu te fais virer de la série, tu ne trouveras plus jamais de boulot et les fans vont te *détester* !

Cash s'émut de l'amour et du soutien de ses partenaires. Ils jouaient leur rôle à *merveille* pendant cette intervention. Il allait carrément changer pour *leur* rendre la vie plus agréable.

– Que tout le monde se calme, dit Jim. Personne ne va se faire virer. Nous sommes là pour *aider* Cash, pas pour le rembarrer ni pour l'accuser de quoi que ce soit.

De toute évidence, ils n'étaient pas tous sur la même longueur d'onde : Damien lançait à Cash un regard des plus assassins. Pas une fois en neuf ans il n'avait raté une occasion de l'enfoncer.

– J'ai vraiment pitié de toi, Cash, dit Damien. Tu n'es pas assez mûr pour comprendre la chance que tu as. Il y a des millions de gens dans ce monde qui *tueraient* pour être à ta place. Que tu le veuilles ou non, tu es l'acteur principal de la série phare d'une chaîne de télévision, qui te poursuivra pour te prendre tout ce que tu as avant de te virer. Alors tu vas remplir toutes les obligations de ton contrat, et avec le sourire. Si j'étais toi, je me ferais tout de suite une raison.

Cash ne sut pas dire s'il devait le plaindre ou l'applaudir ; Damien devenait le plus grand des acteurs dès qu'il était mécontent. Cependant, ses accusations ne pouvaient pas être plus éloignées de la vérité. L'immaturité et l'ingratitude faisaient partie du vocabulaire de Damien, pas de Cash. En vérité, Cash s'était fait à la réalité, plus que ses interlocuteurs ne pouvaient le comprendre.

– Il y a plus d'une façon de se libérer d'un contrat, rétorqua Cash.

Un grand sourire illumina son visage. Malgré toutes leurs tentatives d'intimidation, Cash savait qu'il ne reviendrait pas pour la nouvelle saison de la série. Il y avait quelque chose qu'il ne leur avait pas encore dit, quelque chose qu'il aurait adoré leur avouer simplement pour leur clouer le bec, mais il devait calculer son coup. Un meilleur moment finirait par se présenter.

L'employé rentra de nouveau dans la pièce, particulièrement mal à l'aise, comme s'il découvrait ses vieux parents en train de faire l'amour.

– Excusez-moi, je ne voulais pas vous interrompre. Nous avons dit au public que nous commencerions à quatorze heures trente et il est quatorze heures quarante-cinq. On y est presque ou on repousse à quinze heures ?

– On va mettre cette conversation entre parenthèses jusqu'à ce qu'on trouve le temps de la terminer, conclut Jim. Nous avons exprimé nos préoccupations à Cash, maintenant, à lui de les entendre. Mais je vais me permettre de me répéter, *personne* ne se fait virer et *personne* ne quitte la série. Nous sommes là pour parler de la nouvelle saison et *rien d'autre*. Maintenant, allons-y et faisons plaisir aux fans. Aucun de nous n'aurait de travail sans eux.

Personne ne protesta. Tout le monde fut soulagé que la conversation soit finie, en particulier Amy et Tobey. La réunion semblait les avoir affectés plus que Cash. Il leur aurait presque proposé des bonbons de sa poche mais se dit qu'il était peut-être un peu déplacé de distribuer de la drogue juste après une intervention.

Jim et les producteurs sortirent de la loge pour assister au panel côté public. L'employé escorta Damien, Tobey, Amy et Cash vers la scène et les fit attendre derrière un rideau.

– Quand on appellera votre nom, sortez du rideau et asseyez-vous à la table.

– Oh, c'est comme ça que ça marche ? s'exclama Tobey en imitant un handicapé mental.

– Ouais, comme si c'était notre première fois, ajouta Amy en prenant un nouveau selfie.

Cash ricana, mais pas ses partenaires. Il trouvait marrant d'avoir de l'hydrocodone, de l'herbe et de l'alcool dans les veines à un événement de boulot et de *ne pas* être le pire dans le lot.

– Désolé, on me demande de vous le rappeler chaque année, répondit l'employé avant d'appuyer sur un bouton de son casque. De ce côté, on est prêt. Lancez l'intro !

La voix d'un présentateur énergique éclata dans les haut-parleurs, et résonna dans tout le théâtre, comme la voix de Dieu.

– Mesdames et messieurs, filles et garçons, extraterrestres, reptiles et insectoïdes, personnages du passé, du présent et du futur,

Wizzers du monde entier, bienvenue au « Panel des acteurs et créateurs de *Wiz Kids* » 2017 !

Le public devint fou. L'énergie qui émanait de tout le monde aurait suffi à fournir assez d'électricité pour toute l'Amérique centrale pendant une décennie.

– Veuillez accueillir l'ancienne star de *C'est qui, le parent ?* et le créateur de *Wiz Kids*, Damien Zimmer !

Le terme « ancienne star » eut l'effet d'un coup de poignard dans le dos de Damien qui se raidit violemment. Il sortit de derrière le rideau et salua le public. Les Wizzers l'applaudirent chaleureusement mais la plupart essayèrent de regarder derrière lui et d'apercevoir les acteurs en coulisse.

– Vous le connaissez comme l'anthropologue loufoque, le Pr Fitz Luckunckle ! Veuillez accueillir l'homme qui prouve qu'on peut être une tête et avoir du muscle, la star du prochain film *Moth-Man*, Tobey Ramous !

Tobey bondit tel un taureau hors de sa cage. Sa silhouette fila devant le rideau à mesure qu'il courait d'un bout à l'autre de la scène en faisant des sauts périlleux et montrant ses muscles à la foule. Tobey était tellement à fond qu'un somnifère pour éléphant n'aurait pas suffi à le calmer.

– Vous la connaissez comme la mécano au cœur d'or, Dr Jules « Multitâche » Peachtree ! Veuillez accueillir l'actrice, top model et pesco-végétarienne, la superbe et talentueuse Amy Evans !

Amy glissa hors du rideau comme si elle marchait sur un podium. Elle souffla des baisers, fit des cœurs avec les mains et prit un selfie sur la scène… mais, étrangement, sans inclure le public.

– Le dernier mais pas des moindres, vous le connaissez comme l'adorable intello fantasque, expert en physique quantique,

Dr Webster Bumfuzzle ! Amis de la WizCon, je vous prie d'accueillir chaleureusement le seul et unique Caaaash Caaaarter !

Le présentateur n'eut pas le temps de terminer : la foule hurla si fort que Cash entendit à peine son nom. Arrivant sur scène, il fut frappé par un tsunami d'affection. Le public rugit deux fois plus fort que pour les autres. Les lumières l'empêchaient de voir quoi que ce soit, et un projecteur en particulier manqua de l'aveugler. Cash ne put voir que les flashs frénétiques des appareils photo du public, formant une galaxie qui clignotait sans fin.

Quand son regard se fut enfin adapté, il découvrit des Wizzers tremblant, pleurant, sautant partout dans le théâtre. Il salua poliment la foule, ce qui ne fit qu'aggraver l'agitation générale. Cash prit place à la table à côté de ses partenaires mais le public continua de crier jusqu'à en perdre la voix.

– Veuillez accueillir les modérateurs du panel : Jennifer Smalls de *Entertainment Weekly*, Terrence Wallem du *Hollywood Reporter*, et la Youtubeuse Kylie Trig.

Les lumières se dirigèrent sur le premier rang côté public, où les modérateurs étaient assis. Chacun tenait un micro dans la main, ainsi qu'un carnet estampillé *Wiz Kids* avec leur liste de questions.

– Nous allons commencer la séance de questions avec Jennifer Smalls, déclara le présentateur.

– Merci de me recevoir, WizCon, dit Jennifer Smalls dans son micro. Avant toute chose, quel plaisir de revenir à la WizCon !

S'il y avait bien une chose sur laquelle l'équipe de *Wiz Kids* s'accordait, c'était le fait que Jennifer Smalls était le diable habillé en legging noir. Avant de travailler pour *Entertainment Weekly*, Jennifer travaillait pour un site intitulé *Tavu*, un blog gossip décidé à outer les acteurs gays, rompre les couples de célébrités, lancer des rumeurs de grossesse, diffuser des photos de nu et rendre la vie impossible à quiconque devenait une personnalité publique.

Lorsque Cash avait acheté sa première maison, Jennifer Smalls avait publié son adresse en ligne, en somme une invitation pour les paparazzis, les bus touristiques d'Hollywood et cinq personnes très perturbées qui refusaient de partir. Cash avait dû dépenser plusieurs centaines de milliers de dollars pour engager un service de sécurité vingt-quatre heures sur vingt-quatre chez lui et obtenir une interdiction d'approcher. Clairement, il n'était pas le plus grand admirateur de Jennifer Smalls. Elle était invitée à la WizCon pour la seule et unique raison qu'en 2004 elle avait écrit un article prétendant que Damien Zimmer aurait dû obtenir une nomination pour l'Emmy du meilleur second rôle.

– Tu es toujours la bienvenue, Jennifer, répondit Damien dans son micro.

– Ma question s'adresse à Cash. Nous avons remarqué qu'il y avait de plus en plus de cascades au fil des saisons. Je me demandais comment s'était passé le tournage de l'épisode 908, « La chute d'Atlantis ».

– C'était mouillé, répondit Cash… sans un mot de plus.

Sa brièveté n'était pas une tactique pour éviter les seules questions de Jennifer, mais la convention en général. Moins il parlerait, moins il y aurait de photos de lui la bouche ouverte, de celles qui donnaient toujours l'impression qu'il était en train d'avoir une attaque, les *seules* photos que les magazines semblaient prêts à utiliser. Par chance, le public trouva sa brièveté très amusante et personne ne se douta de rien.

– Passons maintenant la parole à Terrence Wallem.

Ce fut au tour du journaliste du *Hollywood Reporter*, qui tourna violemment les pages de son carnet le temps de formuler sa question. La soixantaine bien tassée, c'était un des critiques de télévision les plus craints de Los Angeles. Terrence avait le chic pour trouver quelque chose qu'il détestait dans tout ce qu'il visionnait. Il avait qualifié *Game of Thrones* de « gentillet », *Downton Abbey* de « puéril » et *The Big Bang Theory* d'« insulte envers les personnes douées d'intelligence ».

À en juger par son visage de colère, Terrence aurait préféré subir une coloscopie sans anesthésie plutôt que d'être assis à la WizCon au milieu des Wizzers.

– Ma question s'adresse à M. Zimmer. Avec tout le respect que je vous dois, la série est sens dessus dessous. Dans le même épisode, vos personnages nagent dans les rivières de la Mésopotamie antique le temps d'une scène, puis marchent dans les cratères de Mars à la scène suivante. Qu'est-ce qui vous a motivé à créer une série pareille ?

– J'ai toujours été fana de science-fiction et d'histoire, et personne n'avait encore jamais mélangé les deux, du moins de la façon dont je pensais pouvoir le faire, répondit Damien en passant les doigts dans ses cheveux. Au départ, j'avais écrit le scénario pour moi, mais quand j'ai entamé le développement avec le studio, j'ai décidé que le rôle ne me convenait pas. J'ai dit aux producteurs qu'il vaudrait mieux que je n'apparaisse pas dans la série et que je mette mon énergie créatrice au sein de l'équipe de scénaristes.

– Bon, conclut Terrence en prenant des notes.

Jusqu'à présent, la partie « créative » du panel ne l'impressionnait guère.

– Notre prochaine question nous vient de Kylie Trig.

Le public applaudit la Youtubeuse Kylie Trig comme si elle était une actrice de la série. Kylie se leva et salua ses admirateurs à la manière d'une candidate de concours de beauté. Elle n'avait pas encore la vingtaine, arborait des cheveux bleu clair, portait des lunettes œil de chat et un tutu arc-en-ciel. Avant même qu'elle n'ouvre la bouche, elle donnait déjà mal à la tête.

– Saluuuut les Wizzers ! lança Kylie dans son micro avec l'énergie d'un nouveau-né sous acide. C'est trop bon de revenir à la WizCon !

Encore peu de temps auparavant, Kylie n'était qu'une superfan des *Wiz Kids* parmi tant d'autres, suivant l'équipe d'aéroport en aéroport, d'hôtel en hôtel lorsque les acteurs voyageaient à travers le pays pour faire de la promotion. Kylie avait commencé un vlog sur ses brèves rencontres avec eux (déformant la réalité de temps à autre) et fidélisé un public à elle toute seule. À mesure que la série avait gagné en notoriété, ses vidéos aussi.

Désormais, elle était une des personnalités les plus suivies sur Youtube et avait intégré la liste des meilleures ventes, publiée dans le *New York Times* lorsque HarperCollins avait publié ses premiers mémoires, *Confessions d'une fan : Un amour de Wizzer*. Selon le magazine *Forbes*, Kylie Trig valait plus d'argent encore que l'équipe de la série réunie.

Curieusement, le succès de *Wiz Kids* lui était monté à la tête plus qu'à celle de quiconque impliqué officiellement dans la série. La fille qui attendait autrefois pendant des heures sous la pluie pour apercevoir Cash, Amy ou Tobey ne daignait se rendre à des événements autour de *Wiz Kids* que si on lui offrait un chèque à six chiffres et un transport en jet privé. Aux yeux de Cash, Kylie Trig représentait le rêve américain de la nouvelle génération.

– Ma première question est pour Cash *et* Amy. C'est quoi l'avenir pour Peachfuzzle ? Et vous aimez autant Peachfuzzle que les Peachfuzzlers ?

Cash dévisagea Kylie comme si elle parlait une langue étrangère, mais il fit attention à contrôler ses émotions sinon son visage deviendrait rapidement un insupportable meme.

– *Hein ?* répondit-il. C'est quoi, un *Peachfuzzler* ?

Kylie leva les yeux au ciel pour rire, comme s'il lui demandait si le bleu était sa couleur naturelle.

– Ceux qui aiment Dr Peachtree et Dr Bumfuzzle ensemble. Vous avez dû voir les hashtags.

– Je croyais qu'ils se faisaient appeler Bumtrees…

Kylie secoua la tête.

– Ça a changé.

Terrence Wallem regarda de gauche à droite, le regard vide. Il n'avait pas la moindre idée de ce qu'elle racontait. « Peachfuzzlers » ou « Bumtrees », ce ne devait pas être approprié pour les enfants dans le public.

– Cash et moi sommes ravis que tant de gens soient si touchés par la relation entre nos personnages, répondit Amy qui voulait absolument parler avant la fin du panel.

– Alors, ils seront ensemble ou pas dans la prochaine saison ? *Cash ?*

C'était vraiment une question piège, surtout que Cash n'en savait rien. Les adorateurs du couple étaient les admirateurs les plus passionnés de *Wiz Kids*. S'ils aimaient ce que Cash disait, ses comptes sur les réseaux sociaux finiraient inondés de photos, vidéos et gifs de Dr Bumfuzzle et Dr Peachtree en train de s'embrasser ou de se regarder langoureusement. S'ils n'étaient *pas* contents de sa réponse, ses comptes seraient bombardés de photos, vidéos et gifs d'animaux décapités, d'excréments humains et de fanatiques en train de détruire des objets inestimables. Cash devait faire attention.

– Eh bien, ils n'ont cessé de rompre et se rabibocher depuis la saison 5, répondit-il avec une pointe de nervosité dans la voix. Alors, comme ils avaient *rompu* la saison dernière, il faut croire qu'ils se *rabibocheront* à la prochaine.

Sa réponse résonna comme une douce musique aux oreilles des Peachfuzzlers. Ces derniers se levèrent à travers la salle pour applaudir. C'était un moment de triomphe émouvant pour eux, comme si l'équipe de football de leur ville avait gagné un championnat.

– Pour la question suivante, nous allons revenir à Jennifer Smalls.

Celle-ci s'enfonça dans son siège, redressant la tête à la manière d'un serpent prêt à bondir. Cash se prépara mentalement à recevoir son venin.

– Ma prochaine question est encore pour Cash. Depuis quelques semaines, je reçois des centaines de tweets de gens disant qu'ils t'ont vu tituber hors des bars ou danser comme un dingue en boîte. C'est le stress d'Hollywood qui te rattrape ? C'est vrai que tu raccroches ta casquette de modèle pour enfiler un costume de *bad boy* ?

Il y eut soudain un silence de mort. Apparemment, la jeune femme avait quitté *Tavu* mais *Tavu* ne l'avait pas tout à fait quittée. Au désarroi de Cash, Damien parla à sa place avant qu'il n'ait l'occasion de répondre.

– Les gens oublient que Cash est un jeune homme ordinaire de vingt-deux ans lorsqu'il quitte les plateaux de tournage. Tant que les choses ne dérapent pas, il a tout à fait le droit de s'amuser un peu, il est jeune.

Cash tourna si brutalement la tête vers Damien que ce fut un miracle qu'il ne se brise pas la nuque. Il n'avait jamais entendu une chose aussi gentille *et* diabolique dite d'un seul souffle. Il fut tenté de jeter son verre d'eau au visage de Damien juste pour voir s'il fondrait comme la sorcière du *Magicien d'Oz*.

– Je n'aurais pas su mieux dire, rebondit Cash. Après l'effort, le réconfort, c'est ma philosophie.

– La question suivante sera pour Terrence Wallem, dit le présentateur dans l'espoir de changer de sujet.

– Vraiment ? Bon, très bien… répondit Terrence en songeant rapidement à une autre question. Combien y aura-t-il encore de saisons de *Wiz Kids* ?

Tout le monde se tint au bord de sa chaise. Si cela ne tenait qu'aux fans, la série durerait éternellement. Pour la plupart d'entre eux, elle avait existé une grande partie de leur vie et pour certains, la série était *toute* leur vie. Ils ne pouvaient imaginer un monde sans elle. La perdre reviendrait à perdre un membre de leur famille, sinon pire.

– Nous serons diffusés tant que vous continuerez à regarder, répondit Tobey en brandissant le poing.

– Nous sommes aussi dévoués aux Wizzers qu'ils le sont à nous, ajouta Amy en jetant ses cheveux en arrière.

Pendant une seconde, Cash songea à révéler au public ce qu'il avait failli dévoiler dans la loge. Apprendre qu'il ne reviendrait pas pour la dixième saison de *Wiz Kids* aurait anéanti les fans, mais en informer le monde entier avant de le confirmer avec ses chefs aurait été une savoureuse vengeance. Cependant, voyant tous ces visages qui le regardaient avec admiration, il n'eut pas le cœur de le faire.

– Ouais… *carrément*, répondit-il avant de baisser les yeux vers ses mains.

Sa réponse fut accueillie par un tonnerre d'applaudissements mais Cash était tellement perdu dans ses pensées qu'il n'entendit rien.

En toute honnêteté, la relation de Cash avec les fans de *Wiz Kids* était la chose la plus importante au monde pour lui. Pouvoir faire ce qu'il aimait et donner tant de joie était la plus belle chose qui puisse lui arriver. Cela compensait toutes les embrouilles et les difficultés. Son cynisme intermittent n'était qu'une technique pour se protéger du fardeau que représentait l'amour de tant de personnes.

Décevoir les Wizzers était la plus grande peur de Cash et il savait que son départ de *Wiz Kids* les anéantirait. Voir toute la joie qu'il avait inspirée au fil des années disparaître et laisser place à la douleur et la colère l'anéantirait à son tour. Hélas, c'était inévitable.

Cependant, quitter la série n'était pas son souci principal. La *raison* qui motivait son départ était bien pire que son départ en soi. Il ne pouvait pas y faire grand-chose : dès que l'histoire se saurait, elle se répandrait comme une traînée de poudre et sa vie changerait à jamais. Les désagréments que lui apportait la célébrité en ce moment n'étaient rien à côté de la tempête qui l'attendait.

En réalité, Cash Carter avait un grave secret qu'il cachait au monde entier et, malheureusement pour lui, ce n'était qu'une question de temps avant que la vérité n'éclate au grand jour.

Chapitre 2

UN ÉTÉ INOUBLIABLE

L'excitation de la WizCon s'étendait bien au-delà des allées bondées du parc des expositions de Santa Clara. Aux quatre coins de la Terre, les fans décortiquaient méticuleusement Internet pour avoir le moindre aperçu des panels, des expositions et des costumes faits main à l'intérieur de la convention. Les efforts collectifs des Wizzers faisaient de l'ombre aux équipes du FBI et de la CIA.

À Downers Grove en Illinois, banlieue à trente kilomètres de Chicago, Topher Collins, jeune bachelier, était collé à son ordinateur comme à un appareil à dialyse. Il fouillait dans les profondeurs des réseaux sociaux et lorgnait les photos volées de parfaits inconnus comme un cyberpsychopathe. Il gardait des pages ouvertes de tous les blogs de fanatiques qui couvraient la convention et les rafraîchissait toutes les vingt secondes pour avoir les toutes dernières infos. Sa boîte de réception carillonnait en continu, comme un bébé qui jouerait avec une cloche, à mesure que des alertes Google lui donnaient de nouvelles pistes pour se procurer sa dose de WizCon.

Topher était très grand, courbé sur son bureau comme un adulte à une table d'enfant. Il aurait pu facilement jouer au basket s'il avait eu le moindre talent sportif (les girafons avaient une meilleure coordination que lui). Au lieu de cela, Topher était doué d'un esprit brillant, et affichait fièrement sa médaille de premier de la classe au coin de l'objet le plus précieux de sa chambre : un poster encadré de la sixième saison de *Wiz Kids*... signé par les acteurs.

Rafraîchissant un blog appelé Le Nid des Nerds, il fut émerveillé par une nouvelle photo de la convention. Une femme blonde aux formes voluptueuses était habillée comme la reine alien nordique de la saison 5 : elle avait collé un à un des sequins sur sa peau pour recréer la tenue moulante emblématique du personnage. Elle laissait très peu à l'imagination, et les hormones de Topher y réagirent comme un trombone à un aimant. Son visage était si près de l'écran qu'il pouvait en voir les pixels.

Soudain, un message vidéo apparut, manquant de lui provoquer une crise cardiaque. C'était son ami Joey Davis, qui l'appelait de sa propre chambre, quelques rues plus loin.

– Salut, mec, je t'ai fait *peur* ?

Joey était un garçon noir beau à tomber par terre et, contrairement à Topher, il était très bien coordonné. Capitaine de l'équipe de hip-hop depuis son entrée au lycée, il avait tenu le rôle principal de toutes les pièces de théâtre de l'école, et avait récemment été élu roi du bal de promo. Tous ceux qui le connaissaient l'aimaient et il laissait toujours ceux qu'il rencontrait avec le sourire. Aux yeux de Topher, être un Wizzer invétéré devait sans doute être la plus grande tare de Joey.

– Mec, tu as vu la fille en costume de la reine nordique à la convention ? demanda Topher. Comme elle est bonne ! Je t'envoie le lien.

Joey y jeta un œil et renâcla bruyamment.

– Mon pote, lis la légende avant de t'astiquer, dit-il en riant.

Topher lut en vitesse la phrase sous la photo.

– *Timothy ?* C'est un *mec* ? Mais non, je me suis déjà fait tout un film avec elle dans ma tête !!!

– Je suis sûr que Tim serait flatté, visiblement il s'est donné beaucoup de mal pour son costume, s'amusa Joey en parcourant le reste du blog. Dis, ils font quoi comme boulot, tous ces gens ? Comment ils peuvent s'offrir ces déguisements ? Sérieux, les fans font un meilleur boulot que la série elle-même.

– C'est clair ! J'ai vu un type habillé en cyborg avec de vrais écrans plasma attachés au corps.

– À côté, nos costumes d'androïdes à la WizCon 2015 sont vraiment pourris. Et on y a passé des *heures*. J'ai encore les marques de brûlure de la colle.

Un autre message vidéo apparut sur leurs écrans. Cette fois, c'était Sam Gibson, les appelant depuis sa chambre à l'autre bout de la ville. Sam était petite, jolie sans maquillage, avec des cheveux noirs très courts. Elle portait encore l'uniforme jaune et le chapeau de son job d'été chez Yolo FroYo.

– J'ai *littéralement* couru jusqu'à la maison après le boulot ! dit-elle, haletante. J'ai essayé de regarder les blogs pendant ma pause mais je n'avais pas de réseau. J'ai raté quoi ? Les spoilers de la saison 10 sont sortis ?

– Rien de fou, juste quelques photos de costumes et des stands, répondit Topher. Kylie Trig n'a même pas encore publié son récap du panel.

– Elle traîne son petit cul depuis qu'elle a atteint dix millions d'abonnés, dit Sam. À quelle heure elle est censée le publier ?

– Son tweet disait cinq heures, heure californienne, et il est déjà sept heures dix ici, donc ça devrait venir d'une minute à l'autre, répondit Joey.

– Il y a des vidéos du panel ? Il y en a plein d'habitude à cette heure-là, dit Sam en parcourant Internet pour rattraper son retard.

– Juste une ou deux, mais tout le monde hurle tellement fort et s'agite à un tel point qu'on n'entend rien, et on ne voit que dalle, répondit Topher. On croirait un concert de Justin Bieber ou les images d'un tremblement de terre.

– C'est la même chose, ricana Joey.

Sam secoua les mains en sautillant sur son siège, vivant elle-même un tremblement de terre.

– *J'en peux plus !* Ils ont intérêt à dire ce qui nous attend. Je ne dors plus depuis le final de la dernière saison ! Pourquoi ils ont coupé sur Dr Bumfuzzle piégé dans le nid reptoïdien sur Kepler-186 et Dr Peachtree au tribunal des sorcières de Salem ? Foutus sadiques d'Hollywood !

Un troisième message vidéo surgit sur leurs écrans. Moriko Ishikawa (ou Mo, comme on l'appelait depuis le primaire) s'énervait devant sa caméra, les bras croisés. D'habitude, elle était toujours pleine d'énergie, mais en cet instant Mo restait figée, l'air mécontent.

– Pardon mais ça fait *trois jours* que j'ai publié le chapitre 4 de ma fanfiction de *Wiz Kids* et pas un seul d'entre vous, bande de morues, n'a encore écrit de commentaire.

Topher, Joey et Sam regardèrent leur webcam avec un air gravement coupable. Même si Mo le leur avait rappelé toutes les demi-heures depuis qu'elle l'avait publié, ils avaient réussi à tous oublier.

– Désolée, Mo, je sers du lait froid fermenté bourré de sucre à des familles bourgeoises toute la semaine, dit Sam. Je te promets de le lire ce soir avant de me coucher.

– Billy me prend pas mal de temps, ajouta Topher, en évoquant son petit frère. J'y jetterai un œil plus tard.

– Et moi, hors de question que *j'approche* des fanfictions, s'excusa Joey. Ça me terrifie, en particulier les *tiennes*. La dernière histoire que tu as écrite m'a traumatisé à vie. Je n'imaginais pas qu'il existait autant d'adjectifs pour décrire les poils pubiens de Tobey Ramous.

– Je n'ai jamais dit que vous deviez les *lire* ! Allez sur la page et lâchez un comm'. Plus il y aura de commentaires, plus ça intéressera les Wizzers. J'essaie de me faire un nom, là... *Donnez un coup de main à votre copine asiate* !

– OK, OK, OK ! rit Joey. Du calme... j'y vais tout de suite et j'écris un truc. Ton histoire parle de quoi ?

Mo ramena ses cheveux derrière les oreilles et se redressa, comme si elle décrivait son travail dans une émission télé.

– Le récit explore l'éveil sexuel de Peachfuzzle. Écrit dans le style de Nicholas Sparks, le roman s'ouvre sur le voyage de Dr Bumfuzzle et Dr Peachtree à travers la galaxie d'Andromède quand, soudain, ils atterrissent d'urgence sur une planète où tout contact physique est interdit. Au début, ils obéissent aux lois du monde extraterrestre sans résistance. Toutefois, plus ils restent piégés, plus une irrésistible attraction se développe entre eux. La tension monte heure par heure. *Un désir animal les consume ! Très vite, la tentation devient insupportable ! Ils doivent s'avouer leur amour éternel en utilisant une langue que seuls leurs corps peuvent exprimer !*

– Mo, franchement ! rit Topher. Va prendre une douche froide !

– C'est *exactement* comme ton histoire précédente, fit remarquer Sam. Tu ne penses à rien d'autre que Peachfuzzle ? Tu sais que ça envoie des messages subliminaux dégradants aux femmes, quand même ?

L'auteure tourna la tête et leva les yeux pour bien montrer son irritation. Elle aurait beau se justifier mille fois, ses amis ne comprendraient jamais son travail.

– Je n'écris pas vraiment sur *Peachfuzzle*, je les utilise simplement pour attirer un lectorat. Dès que je décrocherai un contrat d'édition, je changerai les noms et les lieux pour ne pas être poursuivie, et *bim !* J'aurai mon propre univers ! Riez autant que vous voulez. Je suis sûre qu'on riait d'E. L. James aussi, mais regardez où ça l'a menée, la fanfiction !

– Bon, je viens de laisser un commentaire sur le chapitre 4, dit Joey.

– Super ! Tu es le meilleur, Joey ! (Mo regarda toute joyeuse ses commentaires mais prit un air dramatique en lisant son message.) Tu as juste mis « Adjectifs sympas ». C'est *tout* ce que tu as trouvé ?

– Hé, c'est *toi* l'écrivain. Pourquoi tu n'écris pas tes propres critiques et on les publie pour toi ?

D'instinct, Mo s'offusqua à cette idée, mais plus elle y réfléchit, plus la proposition l'intéressa.

– Mais c'est une idée de génie ! D'habitude, je refuserais un truc aussi malhonnête mais les fanfictions, c'est pire que les Hunger Games, seuls les plus fourbes survivent. Consultez vos mails ce soir, je vous envoie des commentaires à publier.

Les trois autres furent à la fois curieux et effrayés par les mots que leur amie allait mettre dans leur bouche, mais ils étaient toujours heureux de se soutenir les uns les autres, même dans le cadre malsain des fanfictions.

Topher, Joey, Sam et Mo étaient tous très différents mais ils étaient les meilleurs amis du monde depuis tout petits. Leur amitié avait commencé dans la cour de récréation de l'école primaire Schiesher en 2010, quand ils s'étaient tous déguisés en Dr Bumfuzzle pour Halloween. C'était un moment magique pour les enfants de leur âge, comme quand Tony apercevait Maria sur la piste de danse dans *West Side Story*. Avant cela, se faire des amis et s'intégrer à l'école n'était pas leur fort, alors trouver d'autres enfants obsédés par la même série télé avait été une découverte remarquable. Ce fut le début d'un lien indestructible et le plus grand bonheur de leur vie.

Pendant sept ans, tous les mercredis à vingt heures, le quatuor improbable se rassemblait dans un lieu déterminé et regardait ensemble le nouvel épisode de *Wiz Kids*. Ils passaient alors la semaine à réfléchir à l'histoire, à analyser toutes les scènes, et à faire des prédictions au sujet de l'épisode suivant. Cette routine se répétait semaine après semaine, mois après mois, jusqu'à ce que le final de la saison ne leur permette de trouver le repos. (À moins que la saison ne se termine sur un abominable suspense ; cela les plongeait alors dans le chaos jusqu'au retour de la série.)

Tout le monde remettait en question et se moquait de leur enthousiasme pour une série aussi bizarre, mais pour eux *Wiz Kids* n'était pas qu'une bête série télé. C'était leur premier souvenir de véritable excitation et elle avait donné un sens à leur enfance. Elle les avait emmenés dans des aventures instructives dans un autre monde, leur montrant ce qui existait au-delà des rues grises de Downers Grove. Surtout, elle leur avait permis de faire leur première expérience de camaraderie et leur offrait un sentiment d'appartenance qu'ils n'avaient jamais connu auparavant. La série était la pierre angulaire et le moteur de leur amitié, et ils espéraient la voir perdurer encore de nombreuses années.

Et *Wiz Kids* avait permis à Topher, Joey, Sam et Mo, non seulement de se rencontrer, mais aussi de connaître d'autres Wizzers passionnés du monde entier.

Un quatrième message vidéo apparut sur leurs écrans, de leur ami virtuel Davi, un garçon de treize ans qui vivait à Macapá au Brésil. Il était mince, avec la peau brun clair et de grands yeux de biche. Ses amis pouvaient voir les vagues de la côte brésilienne illuminées par le clair de lune au loin derrière lui.

– Salut, Davi ! dirent-ils tous à l'unisson.

– Holà, les connards ! s'exclama Davi… qui devait encore faire des progrès en langue étrangère. Joyeuse fête de la WizCon ! Désolé pour le retard. Le cybercafé est plein à craquer son slip ce soir.

– Vous en êtes à quel épisode au Brésil ? demanda Sam. Dr Bumfuzzle est déjà arrivé à Kepler-186 ?

– Non, lui et le Pr Luckunckle combattent encore les nazis avec le général Patton. Ils vont bientôt aller dans l'espace ? J'espère de tout mon cul. Toute la partie historique est dure à suivre.

– Oh, tu vas voir ! rétorqua Sam. Le cliffhanger de la saison 9 va te faire halluciner !

Soudain, la boîte mail de Topher signala une notification Youtube.

– Les gars, Kylie Trig a publié son récap ! On va sur Youtube et on regarde ça ensemble. À trois, on lance la vidéo.

– Attends, on doit attendre Huda, intervint Mo. Elle sera trop triste si on la regarde sans elle.

– Il est trois heures du matin chez elle, souligna Joey. Elle doit être en train de dormir.

Comme si Huda avait entendu parler d'elle, elle apparut dans une cinquième fenêtre. Huda était une jeune musulmane de quinze ans vivant en Arabie saoudite. Elle avait un visage rond, de grosses joues et d'adorables taches de rousseur. Elle avait beau habiter à l'autre bout de la planète, tout le monde était impressionné par sa connaissance de la pop culture américaine et des potins d'Hollywood. S'il y avait une nouvelle, Huda était déjà au courant.

– *Dites-moi que vous n'avez pas regardé le récap de Kylie sans moi !* lança-t-elle, à quelques centimètres de sa webcam.

– Salut, Huda, répondit Topher. Pile à l'heure. On allait justement sur Youtube le regarder tous ensemble.

– Attendez ! On censure mes trucs ici... je n'ai pas accès à Youtube. Tu peux la lancer sur ton iPad et le mettre devant ta webcam pour nous ? S'il te plaît ?

– Pas de problème, répondit Topher qui s'exécuta.

– Huda, s'il y a autant de censure, comment tu as su que la vidéo était en ligne ? demanda Joey.

Huda regarda autour d'elle pour s'assurer que personne ne pouvait l'entendre.

– La machine anti-censure des Wizzers, chuchota-t-elle. Dès qu'il se passe quelque chose d'important dans le fandom de *Wiz Kids*, les Wizzers du Mexique écrivent aux Wizzers de Porto Rico, qui écrivent aux Wizzers de Cuba, qui écrivent aux Wizzers du Japon, qui écrivent aux Wizzers en Chine, qui écrivent aux Wizzers en Russie, qui écrivent aux Wizzers en Turquie, qui écrivent aux Wizzers dans tout le Moyen-Orient, comme moi en Arabie saoudite. C'est un système très complexe qu'il a fallu des *années* à parfaire, mais on a fait tomber tous les pare-feu comme un château de cartes.

Les autres furent impressionnés par un dispositif si sophistiqué et efficace mis en place par la communauté des Wizzers, mais ils n'étaient pas surpris. Après tout, cela faisait honneur au slogan officiel des adorateurs des *Wiz Kids* : « Qui dit Wizzer dit vainqueur. »

– C'est génial, Huda, dit Mo. Si seulement les diplomates pouvaient être aussi efficaces que les fans, il n'y aurait plus jamais la moindre guerre.

– La vidéo de Kylie est chargée ! s'écria Topher. Je lance ?

– *OUI !* crièrent tous les autres en se penchant plus près de leurs ordinateurs.

Topher lança la vidéo et tint son iPad devant sa webcam pour que les autres voient. La vidéo n'était en ligne que depuis trois minutes et comptabilisait déjà quatre millions de vues. Ils attendirent patiemment devant une publicité de quinze secondes pour une boisson énergisante, CherryInsulin, suivie de l'intro de trente secondes qui ouvrait toutes les vidéos de Kylie Trig (dans laquelle elle chantait un générique atroce et frappait sur un tambour).

Enfin, Kylie apparut toute fraîche sur une méridienne capitonnée dans la suite présidentielle de son hôtel à Santa Clara.

– *Coucouuu, les Wizzasses !* Bienvenue dans un nouvel épisode de *Conversation avec Kylie* ! Vous vous demandez comment je vais ? Pas trop mal… Je viens tout juste de rentrer du « Panel acteurs et créateurs » de la WizCon 2017… Tranquillou… On a plus de trucs à décortiquer qu'un panier de crabes mais, d'abord, permettez-moi de répondre à la question que tous mes abonnés se posent : Cash Carter a confirmé que pendant la prochaine saison de *Wiz Kids… Peachfuzzle se remet ensemble, les meeeecs !*

Kylie agita une maraca et fit tourner sa jambe par-dessus sa tête comme un genre d'hélicoptère humain. Mo et Huda crièrent si fort qu'elles faillirent exploser les enceintes de Topher.

– Voilà tous les trucs que vous devez savoir, les Wizzasses, sur le reste du panel, poursuivit Kylie. Tout d'abord, les acteurs :

Tobey Ramous est devenu putain de baraqué, je me le taperais bien si je craignais pas de me faire écraser. *Message à Amy Evans* : si tu prends un selfie sur scène, pense à inclure le public pour qu'on puisse se tagger après, ça s'appelle la *politesse*. Cash Carter se la joue Robert Pattinson, en mode *grosse gueule de bois foutez-moi la paix*, mais franchement ça lui va pas du tout. Au passage, il a *carrément* flirté avec moi quand je lui ai parlé de Peachfuzzle, bon, ça ne me surprend pas, c'est pareil tous les ans.

– *Viens-en à la saison 10, espèce de présentatrice à deux balles !* hurla Sam au nom de la communauté de fans tout entière.

– Vous allez dire que je ne me prends pas pour de la merde mais j'étais de loin la meilleure modératrice du panel. On m'a mise à côté de Prostate l'Ancien du *Hollywood Reporter* et Jennifer Machinchose de *Entertainment Weekly*. Elle a *osé* reprendre Cash sur ses petits écarts à Hollywood. Je sais qu'on est tous inquiets, j'ai personnellement organisé une veillée à la bougie à ce sujet dans ma dernière vidéo, mais il y a des choses dont on ne parle *pas* à la WizCon ! Bref, c'était *troooop* le malaise. Heureusement, Zimmer le Radoteur a éteint l'incendie. Maintenant, parlons de ce qu'on a appris de la saison 10…

– C'est pas trop tôt ! s'écria Joey.

– L'équipe a confirmé que la série restera à l'écran tant qu'on continuera de regarder, alors on peut tous péter un coup. Je m'adresse à toi, WizzerJane97. Cependant, Pr Luckunckle sera absent de trois épisodes à l'automne parce que Tobey Ramous est obligé de refaire des prises pour *Moth-Man*… Apparemment, Warner Brothers sait déjà que le film en aura besoin. Ah, et si vous n'aimez pas l'arc sur Kepler-186, tant pis pour vous. Les Reptoïdes vont rester jusqu'au milieu de la saison.

– Les Reptoïdes sont *de retour* ? Bordel de mince ! s'exclama Davi, les bras au-dessus de la tête.

– C'est la surprise du final dont je te parlais, dit Sam.

– Ne parlez pas du final de la saison ! supplia Huda. Les Wizzers en Turquie ne me l'ont pas encore envoyé !

– Zimmer le Radoteur a aussi dit qu'il y aurait trois guest stars dans la saison 10. Il n'a pas dit qui, il a juste donné des indices : l'une a un Oscar, l'autre, un Grammy, la troisième, une *sex tape*. Il a aussi promis aux fans qu'il n'écrirait pas d'autre rôle pour lui-même et qu'il ne nous gaverait plus avec les retrouvailles des acteurs de *C'est qui, le parent ?*. L'épisode 907 était aussi douloureux pour lui que pour nous, je paraphrase, hein. Bon, c'est toutes les infos que j'ai pour vous, bande de Wizzopes. Revenez demain pour mon récap du « Panel post-production » des *Wiz Kids*. Si vous n'êtes pas encore abonnés à ma chaîne… *allez-vous pendre*. À plus !

La vidéo de Kylie se conclut sur encore trente secondes de cet horrible générique qu'elle chantait toute seule mais, heureusement, Topher éteignit son iPad avant la fin. Tout le monde à son ordinateur se tut, immobile, le temps de digérer les informations dévoilées par Kylie. Une fois tout assimilé, le groupe eut des éclats d'euphorie contagieuse, comme des feux d'artifice qui s'allumeraient les uns les autres.

– C'était génial ! s'exclama Joey. Je me demande comment ils vont justifier l'absence du Pr Luckunckle sur trois épisodes.

– Et qui sont les guest stars, enchaîna Sam.

– Je n'arrive pas à croire qu'on doive attendre quatre-vingt-un jours pour avoir la nouvelle saison ! dit Mo. C'est le temps d'une grossesse !

– Je t'en prie, répliqua Huda. C'est rien comparé au temps que je dois attendre. J'aurai du bol d'avoir vu la saison 9 d'ici là.

– Mais des *Reptoïdes* ? s'insurgea Davi, qui bloquait là-dessus. Non, mais c'est une bite ? Je *déteste* les Reptoïdes !

Topher était aussi agité que ses amis, mais ces derniers semblaient oublier la *meilleure* nouvelle de la WizCon 2017.

– Je suis juste trop content qu'ils continuent la série. C'est exactement ce qu'on voulait.

Le lycée derrière eux, Topher, Joey, Sam et Mo allaient bientôt se séparer, allant dans des universités différentes à la rentrée. Topher resterait à Downers Grove pour étudier dans le coin, Joey allait étudier les arts de la scène à l'université baptiste d'Oklahoma, Sam allait à l'école de design de Rhode Island étudier le design d'intérieur et Mo intégrait la prestigieuse université de Stanford pour étudier l'économie.

En dépit de leurs nouveaux lieux de vie, ils étaient déterminés à suivre leur rituel du mercredi soir devant *Wiz Kids*, simplement ils le feraient par Internet. Assurés que la série continuerait même pendant leurs années d'études, ils digéreraient plus facilement leurs au revoir. Et puisque leur temps ensemble était compté, Topher, Joey, Sam et Mo avaient de grands projets, pour en profiter au maximum.

– Vous êtes prêts pour votre grand voyage ? demanda Huda. Vous partez demain, c'est ça ?

– Vous ne m'aviez pas dit que vous partiez ! s'écria Davi.

– On ne voulait pas vous embêter avec ça, mais ça va être super ! répondit Joey. Nos parents nous ont aidés à le financer pour fêter la fin du lycée.

– Parle pour toi, le reprit Sam. J'ai dû prendre un job d'été pour payer ma part.

– Topher a tout organisé ! ajouta Mo. Sa mère nous laisse même emprunter son break.

– Où est-ce que vous allez ? Vous partez combien de temps ? Racontez tout ! dit Davi.

Topher annonça à ses amis virtuels leur grand itinéraire en se frottant les mains. Il ressemblait à un génie du crime en train de dévoiler son projet pour conquérir le monde.

– On va partir environ deux semaines. On va rouler d'Illinois en Californie. Les cinq premiers jours, on va s'arrêter pour voir différents points d'intérêts, monuments historiques et parcs nationaux. On va aller voir la plus grande balle en élastiques du monde, l'arche de Saint Louis, le musée Lewis et Clark, la forêt nationale Mark-Twain, la cellule de Bundy et Claire, la tour d'observation des ovnis, Dinoworld, la Forêt pétrifiée, le cratère de météorite d'Arizona, le Grand Canyon et, enfin, la jetée de Santa Monica. On restera à Santa Monica quatre jours pour pouvoir visiter Los Angeles, traîner à Hollywood et faire une visite exclusive des plateaux de tournage de *Wiz Kids* dans les studios Sunshine !

– Truc de fou ! s'exclama Davi.

– Je suis *tellement* jalouse ! dit Huda.

– On aimerait bien que vous soyez avec nous, répondit Sam.

Soudain, Mo poussa un petit cri strident et tout le monde sursauta. La description détaillée de Topher venait de lui rappeler quelque chose qu'elle devait faire avant de partir.

– Mo, ça va ? demanda Joey. Quelqu'un a mis un mauvais commentaire sur ta fanfiction ?

– Non… je viens juste de réaliser que je n'avais pas encore fait mes valises !

– Merde, moi non plus. Je dois couper et faire une lessive. À quelle heure on se retrouve demain matin ?

– Dix heures pétantes, répondit Topher. Il faut être à l'heure pour ne pas décaler tout notre programme.

– Bien, capitaine ! dit Joey avec un salut militaire. À demain matin !

– Au revoir, Huda ! Au revoir, Davi ! conclut Mo en leur lançant un baiser.

Mo et Joey disparurent des écrans de leurs amis. Davi et Huda commencèrent à sentir le décalage horaire et se mirent à bâiller comme des chiots.

– Moi aussi, je vais vous dire bonne nuit, dit Davi. Il est attouchement tard ici et le cybercafé va bientôt fermer.

– Je vais faire un somme avant le petit déjeuner, ajouta Huda. Amusez-vous bien, les gars ! Publiez des photos surtout, j'ai des contacts en Turquie qui pourront me les passer !

Les Wizzers internationaux se déconnectèrent et Topher et Sam restèrent tous les deux. Ils étaient souvent les deux derniers devant leurs ordinateurs et poursuivaient parfois leur conversation jusqu'au petit matin. Topher n'avait rien contre Joey ni Mo mais il était toujours impatient de se retrouver seul à seule avec Sam.

– Quelle nuit ! dit-elle. Je suis tellement excitée que je crains de ne pas réussir à dormir.

– Ne t'inquiète pas, je serai le premier à conduire demain. Tu pourras dormir dans la voiture, si besoin.

Même s'il ne l'admettrait jamais, Topher en pinçait pour Sam depuis la classe de quatrième. Il se voilait la face depuis cinq ans et luttait constamment contre ses sentiments, les traitant comme les symptômes d'un rhume à venir, mais rien ne pouvait le guérir de *Sam*. Elle avait quelque chose de différent de toutes les autres filles qu'il connaissait, quelque chose de familier qui la rendait très facile d'accès et de très bonne compagnie. Il était convaincu qu'il n'existait comme elle personne d'autre sur Terre.

À de nombreuses reprises, Topher s'était dit que Sam pouvait éprouver la même chose pour lui, mais elle était difficile à cerner. Ils avaient beau être proches, Sam avait toujours conservé une carapace. Mais peut-être que c'était justement cela qui l'intriguait tant chez elle : Sam était un mystère à résoudre.

– Je suis impatiente de faire notre voyage. Mais c'est un peu déprimant quand même, non ? Dans deux mois, on sera si loin les uns des autres ! Chaque fois que j'essaie de me faire une raison, ça me déprime.

– Je vois exactement ce que tu veux dire. Vois les choses comme ça : notre groupe ne se sépare pas, on prend juste un congé sabbatique avant notre grand retour !

Sam eut un adorable sourire, qui fit fondre Topher.

– Ouais, l'idée me plaît. Ce voyage ne sera pas notre tournée d'adieux, c'est pour patienter avant notre prochaine aventure. Merci encore d'avoir pris le temps de tout organiser, Topher. Nous t'en sommes tous très reconnaissants.

– Je t'en prie. Ça va être un été mémorable.

– C'est clair. Allez, je vais essayer de me reposer. Bonne nuit, à demain !

– Bonne nuit, Sam.

Elle se déconnecta, et il ne resta plus, sur l'écran d'ordinateur vide de Topher, que son reflet. Pour la première fois, une profonde solitude l'envahit. Comme il était le seul de son groupe d'amis à rester à Downers Grove pour ses études, les au revoir à venir étaient bien plus déchirants pour lui. Les autres allaient avancer, mais lui resterait comme un oiseau coincé dans son nid.

Rester à Downers Grove n'était pas le premier choix de Topher. Il avait envoyé sa candidature, avait été accepté dans la prestigieuse MIT et s'était fait une joie d'y étudier à l'automne. Vivre dans le Massachusetts lui permettrait aussi d'être proche de Sam dans le Rhode Island, ce qui ne gâchait rien à l'affaire. Malheureusement, la vie en avait décidé autrement.

On frappa doucement à la porte de Topher.

– Entre.

Shelly Collins, la mère de Topher, pénétra dans sa chambre. Elle était déjà habillée pour sa garde de nuit à l'hôtel où elle travaillait, à Chicago.

– Salut. J'espère que je n'interromps pas ta WizFest.

– Maman, pour la centième fois, c'est la *WizCon*. Et on vient de terminer.

– Ah, désolée, *WizCon*. Bref, je pars travailler. Billy dort déjà en bas, alors tu n'auras pas besoin de le mettre au lit.

Le petit frère de douze ans de Topher souffrait de paralysie cérébrale et était resté bloqué dans un fauteuil roulant une grande partie de sa vie. S'il avait une capacité de parole limitée et avait besoin d'aide pour manger, se laver, s'habiller et aller aux toilettes, « handicapé » ou « invalide » étaient des mots que Topher n'aurait jamais employés pour décrire son frère. Billy était l'enfant le plus aimant et enjoué que Topher connaissait. Il riait et souriait tout le temps, même quand il n'y avait aucune raison de rire ou de sourire. C'était comme si Billy connaissait un secret que le reste du monde n'avait pas encore découvert.

– Cool, j'irai jeter un œil sur lui avant d'aller au lit.

– Merci, chéri, dit Shelly qui s'attarda malgré tout à la porte.

– Autre chose ?

Il y avait clairement autre chose ; à son regard, Topher savait que Shelly avait quelque chose de grave à confesser. Elle s'assit au bord de son lit afin de discuter avec lui.

– Je me sens tellement coupable de ne pas avoir eu l'occasion de te remercier. Ce que tu fais pour ton frère, ce que tu fais pour notre famille… bref, tu n'aurais *jamais* dû avoir à le faire.

– Maman, il faut que tu arrêtes de culpabiliser. Si je partais étudier loin d'ici, tu ne pourrais pas jongler entre Billy et ton travail. La mission d'enseignement de papa à Seattle ne dure plus que deux ans. Cela me laisse le temps d'avoir un premier diplôme ici et ensuite d'aller dans une meilleure université à son retour. Et cela coûtera moins cher sur le long terme.

– Ce n'est pas parce que c'est sensé que c'est juste, répondit Shelly qui leva les yeux vers la médaille de premier de la classe de son fils. Tu as travaillé dur à l'école pour aller dans une bonne université. Je n'ai jamais voulu que ton frère te freine ni te donne une raison de lui en vouloir plus tard.

Si Topher devait souvent s'occuper de Billy, il ne lui en voudrait jamais. Avoir un frère avec des besoins particuliers était épuisant et apportait un stress que les gens ne pourraient jamais comprendre, à moins de l'avoir vécu eux-mêmes. Les seuls à qui Topher en voulait étaient les gens qui *prétendaient* comprendre ou, pire, ceux qui *n'essayaient* même pas.

Par de nombreux côtés, Topher avait davantage de raisons d'être content d'avoir son frère. Vivre avec quelqu'un qui rencontrait de vraies difficultés et vivait de vraies limitations offrait à Topher une perspective unique sur sa propre vie : s'il était travailleur et perfectionniste, c'était, dans son esprit, qu'il n'avait aucune raison de *ne pas* l'être. Ses problèmes quotidiens paraissaient insignifiants à côté de ceux de son frère. Et, conscient qu'il aurait la responsabilité exclusive de son frère une fois leurs parents disparus, échouer n'était pas envisageable.

Billy ne freinait pas le succès de Topher ; il en était la *clé*.

– Maman, je n'en voudrai jamais à Billy. C'était ma décision, et celle de personne d'autre. Et ce n'est pas un pas en arrière, c'est un détour. Le MIT ne va pas disparaître.

Shelly sourit mais garda son air coupable.

– J'ignore ce que j'ai fait pour mériter un fils comme toi. Maintenant, en parlant de détours, est-ce que tout est prêt pour ton voyage demain ?

– Je crois. Merci encore de nous prêter ta voiture et de prendre des congés pour que je puisse y aller.

– C'est la moindre des choses, répondit Shelly avant de regarder sa montre. Il vaudrait mieux que j'y aille si je ne veux pas être en retard, les toxicos et les alcoolos ne vont pas se servir tout seuls. Je m'arrêterai à la station-service en rentrant pour que tu partes avec le plein.

Elle embrassa son fils sur le front et partit travailler.

Topher se mentirait s'il disait qu'il était heureux de sa décision de rester à la maison pour ses études. Il savait cependant que la bonne décision n'était pas toujours le choix le plus simple, une leçon que le Dr Bumfuzzle lui avait apprise dans un des premiers épisodes de *Wiz Kids*.

Il se sentait bête de le penser mais, même à dix-huit ans, Topher tenait le docteur fictif en aussi haute estime que quand il était enfant. Le personnage joué par Cash Carter avait toujours été une source d'inspiration et de force dans les moments difficiles. À ce jour, dès qu'il rencontrait des difficultés, Topher se demandait « Qu'est-ce que Dr Bumfuzzle ferait ? » et une solution se présentait à lui.

Si le personnage n'était pas réel, Topher se sentait souvent poussé à exprimer sa gratitude pour son influence positive. Alors dès que l'envie lui venait, il s'aventurait sur CashCarter.com et écrivait à l'acteur un message de remerciement. Ou bien il entamait une conversion avec le poster dans sa chambre.

Cher M. Carter,

C'est encore Topher Collins de Downers Grove, dans l'Illinois. Je sais que je vous l'ai dit à de nombreuses reprises mais une fois encore il faut que je vous remercie pour votre travail dans la série. Je comprends qu'en tant qu'acteur vous avez très peu de pouvoir de décision sur les actions de votre personnage, mais la façon dont vous l'interprétez depuis toutes ces années nous a profondément touchés, mes amis et moi. C'est notre héros et nous vous en remercions.

C'est *Wiz Kids* qui nous a unis, et regarder la série va nous permettre de rester unis. Nous venons tout juste de terminer le lycée et allons nous séparer, chacun vers son université. Je ne sais pas comment nous resterions en contact sans nos mercredis soirs à visionner la série tous ensemble. Je suis certain que la célébrité n'est pas une partie de plaisir, ni le fait de travailler depuis si longtemps sur la même série, mais sachez que vos fans vous sont éternellement reconnaissants de tout ce que vous faites.

Je ne vous dérange pas plus longtemps, mais au cas où les études me prennent trop de temps pour m'offrir le loisir de vous écrire à nouveau, sachez que c'est un plaisir de vous regarder et un privilège d'avoir grandi avec vous.

Cordialement,
Topher Collins
Downers Grove, Illinois

P-S : Nous partons demain pour une traversée du pays en voiture. Si vous êtes libre, nous serions heureux que vous vous joigniez à nous ! LOL

Topher décida qu'il s'était suffisamment livré comme ça et envoya son message. Comme tous ceux qu'il avait envoyés à Cash Carter au fil des ans, il était sûr que celui-ci se perdrait entre les milliers de messages que l'acteur recevait chaque jour. En tous les cas, Topher fut content de lui rendre hommage.

Le garçon descendit au rez-de-chaussée pour veiller sur son frère et trouva Billy endormi dans son pyjama Captain America préféré. Il dormait si paisiblement que Topher se sentit fatigué rien qu'à le voir ainsi. La journée du lendemain allait être longue. Topher prit un verre d'eau dans la cuisine et remonta à l'étage pour se mettre au lit.

De retour dans sa chambre, il remarqua d'emblée une notification sur son écran d'ordinateur qu'il n'avait pas encore vue. C'était une alerte de CashCarter.com lui signalant que son message avait été reçu… et que l'acteur avait *répondu* !

Topher sentit son cœur palpiter et faillit avoir une attaque. *Il ne rêvait pas ?* Il regarda la notification encore, et encore, et celle-ci resta inchangée. *Putain mais non, il ne rêvait pas !* Il fonça à son bureau à la vitesse de la lumière, se prit le pied dans sa chaise et se dressa sur ses genoux au bord du bureau. Il cliqua sur le lien de la notification et la réponse de l'acteur se chargea. Avec seulement deux mots, la vie de Topher Collins changea à tout jamais :

Quelle heure ?

Chapitre 3

LES PRÉDICTIONS DE LA VOYANTE

Sam Gibson détestait l'ail de tout son être. À quatre heures, du lundi au samedi, le restaurant sous l'appartement de sa mère, Ailcolique, allumait ses fours et projetait une puissante odeur à travers le plancher de sa chambre. L'odeur qui imprégnait ses vêtements était impossible à masquer avec de l'eau de toilette, aussi elle la portait avec elle partout où elle allait, comme une lettre écarlate puante.

La seule arme dans l'arsenal de Sam pour combattre les effluves infâmes était une collection de bougies qui rivalisaient avec celle d'un autel dans une église. Elle avait tous les parfums exotiques et de saison possibles et imaginables sur le rebord de sa fenêtre et les allumait toutes pour combattre Ailcolique. Parfois le mélange de tous ces parfums lui donnait la migraine, mais c'était toujours mieux que de sentir la spécialité de poulet aux soixante gousses (que les clients commandaient par chariots entiers tous les soirs, malgré les évaluations d'une étoile laissées par Sam sur Yelp).

L'odeur épaisse servait de répulsif contre sa mère indiscrète, la maintenant à distance de sa chambre et de ses affaires, un plus inespéré.

Au fond, Sam était contente d'avoir une mère intrusive et un restaurant d'ail en bas de chez elles. Être poussée hors de sa propre chambre et scrutée comme un rat des champs à trois pattes était la motivation parfaite pour fuir Downers Grove. Si Sam était triste de se séparer de ses amis, elle comptait les jours avant de déménager à Providence et étudier à l'école de design de Rhode Island.

Sam était une artiste avec deux dons : elle était *talentueuse* et elle était *pauvre*. Elle avait appris très jeune que si elle voulait de jolies choses, il lui fallait être créative pour les fabriquer elle-même. Et Sam comptait faire de son talent une carrière.

De tous les éléments sur son dossier de candidature, le jury d'admission de l'école de design avait surtout été impressionné par son portfolio de meubles faits main dans sa chambre et le récit de leur création.

« Je qualifierais mon style unique de design comme du Déchet qui déchire », avait-elle écrit.

> « Le sommier et la tête de lit de mon matelas sont fabriqués à partir d'une pile de palettes de bois que j'ai trouvée sur le bord de la route. Au-dessus de mon lit, les étagères suspendues étaient à l'origine des paniers de supermarché trouvés dans une contre-allée, que j'ai repeints en rouge et cloués au mur. Mes fauteuils sont faits avec la moitié d'une roue géante que j'ai fait rouler jusqu'à chez moi d'une décharge ; j'ai rempli l'intérieur avec des coussins rouges et l'enjoliveur me sert de table basse entre les sièges. Ma chambre n'a pas de placard, donc je me suis fait une armoire à partir d'un vieux frigo du restaurant en dessous de mon appartement. Je l'ai repeint en turquoise et j'y ai planté le manche d'un vieux balai pour suspendre mes vêtements.

La lumière dans mon appartement est affreuse, si bien que j'ai pris une roue de vélo, l'ai enveloppée de guirlandes de Noël, j'ai surmonté les ampoules de bouteilles de liqueur vides pour magnifier la lumière, recouvert le tout avec du doré, et créé un chandelier qui ferait envie à n'importe quelle rockstar. J'ai fait un socle pour ma platine et ma collection de vinyles à partir d'un tas de valises des années cinquante trouvées dans le grenier de mon grand-père. J'ai recouvert un mur avec les jaquettes de vinyles, et maintenant les Rolling Stones, les Smiths, les Knack, Gang of Four et les Killers surveillent ma chambre comme des anges gardiens rock.

Ma mère a commis l'erreur de me confier sa vieille coiffeuse. Elle pensait que je la garderais intacte mais je l'ai peinte en noir, frappée avec une chaîne (pour le plaisir), recouverte de centaines d'autocollants, et maintenant je l'utilise comme bureau. Je n'aime pas particulièrement les miroirs alors j'ai recouvert la glace ovale avec des photos de mes amis et des découpes de magazine de ma série préférée, *Wiz Kids*. »

Il suffisait d'un simple regard à son portfolio pour comprendre qu'elle avait du talent. (Le portfolio faisait aussi comprendre que Sam avait terriblement besoin d'aide financière pour fréquenter l'école de design de Rhode Island, aussi elle l'avait envoyé à toutes les bourses possibles.) Toutefois, recycler des objets était bien plus qu'un simple hobby. Restaurer les déchets que les autres jetaient, leur redonner vie, leur offrir de nouvelles identités était une forme de thérapie pour Sam. Elle aurait seulement aimé pouvoir se transformer elle-même aussi facilement qu'elle le faisait avec les ordures qu'elle trouvait… mais Sam avait besoin de bien plus qu'un simple coup de peinture pour ce qu'elle avait en tête.

– Bon, je vais essayer de me reposer, dit Sam devant son ordinateur. Bonne nuit, à demain !

– Bonne nuit, Sam, répondit Topher.

À la seconde où Sam se déconnecta, sa mère, Candy Rae Gibson, entra dans sa chambre sans frapper. Elle portait un énorme sac de course dans une main et une flasque de vodka dans l'autre. Si jamais une statue était un jour érigée en l'honneur de Candy, ces deux objets devraient forcément être représentés pour que la statue soit authentique.

– Bon sang, Samantha ! s'exclama Candy qui tressaillit à l'odeur des bougies. Tu as vraiment besoin de *toutes* les allumer en même temps ? On se croirait à une séance de spiritisme… mais je ne sais pas si tu cherches à invoquer les morts ou à faire fuir les vivants.

– Maman, quand tu ne frappes pas, tu violes mon intimité.

– Ben voyons, rétorqua Candy en levant les yeux au ciel. J'aimerais bien qu'il se passe des trucs dans cette chambre qui *nécessitent* une intimité. Le jour où je te surprendrai en train de regarder de la pornographie ou de fumer un joint, le choc me tuera.

– C'est noté, répondit Sam entre ses dents.

Le fait que Sam soit la fille de Candy Gibson était la preuve que Dieu avait un sacré sens de l'humour. Aux yeux de Sam, sa mère était une caricature de la féminité. Candy avait les cheveux et les ongles longs, portait trop de maquillage et n'avait pas un seul pantalon depuis les années quatre-vingt. Elle était très gentille, mais pas très fine et faisait souvent aux gens l'effet d'un grand cocker.

Candy travaillait comme coiffeuse dans un salon du coin et expliquait à tous ses clients, dans les moindres détails, qu'elle avait été Miss Georgia Peach 1999 à l'âge de dix-huit ans, alors que personne ne lui avait rien demandé. Le hasard avait voulu qu'elle tombe enceinte de Sam au même moment, ce qui lui avait permis de pleurer volontairement mieux que ses concurrentes. Les larmes de crocodile suivies par la question sur « la paix dans le monde » lui avaient assuré la victoire. De temps à autre, quand Candy avait un verre de vodka de trop dans le nez, Sam la retrouvait en train de valser dans l'appartement avec son vieux diadème et son écharpe.

– Qu'est-ce que tu veux, maman ? demanda Sam comme si sa présence lui faisait mal physiquement.

– Je viens de rentrer des courses, je t'ai trouvé des fringues qui pourraient te plaire pour ton voyage.

Candy déversa le contenu de son sac sur le lit de Sam. Sa fille fut horrifiée par la pile de débardeurs, de minijupes, de soutiens-gorge en dentelle et des culottes fluo. Ces tenues auraient convenu pour le barbecue de Barbie et Ken, pas pour une traversée du pays en voiture avec ses amis.

– Tu sais que je préférerais crever que de porter ces trucs.

– Ça te tuerait de mettre un peu de couleur dans ta garde-robe ? Toutes tes fringues ont l'air de sortir d'un concert de grunge des années quatre-vingt-dix. Tu as la même silhouette que moi à ton âge, j'aimerais que tu la montres de temps en temps.

– C'est mon style. C'est ce que j'aime porter, c'est là-dedans que je me sens bien, et ce sera toujours comme ça.

– Tu changeras peut-être d'avis un jour, répondit Candy avec un haussement d'épaule.

La coiffeuse pleine d'espoir regarda à gauche, à droite, comme si elle savait quelque chose que Sam ignorait.

– Maman, tu fais encore ce truc avec les yeux. Si tu as quelque chose à me dire, balance, s'il te plaît.

– Tu veux savoir la vérité ? Eh bien, la voilà. Je suis passée chez la voyante de Fourth Street après le boulot. Elle m'a dit un tas de trucs vraiment intéressants. Apparemment, je faisais partie d'une famille royale dans une vie antérieure, je vais bientôt faire de bonnes affaires, papy te dit bonjour, *bla-bla-bla*... Mais le plus intéressant, c'est quelque chose qu'elle a dit à ton sujet.

– Ta voyante t'a dit que j'avais besoin de nouvelles fringues ?

– Non, elle m'a dit qu'il y avait un *garçon* dans ta vie dont tu ne m'as pas parlé !

Sam écarquilla les yeux au point qu'ils faillirent lui sortir des orbites.

– *Quoi ?*

– Je lui ai dit que ce n'était pas possible car j'aurais su si tu sortais avec quelqu'un, poursuivit Candy. Mais Mme Beauffont était catégorique. Elle n'a pas pu me donner son prénom ni son âge, mais l'a décrit très précisément. Il a l'air parfait pour toi, je dirais même qu'il pourrait être ton âme sœur ! Il écoute la même musique que toi, aime faire des trucs avec des déchets, et il regarde même cette série débile que tu adores. Bon, je sais que je suis la dernière personne à qui tu souhaites en parler mais si tu as un mec, ou si un mec t'intéresse, je me suis dit que tu aimerais porter une jolie tenue pour lui.

Sam essaya de la faire taire par tous les gestes possibles, mais la bouche de sa mère était lancée comme un train fou sans conducteur.

– Maman, t'es sérieuse ? Je t'ai dit des millions de fois que je n'avais personne dans ma vie. Tu préfères croire Mme Beauffont que moi ?

– Samantha, c'est une astrologue de renommée internationale. Pourquoi est-ce que tu as autant de mal à me parler de ces choses ? C'est parfaitement naturel pour une fille de ton âge d'avoir un petit copain. J'essaie de te soutenir mais tu balises chaque fois que j'aborde le sujet. Tu es lesbienne ou quoi ?

– Non, je ne suis pas lesbienne !

– Alors tu as honte de quoi, Samantha ?

Sam se tut. Elle savait *pourquoi* c'était un sujet chaud ; simplement, elle n'était pas encore prête à entamer cette conversation avec sa mère. Cela dépassait le niveau de compréhension de Candy.

– Je n'ai honte de rien. Les garçons ne sont pas une priorité pour moi en ce moment. J'aimerais que tu respectes ça.

Candy jeta les bras en l'air en signe de défaite et remit tous les vêtements dans le sac.

– Je ne cherche pas à être irrespectueuse, je suis juste impatiente, répondit Candy. Je rapporterai tout au magasin demain. Maintenant, il faut que je sorte de cette chambre avant que toutes ces bougies ne me donnent la migraine.

Candy quitta la pièce d'un air tragique, abattu. La voyante avait eu raison sur tout le reste, comment avait-elle pu sc tromper à ce point ?

Cependant, si Candy avait su comprendre sa fille comme celle-ci comprenait sa mère, elle aurait su que Sam ne s'était pas montrée totalement honnête. La voyante *avait* raison : Sam cachait bien un garçon à sa mère mais ce n'était pas celui que Candy attendait désespérément. Le garçon dans la vie de sa fille était sa fille.

Il y avait bien peu de choses au monde dont Sam Gibson était sûre mais elle savait de tout son cœur, de tout son corps et de toute son âme qu'*il* était transgenre.

Quand il était jeune, Sam n'avait jamais douté de son aversion pour les robes, sa réticence à l'idée de laisser sa mère lui mettre un nœud dans les cheveux ou sa préférence pour les jeux avec les garçons de son quartier plutôt qu'avec les filles. Il détestait être appelé « jeune fille » ou « mademoiselle » car ces mots étaient toujours suivis par l'ordre de se tenir droite ou de se comporter d'une certaine façon. Sam ne comprit que bien plus tard ces indices subtils, que sa véritable identité lui envoyait.

Sam avait toujours été différent des autres filles, mais à la fin du primaire il comprit que ses sentiments dépassaient le fait d'être « différent » et impliquaient quelque chose de « grave ». Pour la première fois, lui et les enfants de sa classe n'étaient plus de simples « camarades » mais se retrouvaient divisés entre « garçons » et « filles ». Cette ségrégation semblait s'accompagner d'un ensemble invisible de nouvelles règles, d'attentes et de limitations qu'il ne s'était jamais imposées jusqu'alors. Il ressentait un malaise mais ne comprenait pas pourquoi. Il savait qu'il était une fille… Si c'était si évident, pourquoi ne s'en sentait-il pas une ? Pourquoi, en son for intérieur, se sentait-il garçon ? Pourquoi voulait-il être traité comme un garçon ?

C'était perturbant, frustrant et injuste à la fois, et son sentiment ne fit que s'intensifier au fil du temps.

L'enfance de Sam avait été remplie de questions auxquelles il n'avait pas la réponse. Était-il une erreur de la nature ? Y avait-il quelque chose de cassé en lui ? Dieu s'était-il trompé ? Dieu le punissait-il pour quelque chose ? Sam était allé au catéchisme le dimanche avec son ami Joey pour apprendre à prier et demander à Dieu de le *réparer*. Toutes les nuits, il avait prié pour se réveiller le lendemain dans le corps juste mais ses prières ne furent jamais exaucées.

En quatrième, les premiers stades de la puberté lui avaient fait l'effet plus d'un dérapage que d'une progression naturelle. Son corps ne changeait pas, il le *trahissait*. Chaque jour, il se transformait en quelque chose qu'il n'était pas censé être. Peu importait combien de vidéos de bien-être il regardait pour se préparer, l'idée de sortir de l'adolescence comme *femme* restait fausse, improbable, comme une chenille qui sortirait de son cocon sous les traits d'une araignée.

Sam avait cru que s'il ignorait ces changements son corps finirait par les rejeter ou les inverser. Au lieu de réclamer un soutien-gorge, Sam enveloppait sa poitrine naissante avec une bande de crêpe pour aplatir son torse. Plus elle poussait, plus il serrait la bande qui, parfois, finissait par lui laisser des marques de sang. Il s'était résolu à acheter un soutien-gorge de sport qui produisait le même effet mais il l'avait étrangement ressenti comme une défaite ; il perdait la guerre contre son propre corps.

Sam avait déjà tant de mal à se faire une raison, il pensait que personne d'autre ne pourrait comprendre. Il craignait qu'en apprenant la vérité ses amis et sa mère ne le traitent comme le monstre de Frankenstein, aussi Sam se protégeait-il, empêchant quiconque de s'approcher trop près, et s'empêchant lui-même de laisser échapper un signe qui pourrait le trahir. Sam pensait que ces mesures de prévention étaient le seul moyen de se protéger mais, malheureusement, cela l'avait conduit dans un isolement étouffant. Même entouré de ses amis les plus proches, Sam se sentait totalement seul.

Ce ne fut qu'au collège qu'il entendit pour la première fois le mot « transgenre ». Bien sûr, il avait *lu* ce mot une ou deux fois auparavant, mais le fait de l'*entendre* prononcé lui ouvrit les yeux sur sa signification. Il zappait d'une chaîne à l'autre tard un soir et était tombé sur la rediffusion d'un vieux talk-show. Le titre était « Transgenre en Amérique », et le présentateur interrogeait deux femmes et un homme trans. Sam était resté au bord de son fauteuil pendant toute l'émission. Les invités trans parlaient des difficultés rencontrées en grandissant dans leur sexe opposé, de la frustration de vivre dans un monde qui ne les comprenait pas et de la liberté que leur avait offerte leur transition.

Comme si la saleté s'était envolée du voile de son esprit, Sam comprit pour la première fois qu'il était, lui aussi, trans. Il n'était pas une erreur de la nature, Dieu ne s'était pas trompé, et il n'était certainement pas un monstre s'il existait des millions de personnes comme lui à travers le monde. Sam s'était senti bête de ne pas avoir saisi plus tôt, mais « transgenre » n'était pas un terme employé tous les jours dans les rues de Downers Grove.

Arrivé au lycée, Sam n'était plus tourmenté par des questions sur *qui* il était mais était assailli par des questions telles que : « Que dois-je faire à présent ? » « Quelles sont les étapes de la transition ? » « Jusqu'où ai-je envie d'aller ? » « Dois-je en parler à mes amis et ma famille ? » « M'accepteront-ils tel que je suis vraiment ? » « Serai-je assez fort s'ils ne m'acceptent pas ? »

Les informations qu'il avait trouvées et les personnes à qui il avait parlé en ligne l'avaient aidé, mais nombre d'entre elles lui avaient suggéré de trouver un thérapeute avec qui échanger en personne. En plus de s'acquitter de sa part du voyage et de vouloir aller à l'université avec un minimum d'argent en poche, une des raisons pour lesquelles Sam avait pris un job d'été chez Yolo FroYo, était de payer ses séances chez un psychologue. Il avait pris son premier rendez-vous avec le Dr Eugene Sherman, un clinicien au cabinet duquel il pouvait se rendre à pied de son lieu de travail.

Le psychologue était plus âgé que ne l'avait imaginé Sam, il avait plus de poils qui lui poussaient des oreilles que de cheveux sur le crâne, il ne regardait jamais sa standardiste directement dans les yeux et il gardait une photo encadrée de George W. Bush dans sa salle d'attente. Les signaux d'alarme étaient nombreux, mais Sam avait été si heureux d'avoir enfin quelqu'un à qui parler qu'il les avait tous ignorés.

– Alors, vous croyez être un homme piégé dans un corps de femme ? avait demandé le Dr Sherman.

– Mon Dieu, je déteste quand les gens disent ça. On dirait un dialogue de sitcom des années quatre-vingt. Je dirais juste que je suis une personne transgenre femme vers homme. Ça sonne plus factuel, ça fait moins slogan.

– En avez-vous parlé avec vos amis ?

– Non. Mon ami Joey vient d'une famille très religieuse et je ne suis pas sûr de ce qu'il en penserait. Mo est du genre à faire des histoires, alors ce n'est pas la première personne à qui je me confierais. Et Topher... eh bien, je crains que ce soit pour lui que la nouvelle soit la plus difficile.

– Vous ne pensez pas qu'il vous accepterait ?

– Ce n'est pas une question d'acceptation. Comprenez-moi bien, Topher est un saint. Il aurait pu aller dans n'importe quelle université mais il va rester en ville pour aider sa mère à prendre soin de son petit frère handicapé. Dire la vérité à Topher sera difficile parce que... ben, il en pince pour moi.

– Le sentiment est réciproque ?

– Vous voulez dire, est-ce que *moi*, j'en pince pour *Topher* ? Je crois que je n'y ai jamais réfléchi. Si c'est votre question, je suis attiré par les hommes, c'est sûr. Mais je me suis tellement focalisé sur le fait d'être *moi-même* qu'être *avec quelqu'un* n'a jamais été une priorité. Vous voyez ce que je veux dire ?

Le psychologue avait pris des notes.

– Et qu'en pensent vos parents ?

– Ma mère ne pourrait pas le supporter, avait répondu Sam en tressaillant rien que d'y penser. Elle pleure devant chaque épisode de *Grey's Anatomy*... Je n'ose pas imaginer sa réaction. Elle me conduirait certainement chez une sorcière ou cacherait des pilules d'œstrogène dans ma nourriture.

– Et qu'en est-il de votre père ?

– Oh, je ne l'ai jamais connu. Il a disparu avant même que ma mère ne sache qu'elle était enceinte.

– Avez-vous déjà eu une figure paternelle stable au cours de votre vie ?

– Beaucoup de figures mais jamais de *stables*, avait ri Sam. Ma mère est allée de copain en copain, de boulot en boulot et de ville en ville, me traînant derrière elle le long du fleuve Mississippi jusqu'à ce qu'on s'installe à Downers Grove. Elle me demandait de l'appeler « grande sœur » jusqu'à mes huit ans, quand j'ai fini par refuser. Je ne vois pas de meilleur moyen de décrire notre dynamique familiale... *ce qui explique ma présence ici.*

Le Dr Sherman avait trouvé cela vraiment très intéressant et avait pris un certain nombre de notes.

– Eh bien, mademoiselle Gibson, j'ai d'excellentes nouvelles. Vous n'êtes pas transgenre.

Après avoir partagé pendant presque une heure son secret le plus intime, c'était bien la dernière chose à laquelle Sam s'était attendu.

– Je vous demande pardon ?

– Puisque vous avez grandi sans père et avec une mère qui papillonnait, j'imagine qu'à de nombreuses reprises pendant votre enfance vous avez dû jouer le rôle de votre propre parent, avait affirmé le Dr Sherman avec une grande assurance. Vous n'avez pas eu d'autre choix que de vous montrer responsable, non seulement de vous, mais également de votre maman. En l'absence d'une présence masculine, *vous* avez dû être « l'homme de la maison », pour ainsi dire. Aussi, il est tout à fait compréhensible que vous désiriez une identité masculine.

Sam avait eu l'impression d'avoir apporté sa voiture au garage et que le garagiste lui avait dit que c'était un cheval.

– Pardon, mais je ne crois pas que ce soit juste. Je suis transgenre parce que je m'identifie à un sexe différent de mon corps. Cela n'a rien à voir avec le fait d'avoir eu ou non une figure paternelle dans ma vie.

– Oui, je comprends que vous vous *croyiez* transgenre mais, d'après mon avis professionnel, vous souffrez d'un trouble de l'identité…

– Je ne suis absolument pas troublé. C'est quelque chose qui me tiraille et que j'ai gardé enfoui depuis mon enfance. Je ne pense pas que vous compreniez combien ça a été difficile de venir ici et d'en parler à quelqu'un. Je suis venu pour trouver des conseils sur la suite des événements et sur la façon d'en parler à mes proches, pas pour être traité comme un fou.

Le Dr Sherman avait ôté ses lunettes et posé ses notes de côté. Les deux mots qui étaient alors sortis de sa bouche avaient révélé à Sam que le psychologue ne comprendrait jamais et qu'il avait commis une grave erreur en venant le voir.

– *Jeune fille*, j'étudie l'esprit humain depuis plus de quarante ans. Je comprends l'intérêt de rejoindre la communauté transgenre mais je vous promets que le mouvement transgenre n'est rien d'autre qu'une tendance pour marginaux. À vrai dire, l'Organisation mondiale de la santé considère toujours cela comme une maladie mentale. J'aimerais pouvoir vous aider, mais mutiler votre corps n'est pas recommandable quand vos problèmes peuvent être résolus par le biais d'une thérapie.

Submergé par ses émotions, Sam n'avait plus su quoi dire.

Toute sa vie, il s'était senti piégé dans une camisole et la première personne à qui il s'était adressé pour la détacher n'avait fait que la serrer davantage.

– Je vous propose un marché. Rentrez chez vous et jetez un œil aux taux de chômage, de pauvreté, de harcèlement et de victimes de violence chez les transgenres dans notre pays. Si après ça vous êtes encore sûre de vouloir suivre ce style de vie, je serai ravi de vous recommander un autre psychologue. Mais jusque-là, je crains de ne rien pouvoir faire pour vous.

Sam avait cru qu'il sortirait du cabinet du Dr Sherman libéré, confiant, enthousiaste à l'idée de vivre la vie à laquelle il était destiné. Au lieu de cela, il était rentré chez lui plus abattu, apeuré et isolé que jamais. S'il n'avait pas pu trouver de soutien auprès d'un clinicien, pourrait-il en trouver auprès de ses amis et de sa famille ? Pouvait-il faire sa transition sans eux ? Pouvait-il trouver la force nécessaire tout seul ?

La seule chose qui pouvait l'aider à résoudre cette nouvelle salve de questions, c'était le *temps*, et le temps seul.

Toutes les nuits depuis son horrible visite chez le Dr Sherman, Sam regardait son épisode préféré de *Wiz Kids* pour se remonter le moral avant de s'endormir. Épisode 313, « Prisonniers de la ceinture d'astéroïdes », voyait Dr Bumfuzzle briser des centaines d'astéroïdes et libérer une espèce extraterrestre prisonnière à l'intérieur. Les anges célestes, tel était leur nom, étaient une magnifique race d'êtres translucides aux grandes ailes en hologrammes. Une fois libérés, les anges s'enfonçaient gaiement dans l'espace, impatients de rejoindre leurs familles dans leur galaxie natale de l'autre côté de l'univers.

« Prisonniers de la ceinture d'astéroïdes » parlait à Sam plus que n'importe quel épisode de *Wiz Kids*. Il lui arrivait de se sentir comme un Ange céleste, pris au piège d'un astéroïde, mais Dr Bumfuzzle n'apparaîtrait pas pour le sauver. Si Sam voulait se libérer, il ne pourrait compter que sur lui-même. Mais quand bien même il lui faudrait entamer sa transition tout seul, se sentir enfin bien dans son propre corps et être reconnu comme la personne qu'il était vraiment signifiait que chaque minute du périple allait en valoir la peine.

Ce que Sam ignorait, c'était qu'une main complice allait se présenter à lui, une main bien plus proche du Dr Bumfuzzle qu'il ne pourrait jamais l'imaginer.

Chapitre 4

TROUBLE DE L'IMAGINATION HYPERACTIVE

Un classeur *Wiz Kids* posé sur son couvre-lit rose, Mo Ishikawa se tenait face au grand miroir, au coin de sa chambre. Contrairement à son amie Sam, Mo *adorait* les miroirs… peut-être un peu trop d'ailleurs. Elle en avait trois dans sa chambre et ne ratait jamais une occasion de se contempler dedans, de prendre la pose à la Amy Evans ou de lancer un « salut, belle gosse » quand elle passait devant.

En cet instant, Mo plongeait son regard dans celui de son reflet avec un air des plus sérieux, austère. Elle prit une profonde inspiration et récita le discours qu'elle préparait depuis trois mois. Elle s'était tellement entraînée qu'il était gravé dans sa mémoire, mieux que le serment d'allégeance.

– Papa, il faut qu'on parle. Je ne veux pas te prendre en traître mais il faut qu'on parle de mes études. Je sais que tu as toujours rêvé de me voir à Stanford mais, après mûre réflexion, j'ai décidé que ce n'était pas pour moi. Je ne te l'ai jamais dit mais, après avoir envoyé ma candidature à Stanford, j'ai aussi soumis ma candidature au programme d'écriture créative de l'université de Columbia. Elle m'a acceptée, elle aussi, et c'est dans cet établissement que je compte aller à l'automne.

Elle ouvrit le classeur *Wiz Kids* et étendit sa lettre d'acceptation à Columbia ainsi que les informations sur le programme d'écriture créative de l'université sur son lit, faisant semblant de les montrer à son père.

– Je comprends pourquoi tu estimes que l'écriture n'est pas un métier stable, alors, pour te rassurer, je compte prendre aussi des cours d'économie. Je suis désolée de ne pas t'en avoir parlé plus tôt mais je savais que ça t'embêterait. J'ai envoyé un acompte à Stanford et à Columbia pour gagner du temps et trouver le courage de t'en parler, mais je dois commencer à m'inscrire aux cours avant qu'ils ne soient complets. Voilà la liste des cours que j'aimerais suivre durant le premier semestre.

Mo plaça la liste par-dessus les informations de l'école de commerce.

– Je n'ai pas envie de vivre avec des regrets, et aller à Stanford pour étudier le business me rendra malheureuse. Je suis écrivaine, papa, j'ai ça dans le sang et j'ai envie d'en vivre. Tu m'as appris qu'être adulte, c'était prendre des décisions difficiles, aussi j'espère que tu verras ça comme un exemple de maturité, et non d'irrespect. Maintenant, regarde, s'il te plaît, les informations que je t'ai apportées et parlons-en dans la matinée. Merci. *C'*était comment, Peaches ?

Mo adressa un regard inquiet à son chat gris, Peachfuzzle « Peaches » Carter, étendu sur une pile d'animaux en peluche dans le coin opposé de sa chambre. Le chat était une boule de dix kilos de jugement pur et portait un collier brillant qui accompagnait parfaitement son attitude. Il regardait Mo de la même façon qu'il regardait tout le monde, d'un air de dire intérieurement « Va te faire foutre ».

Mo était habituée à l'air antipathique de son chat. Les yeux verts de Peaches étaient emplis de ressentiment depuis le jour où on l'avait ramené du refuge pour animaux, comme s'il savait que son existence était un hommage rendu à un couple fictif de la télé.

Naturellement, Mo avait conscience qu'un animal qui faisait ses besoins dans une litière, se nourrissait de saumon en boîte et dormait vingt heures par jour ne devait pas être du genre à garder une rancune passionnée contre elle. Cependant, Mo devait régulièrement se rappeler la réalité, car son imagination avait une conscience propre.

– Je me demande jusqu'à quel point papa se mettra en colère en l'apprenant, songea Mo en faisant les cent pas dans sa chambre. *Techniquement*, il ne peut pas m'obliger à aller à Stanford. Cela dit, l'argent pour mes études est *techniquement* à lui. Et s'il m'empêchait d'y toucher ? Et si je devais payer mes études à Columbia. Je vais devoir vendre mes organes au marché noir !

Mo souffrait de TIC (trouble de l'imagination compulsive) depuis l'enfance. Sa maladie n'était pas officiellement reconnue par le ministère de la Santé (parce que Mo l'avait inventée) mais son trouble lui coûtait autant qu'un autre.

– Mo, tu débloques ! dit-elle en se donnant une gifle. Ton père ne va pas te laisser vendre tes organes pour payer tes études. Tu es sa fille unique, il aura besoin de toi pour prendre soin de lui quand il sera vieux. Mon Dieu, si seulement j'avais un frère ou une sœur aînée, je n'aurais pas besoin de m'embêter avec tout ça.

Cela étant dit, si Mo avait eu un frère ou une sœur, elle n'aurait sans doute pas été apprentie écrivaine. Grandir comme enfant unique avait alimenté sa créativité et l'avait condamnée à vivre avec son TIC. N'ayant personne pour jouer avec elle, Mo avait dû inventer des façons alternatives de s'amuser.

Par exemple, à l'âge de deux ans, Mo avait retiré les bouchons d'absolument tout dans la maison et les avait gardés dans un Tupperware sous son lit. Sa seule motivation était de voir son maniaque de père devenir fou.

À l'âge de trois ans, Mo avait développé une obsession pour les miroirs. Le bébé solitaire passait des heures à se regarder, se parler et se faire des grimaces. Le miroir était bien plus qu'une couche de verre qui renvoyait son reflet ; c'était une fenêtre sur un monde dans lequel vivait son double. À ce jour, si Mo passait devant un miroir sans se regarder dans les yeux ou sans dire « salut, belle gosse », elle avait le sentiment de négliger une vieille amie.

À quatre ans, Mo avait donné un nom à tous les objets de la maison, pour qu'elle ait toujours quelqu'un à qui parler. Non seulement elle avait attribué une identité à chaque meuble et chaque appareil ménager, mais elle leur avait aussi donné des hobbys, des préférences et des idées politiques. Elle ignorait ce que « républicains » ou « démocrates » voulaient dire, mais elle avait expliqué longuement à ses parents que le lave-linge refusait de parler au sèche-linge, car ce dernier avait voté pour John Kerry à l'élection présidentielle de 2004.

La maman de Mo trouvait sa fille drôle et inventive, si bien qu'elle l'encourageait dans la personnification. Malheureusement, le soutien de Mme Ishikawa s'était retourné contre elle et son mari. Que tous les objets aient un prénom signifiait aussi que tous les objets avaient une âme, aussi, quand l'heure était venue de remplacer ou de recycler quelque chose, Mo réagissait comme si ses parents commettaient un meurtre.

Quand les Ishikawa avaient jeté Bruce, le tabouret de bar branlant, Mo avait pleuré pendant une semaine. Elle n'avait plus jamais été la même après avoir vu Anthony, le téléviseur cassé, être enlevé par deux éboueurs. Mo avait couru après le camion dans toute la rue, mémorisé la plaque d'immatriculation, et appelé la police en rentrant. L'appel s'était conclu par une conversation très gênante entre son père et deux officiers de police qui s'étaient présentés à leur porte.

Sa mère n'avait eu d'autre choix que de lui raconter que Meredith, l'abat-jour troué, s'était enfuie rejoindre un cirque. Mo avait reçu des cartes postales de Meredith jusqu'à l'âge de cinq ans, lui narrant toutes ses aventures sur la route. Heureusement, Mo ne remarqua jamais comme l'écriture de Meredith ressemblait à celle de sa mère.

Les efforts de dénomination de Mo s'étaient étendus jusqu'au jardin. Chaque arbre, chaque plante, chaque pierre avait un passé complexe qu'elle adorait créer et partager avec sa mère.

– J'ignorais complètement que l'érable vivait en Suisse avant d'emménager dans notre jardin, avait dit Mme Ishikawa. Qu'est-ce qui l'a poussé à venir aux États-Unis ?

– Il était amoureux du cèdre et ils voulaient se marier et faire une famille arbre, avait répondu Mo.

– C'est exactement pour ça que ton papa est venu ici du Japon. Et cette pierre ? Pourquoi est-ce qu'il, ou elle, vit avec nous ?

– Ça, on dirait juste une pierre, maman. Mais avant, c'était une étoile filante qui a voyagé à travers la galaxie pendant un million d'années avant de s'écraser là !

– C'est incroyable, ma chérie. J'adore tes histoires. Tu peux rendre un service à maman ? Bientôt, je vais devoir aller à des rendez-vous, des affaires de grands, rien d'important ; j'adorerais que tu écrives tes histoires pour que je puisse les emporter avec moi. Elles me donneront le sourire.

– Avec plaisir, maman !

Mo avait été inondée de joie à l'idée de ce projet et elle avait pris sa mission très au sérieux. Utilisant les quelques mots qu'elle connaissait, elle avait écrit des histoires élaborées sur les insectes dans le jardin, les oiseaux qui vivaient dans les arbres et les étoiles dans le ciel. Parfois, les récits se compliquaient tant que Mo faisait également des images au crayon et au feutre pour que sa mère ne s'y perde pas.

– Ce sont de merveilleuses histoires, Momoute ! C'est exactement ce dont j'ai besoin. Écoute, j'ai encore d'autres rendez-vous à venir. Tu crois que tu pourrais en écrire de nouvelles ? Elles sont la lumière de mes journées.

Tous les jours où Mme Ishikawa avait ses rendez-vous, Mo lui tendait une nouvelle histoire avant qu'elle ne sorte. Son père accompagnait toujours sa mère, laissant Mo aux bons soins de sa tante Koko et, à leur retour, Mo avait déjà une nouvelle histoire pour sa mère. Très vite, les rendez-vous étaient devenus très fréquents et Mo avait du mal à respecter le quota qu'elle s'était fixé.

– Je suis vraiment désolée, maman. Je n'ai pas fini mon histoire sur le chien des voisins pour toi.

– Ce n'est pas grave, ma chérie. Maman est un peu fatiguée... Je ne vais sans doute pas lire beaucoup aujourd'hui de toute façon. Et si tu la finissais et que je la gardais pour mon prochain rendez-vous ?

Mo s'était fait le devoir de fournir des histoires à sa mère, si bien qu'elle n'avait pas remarqué combien l'énergie de Mme Ishikawa avait décliné depuis le début de ses rendez-vous.

– Mama, pourquoi tu es tout le temps fatiguée ? avait demandé Mo un jour. C'est tes rendez-vous qui t'endorment ?

– Oui, c'est ça, avait répondu Mme Ishikawa. Les affaires d'adulte, c'est important, mais ça peut aussi être très ennuyeux. J'ai envie de dormir rien que d'y penser. Mais ne t'inquiète pas, Mo-Bear, maman redeviendra comme avant les rendez-vous.

Il n'y avait pas que l'énergie de sa mère qui avait changé. Mo avait aussi remarqué que Mme Ishikawa était plus frêle, plus pâle que d'habitude. Plus elle allait à ses rendez-vous, plus elle devenait faible, chétive.

– Maman, pourquoi tu es aussi maigre ?

– Euh... eh bien, parfois j'oublie de déjeuner à mes rendez-vous.

– Ils sont passés où, tes cils et tes sourcils ? Ils sont tombés ?

– Euh... peut-être que je mue, comme le chien des voisins ? Tu sais, l'été approche.

– Maman, les gens, ça mue pas. Qu'est-ce qui se passe *vraiment* ?

– Ma chérie, viens t'asseoir à côté de moi, je vais t'expliquer. Je voulais te parler de quelque chose, mais j'attendais le bon moment. Tu vois, les rendez-vous où je vais tous les jours, c'est à l'hôpital avec des médecins.

– Pourquoi tu vas à l'hôpital, maman ?

– Parce que... parce que... avait balbutié Mme Ishikawa. Eh bien, parce que les médecins pensent que maman a peut-être des *superpouvoirs* ! Ils me font des examens pour savoir.

– Des superpouvoirs ? avait rigolé Mo. C'est une blague !

– Comment est-ce que tu expliques mes changements alors ? s'était amusée sa mère. Ta maman est la Fantastique Femme

Endormie et Endolorie mais on doit garder le secret pour qu'aucun de tes amis ne soit jaloux.

– C'est pour ça que papa ne dit jamais rien ? C'est pour garder tes superpouvoirs secrets ?

– C'est *exactement* pour ça. Mais ne t'inquiète pas, papa redeviendra normal dès que j'aurai terminé mes tests de superhéroïne.

– Tu peux faire quoi avec tes superpouvoirs ? avait demandé Mo, doutant encore de l'histoire que lui racontait sa mère.

– C'est ce que les médecins essaient de comprendre. Il leur faut du temps parce qu'ils n'ont pas beaucoup d'imagination. Si seulement il y avait quelqu'un qui pouvait les aider avec ça.

Les yeux clairs de Mo s'étaient illuminés et un grand sourire s'était dessiné sur son visage.

– Mais maman, *moi*, j'ai une grande imagination ! Si j'écrivais les histoires de la Fantastique Femme Endormie et Endolorie, ça pourrait peut-être aider les docteurs !

– Momoute, c'est la meilleure idée que j'ai jamais entendue ! Je commence de nouveaux rendez-vous bientôt, cette fois je resterai à l'hôpital quelques nuits pour d'autres examens de superpouvoir. Et si tu écrivais des histoires pour moi, qu'on lira ensemble quand je rentrerai ?

– Ça marche !

Pendant que sa mère était restée à l'hôpital, Mo avait travaillé religieusement sur les histoires de la Fantastique Femme Endormie et Endolorie. Elle y décrivait la façon dont sa mère utilisait ses pouvoirs pour dormir malgré les bruits les plus forts de la planète, comment elle se réduisait jusqu'à faire la taille d'une souris pour retrouver les objets qui tombaient sous les canapés et derrière les commodes, et comment elle faisait tomber ses cheveux dans son assiette pour avoir des repas gratuits dans les restaurants.

Mo avait été impatiente de partager ses nouvelles histoires avec sa mère, sachant qu'elles la feraient rire plus fort que toutes les autres. Sa tante Koko n'appréciait pas sa créativité à la manière de Mme Ishikawa, aussi Mo avait attendu plus que tout le retour de ses parents. Après presque une semaine, son père était enfin revenu à la maison, mais Mme Ishikawa n'était pas avec lui.

– Papa, est-ce que maman a fini ses tests de superhéroïne ?

– Non, avait répondu M. Ishikawa. C'est fini, les examens.

M. Ishikawa avait eu du mal à regarder sa fille dans les yeux ; Mo craignait que son père ne lui en veuille pour quelque chose.

– Quand est-ce qu'elle rentre, maman ?

– Maman ne rentrera pas.

– Pourquoi ? Elle est où ?

M. Ishikawa s'était tu comme il le faisait toujours quand il traduisait dans sa tête les mots qui lui venaient en japonais. Mais cette fois, il avait su *exactement* quoi dire, simplement il ne voulait pas le dire.

– Maman est *partie*.

– Partie ? Elle est allée où ? Je dois lui donner mes nouvelles histoires.

Mo avait tendu une pile de feuilles à son père mais il avait refusé de les prendre.

– C'est fini, les histoires, Moriko. Maman est morte.

Avec le temps, Mo avait appris que sa mère avait combattu un cancer pendant plus de deux ans avant de mourir. Au cours d'une intervention simple à l'hôpital, Mme Ishikawa avait eu une insuffisance rénale et elle n'en était pas revenue. Elle n'aurait jamais cru que la conversation entre sa fille et elle au sujet de la Fantastique Femme Endormie et Endolorie serait leur dernière.

Cependant, aucune explication ne vint de la part du père de

Mo. Après la disparition de sa femme, M. Ishikawa n'avait plus jamais parlé d'elle, et d'ailleurs ne parlait pratiquement plus. Il travaillait tard six jours par semaine pour éviter leur maison et passait ses journées de congé seul dans le grenier à regarder la télévision japonaise. Il n'avait aucun ami, la plupart des membres de sa famille étaient de l'autre côté de la planète, et toute communication entre sa fille et lui se limitait à lui donner des ordres : « Range ta chambre », « Travaille pour ton examen » ou encore « Va à Stanford ». Mo se sentait plus proche de sa mère décédée que de son père… le vrai fantôme dans leur maison, c'était *lui*.

Treize ans plus tard, Mo et M. Ishikawa ne s'étaient toujours pas faits à la vie à deux, mais ressemblaient toujours plus à des inconnus vivant sous le même toit.

– Papa reste vraiment tard au bureau ce soir, dit Mo en jetant un œil à son horloge. Pourquoi il met autant de temps ? Combien de Japonais peuvent avoir besoin de conseil juridique un samedi soir ?

Soudain, sa chambre tremblota lorsque la porte du garage se souleva sous elle. Mo entendit son père garer la voiture et rentrer dans la maison.

– Mon Dieu, il est là. C'est parti ! Souhaite-moi bonne chance, Peaches.

Mais le chat la fixa d'un air de dire « Va crever ». Mo rangea méticuleusement ses informations sur l'université de Columbia dans l'ordre dans lequel elle comptait les présenter. Elle descendit l'escalier et trouva son père dans la salle à manger. Il buvait un bol de soupe en lisant un journal japonais.

– Salut, papa, c'était comment le boulot ?

M. Ishikawa ne levait jamais les yeux de son journal.

– Bien, bien, bien, marmonna-t-il. Tout est prêt pour ton voyage demain ?

– Presque, répondit Mo avant de se racler la gorge pour démarrer son discours préparé. Papa, il faut qu'on parle. Je ne veux pas te prendre en traître mais il faut qu'on parle de mes études…

– En traître ? demanda M. Ishikawa. Ça veut dire quoi, « en traître » ?

– Oh, c'est comme par surprise.

– Surprise ? Tu vas me faire une surprise ?

– Il n'y a pas de surprise, papa. J'ai juste besoin de te parler de quelque chose et je ne voulais pas que tu sois étonné par le sujet.

– Quelque chose ne va pas ?

– Eh bien, ça dépend de *toi*, répondit Mo avant de reprendre son discours. Je sais que tu as toujours rêvé de me voir étudier à Stanford.

– Ah oui, acquiesça un grand coup M. Ishikawa. Stanford est une bonne école. Une bonne école conduit à un bon travail, et un bon travail, à une vie très réussie.

– Euh… *ouais*. Mais après mûre réflexion, j'ai décidé que Stanford n'était pas…

– « Réflexion » ?

– Oui, *réfléchir* à quelque chose, ça veut dire qu'on y *pense*.

– Ah oui, oui, oui. Tu es une fille intelligente et les filles intelligentes pensent beaucoup. C'est pour ça que tu as été acceptée à Stanford.

La conversation était plus difficile que Mo ne l'avait imaginée, et pourtant elle avait songé à presque tous les scénarios possibles, même à une guerre qui éclaterait en plein milieu de son discours. Elle essayait de ne pas s'éloigner de ce qu'elle avait préparé, mais il lui était de plus en plus difficile de se concentrer à chaque interruption de son père.

– J'essaie de te parler de Stanford. Tu sais, être adulte, c'est prendre des décisions difficiles, et je ne veux pas vivre avec des regrets. Je me dis que Stanford ne serait pas le bon choix pour moi.

– Tu es trop sévère avec toi-même, Moriko. Tu travailles très dur et tu as eu de très bonnes notes. Tu mérites d'aller à Stanford plus que n'importe quel élève. N'aie pas peur.

La seule chose dont Mo avait peur était de ne pas se faire comprendre, si bien qu'elle se mit à paniquer. Son père avait du mal avec la langue mais il n'était pas idiot. M. Ishikawa savait sans doute ce que mijotait sa fille et n'était pas aussi perdu qu'il le laissait croire.

– Papa, tu n'écoutes pas ce que j'essaie de…

– Beaucoup de gens ont envoyé leur candidature à Stanford mais seuls les plus intelligents ont été acceptés.

– Oui, j'ai bien compris, maintenant j'aimerais que tu me comprennes…

– Stanford est une grande opportunité et promet une grande carrière…

– *PAPA, JE NE VEUX PAS ALLER À STANFORD !*

Mo fut plus surprise encore que son père de son coup d'éclat. M. Ishikawa reposa sa cuiller et regarda de l'autre côté de la table les chaises vides. Un silence de mort s'installa entre eux jusqu'à ce que Mo trouve le courage de poser le classeur *Wiz Kids* devant lui.

– J'ai été acceptée dans le programme d'écriture créative de l'université Columbia à New York. C'est dans *cette* école que j'ai envie d'étudier et c'est dans *cette* école que je vais aller. Voici toutes les informations sur le programme et les cours que je vais suivre. Je sais que ce n'est pas ce que tu voulais mais c'est *ma* vie et je suis écrivain*e*, pas femme d'affaires. J'espère que tu me soutiendras.

M. Ishikawa ouvrit le classeur et en parcourut les pages mais ne regarda rien suffisamment longtemps pour le lire. Il rendit le classeur à Mo et croisa les bras.

– Columbia est une *erreur*, Moriko. Stanford est le bon choix.

– Papa, Columbia est une très bonne école avec un excellent programme d'économie que je suivrai aussi.

– Écrire n'est pas un vrai métier. Tu as besoin d'un emploi respectable pour réussir.

– Tu n'as jamais rien lu de moi ! Peut-être que si tu y jetais un œil, tu changerais d'avis…

M. Ishikawa frappa violemment la table avec la main ouverte, faisant sursauter sa fille, et sa soupe déborda sur la lettre d'acceptation de Columbia.

– *Fin de la discussion ! Tu iras à Stanford, point final !*

– *Papa, s'il te plaît !*

M. Ishikawa fit taire sa fille, non pas avec un autre geste agressif mais en la regardant pour la première fois dans les yeux cette nuit-là.

– *Fais honneur à ta mère*, dit-il doucement.

L'écrivaine en devenir n'avait jamais été à court de mots de sa vie et voilà qu'elle était sans voix. Son père n'avait jamais évoqué sa mère en treize ans et ce ne fut pas pour la *réconforter* mais pour la *contrôler*.

– Va dans ta chambre. Repose-toi avant ton voyage demain.

Mo reprit son classeur *Wiz Kids* et retourna dans sa chambre en pleurs. Elle referma la porte de sa chambre, souleva Peachfuzzle de la pile d'animaux en peluche et le serra fort contre son gré.

– Apparemment, on déménage en Californie, Peaches, dit Mo

en reniflant à l'oreille du chat. À quoi je pensais ? Impossible de raisonner ou de faire compatir papa, il ne pense qu'à ses règlements et ses normes.

Peachfuzzle finit par s'extraire de son étreinte à coups de griffe. Sans la moindre compassion de son père ni de son félin, Mo se mit à l'ordinateur et trouva l'empathie dont elle avait terriblement besoin avec la seule activité qui la lui offrirait : *l'*écriture.

Des larmes coulant sur son clavier, elle tapa le premier paragraphe de son nouveau chapitre de fanfiction de *Wiz Kids*.

CHAPITRE 5

Les vents solaires de la galaxie d'Andromède résonnaient dans les canyons du cratère comme une meute de coyotes hurlant aux pleines lunes dans le ciel. Le vent effrayait Dr Bumfuzzle et Dr Peachtree qui se cherchèrent dans la nuit, mais, conscients qu'ils étaient des conséquences que le contact physique engendrerait, leurs mains ouvertes se rétractèrent avant que leurs doigts ne se rejoignent. Ils ignoraient quand, ils ignoraient comment, mais les Terriens savaient qu'ils devaient trouver une issue à ce monde sans affection, quel qu'en soit le prix.

Mo continua d'écrire jusqu'au petit matin avant de se coucher. Les noms, les visages et les lieux ne venaient pas d'elle, mais l'amour entre Dr Bumfuzzle et Dr Peachtree était le plus grand amour de sa vie. Il s'agissait peut-être d'une relation imaginaire, cependant Mo se dit qu'un peu de sentiment par procuration valait mieux que pas de sentiment du tout. Elle s'agrippait à Peachfuzzle comme à un gilet de sauvetage, dans l'espoir que cela la sauve d'une nouvelle tempête sombre et violente.

Chapitre 5
SOUS PROTECTION

La famille de Joey Davis était tellement parfaite que les habitants de Downers Grove l'accusaient régulièrement d'avoir passé un marché avec le diable. La plaisanterie se voulait ironique, car tout le monde savait que le père de Joey était le pasteur de la première église baptiste de Naperville, la seconde plus grande congrégation baptiste d'Illinois.

Le pasteur Jeb Davis était une célébrité locale de la région. Il partageait la parole de Dieu avec une telle assurance et une telle passion que les membres de son église ne manquaient pas de penser à Jésus en le voyant. On parcourait des kilomètres pour venir écouter ses sermons le dimanche matin et les filles venaient admirer les charmants fils du pasteur.

C'était une des nombreuses raisons pour lesquelles Joey détestait l'église. Il trouvait très dérangeant que des adolescentes lui fassent des clins d'œil tandis que son père faisait un sermon sur la dernière tentation du Christ.

« Quand vas-tu te trouver une copine, Joey ? » était la question qu'on lui posait le plus souvent à l'église.

– Quand je rencontrerai la fille adéquate, répondait Joey, qui avait vraiment envie de dire : « Vous n'avez *pas* entendu le sermon de mon père sur l'abstinence la semaine dernière ? Vous sortiriez, *vous*, avec quelqu'un si vous aviez un père pareil ? »

« Que vas-tu faire après le lycée ? » était la seconde question qu'on lui posait le plus. « Seras-tu séminariste comme tes frères ? »

– À vrai dire, je vais étudier à l'université baptiste d'Oklahoma, répondait Joey en résistant à l'envie de dire : « Absolument pas. Offrir de l'eau potable et des traitements contre le sida à de pauvres villageois s'ils apprennent par cœur des passages de la Bible, très peu pour moi. »

Joey était le troisième d'une fratrie de cinq beaux garçons Davis. Ses aînés, Matthew et Jeb Jr, prêchaient la bonne parole en Ouganda. Ses petits frères, Noah et Peter, étaient, eux, des suppôts de Satan avec lesquels Joey avait le malheur de partager une chambre.

– Mais bande de païens ! hurla Joey. Où est-ce que vous avez caché mon chargeur ? Il était sur mon lit il y a vingt secondes !

Il n'avait qu'une heure avant que lui et ses amis ne prennent la route et ses bagages n'étaient pas prêts. Ses petits frères ne lui facilitaient pas la tâche et ne cessaient de cacher ses affaires dès qu'il quittait la pièce. Les garçons jouèrent les parfaits innocents, allongés sur leurs lits superposés, poursuivant *Moïse : la fuite d'Égypte* sur leur Game Boy.

– Matthieu, 7-8, répondit Peter. « Car quiconque demande reçoit, celui qui cherche trouve, et l'on ouvre à celui qui frappe. »

– Je vais vous ouvrir le crâne si vous ne parlez pas tout de suite !

– Il l'a caché dans sa baleine, répondit Noah. Je l'ai vu faire pendant que tu rangeais ta trousse de toilette dans la salle de bains.

– *Cafteur !*

Joey retira d'un coup sec la baleine en peluche sous la tête de Peter et trouva son chargeur dans la bouche zippée de l'animal. Il tapa son frère avec la baleine si fort qu'un Jonas en peluche en sortit.

– Maintenant, où est-ce que vous avez foutu mon portefeuille ?

– Matthieu, 13-50, récita Noah. « Et ils les jetteront dans la fournaise ardente, où il y aura des pleurs et des grincements de dents. »

– Vous n'aurez plus de dents pour grincer si vous ne me dites pas tout de suite où est mon portefeuille ! cria Joey, le poing levé.

– Il l'a mis dans la bouche d'aération ! répondit Peter.

– *Les balances prennent des baignes !* cria Noah.

Joey utilisa la maquette de la tour de Babel faite en bâtonnets par Noah comme marchepied pour récupérer son portefeuille, brisant une douzaine de figurines en argile au passage.

– Bon, j'ai terminé de faire ma valise. Si l'un de vous touche à mes affaires avant mon départ, Caïn et Abel seront des Bisounours à côté de ce qui vous attend.

– Les garçons, descendez ! appela leur mère en bas de l'escalier. Votre père veut dire une prière pour Joey avant que nous n'allions à l'église !

Joey et ses frères descendirent retrouver leurs parents dans le salon. Au-dessus de la cheminée trônait un tableau encadré du pasteur Jeb avec Jésus-Christ bras dessus, bras dessous, dans des tuniques assorties, comme s'ils appartenaient à la même équipe de boxe. Le pasteur se tenait juste sous le tableau, une main sur le manteau et l'autre serrant les notes de son prochain sermon. Sa femme tournait autour de lui, époussetant sa veste avec une brosse à vêtements et ôtant le moindre fil qui dépassait.

Voyant ses parents se préparer pour la messe, Joey avait du mal à concevoir que Jeb et Mary Davis aient pu causer un scandale, mais ils avaient fait grand bruit à leur arrivée à Downers Grove à la fin des années quatre-vingt. Puisque la maman de Joey était blanche, le couple mixte avait rencontré des difficultés pour fonder une église dans cette ville conservatrice. Les premiers jours à la chaire du pasteur Davis avaient été une épreuve, mais plus il parlait contre les discriminations que Mary et lui avaient subies, plus il avait de fidèles. Désormais, nombre de personnes admiraient le pasteur Davis pour avoir su rassembler leur communauté.

Joey était fier de ces histoires, mais elles le rendaient aussi perplexe. Ses parents étaient allés d'obstacle en obstacle sur la route vers l'acceptation, tout cela pour avoir une plateforme de discrimination contre les autres. Les sermons du pasteur Jeb étaient toujours emplis de compassion, mais il ne s'empêchait jamais de condamner ceux qu'il jugeait « indignes » de l'amour de Dieu.

Joey se demandait si ses parents n'étaient pas simplement à court de compassion ou si tous les précurseurs ne finissaient pas tous un jour hypocrites.

Le pasteur termina la lecture de ses notes et les rentra dans son veston.

– Dieu est bon, Dieu est bon, Dieu est bon, entonna-t-il tout seul. Bien, les garçons, approchez. Nous allons prier pour le voyage de Joey avant son départ.

La famille Davis forma un cercle autour de la table basse, se prit par la main et ferma les yeux. Noah et Peter jouaient toujours à celui qui donnerait à l'autre le plus grand coup de pied sans se faire prendre chaque fois que leur père disait une prière, un jeu que Matthew et Jeb Jr avaient inventé quand ils étaient enfants.

– Notre Père qui êtes aux cieux, entama le pasteur. Nous souhaiterions prendre un moment de ce beau dimanche matin pour Vous remercier de tout ce que Vous nous donnez. Nous Vous remercions pour notre maison, nous Vous remercions pour notre famille et nous Vous remercions de nous permettre de partager Votre glorieuse parole.

Chaque fois qu'il priait, Joey imaginait Dieu sous les traits d'Ian McKellen allongé sur un nuage en train d'écouter au récepteur d'un téléphone à cadran doré. Il se demandait si Dieu appréciait toute la reconnaissance exprimée dans les prières de son père ou s'Il se disait parfois : « Abrège, le lèche-bottes ! »

– Père très saint, Vous nous offrez tant de choses et nous nous présentons à Vous avec une humble requête, poursuivit le pasteur. S'il Vous plaît, veillez sur Joseph qui part en voyage à travers le pays avec ses amis Christopher Collins, Samantha Gibson et Moriko Ishikawa...

« Ouais, chéri ! » dit une voix forte, suave.

Tous les membres de la famille Davis ouvrirent un œil et se regardèrent les uns les autres, mais personne ne savait d'où provenait la voix.

– C'était quoi ? demanda Mary.

Les trois fils haussèrent les épaules et le pasteur Jeb reprit sa prière.

– Père très saint, nous Vous demandons de protéger Joseph et ses amis du mal et de les protéger de tous les dangers cachés sur leur route. Donnez-leur, je Vous prie, la sagesse de faire des choix intelligents, responsables et sûrs. Que la peur de désobéir à Votre parole domine les tentations du péché. Que joseph revienne en homme meilleur, plus sage, plus saint qu'aujourd'hui…

« Ouais, chéri ! » répéta la mystérieuse voix.

– Les garçons, on éteint les jeux électroniques quand votre père parle au Seigneur, protesta Mary. Vous connaissez les règles.

– Ma Game Boy est là-haut ! se défendit Peter.

– La mienne aussi, rebondit Noah. Ce doit être le téléphone de Joey.

– Mon téléphone ne fait pas ce genre de bruits.

Joey sortit son téléphone de sa poche juste pour s'en assurer. Dès qu'il vit l'écran, ses yeux doublèrent de volume. Il se trompait : le bruit provenait bien de son téléphone !

« Ouais, chéri ! Ouais, chéri ! » gémit la voix alors que deux notifications apparurent.

À la vitesse de l'éclair, Joey mit son téléphone en silencieux et le remit dans sa poche avant que quiconque ne puisse y jeter un œil.

– Joseph, c'était quoi, ça ? demanda Mary. Pourquoi est-ce que ton téléphone fait un bruit aussi provoquant ?

– Désolé, ça doit être *Candy Crush*… J'ai quatre nouveaux niveaux à battre. À toi et au Seigneur, papa.

Sa mère lui adressa un regard sévère et le pasteur conclut sa prière.

– Père très saint, que Joey profite de ses dernières semaines avec ses amis avant qu'ils n'aillent à l'université. Nous Vous prions également de continuer à veiller sur Matthew et Jeb Jr qui répandent Votre bonne parole en Ouganda. Au nom de Jésus, Votre fils, nous Vous prions, amen.

– Amen, répétèrent les autres.

– Noah et Peter, embrassez votre frère et montez en voiture, dit Mary.

Les frères de Joey lui marchèrent sur le pied le plus fort possible puis coururent hors de la maison avant qu'il ne les attrape par le col.

– *Les garçons, vous faites sourire Satan !* lança Mary avant de serrer Joey dans ses bras et de l'embrasser sur la joue. Fais attention à toi et appelle-nous pour nous donner de tes nouvelles.

– Je le ferai.

La mère de Joey sortit de la maison et suivit les deux garçons dans leur van. Au lieu de serrer son fils dans ses bras, le pasteur Jeb mit les mains sur les épaules de Joey et le regarda droit dans les yeux.

– Nous vivons une période trouble, Joseph, dit très sérieusement le pasteur. C'est un monde effrayant que tu vas traverser. Ne laisse personne profiter de toi, compris ?

– Oui. Tu n'as pas besoin de me refaire ton discours, papa. Si quelqu'un essaie de s'en prendre à moi, je m'éloigne, comme tu me l'as appris.

– Bien. Et souviens-toi, fils, *le Seigneur te regarde.*

Le pasteur se figea le temps de laisser résonner ses mots.

Joey déglutit.

– Toi aussi, tu vas me manquer.

Le pasteur tapa fort dans le dos de Joey et sortit. Joey courut à sa chambre et regarda sa famille dans l'allée sous sa fenêtre. Tous les quatre montèrent en voiture et s'éloignèrent dans la rue mais Joey attendit qu'ils aient totalement disparu pour détourner les yeux. Il ferma les stores, installa une chaise contre la porte au cas où ils reviennent, puis sortit son téléphone pour lire ses notifications récentes.

Vous avez quatre messages non lus sur EntreMecs.

Joey cliqua sur la bulle de notifications et une appli de rencontres gays s'ouvrit. La mascotte d'EntreMecs était un félin aux dents longues, aux muscles saillants et aux tablettes de chocolat qui faisait un clin d'œil. Sur une carte, l'appli montrait l'emplacement d'hommes gays éparpillés dans les villes alentour. Elle comportait également une option voyage, pour signaler sa présence aux inscrits vivant dans d'autres villes.

Plus important encore, l'application était *gratuite*, si bien qu'elle n'apparaîtrait jamais sur la facture des parents de Joey, un vrai plus pour un enfant de chœur dans le placard.

Joey avait téléchargé EntreMecs seulement la veille au soir et n'arrivait pas à croire qu'il ait déjà des messages. Il s'était créé un faux profil en utilisant le nom de Jay Davison, qui était, d'après ses dires, un étudiant en anthropologie de vingt-deux ans à l'université Northwestern de Chicago. Il avait posté des photos de son torse, coupant toujours sa tête, sauf sur celles prises de suffisamment loin pour que personne ne puisse le reconnaître.

Il se sentit tout chose en lisant les messages envoyés par un certain Brian K.

Salut beau gosse ! :)
J'ai vu que tu venais à Oklahoma City demain soir.
J'y suis depuis jeudi pour un entretien.
Ça te dit qu'on se rencontre ? ;)

Joey jeta un œil au profil de Brian K avant de répondre. Il paraissait grand, avec de gros bras, et un sourire éclatant. Brian prétendait être un architecte de vingt-huit ans originaire de San Diego et avait plusieurs photos de lui avec un casque de chantier et des plans pour le prouver. Joey savait que les gens n'étaient pas toujours sincères sur les applications de rencontres, mais Brian paraissait plutôt convaincant.

Après quinze brouillons différents, Joey finit par répondre au message de Brian.

Salut Brian,
Ce serait super.
Dis-moi où et quand ;)

Joey sentit ses nerfs le parcourir, comme un train fonçant à toute allure le long d'un quai. Il n'avait encore jamais parlé à un autre homo et voilà qu'il en était à planifier sa première expérience sexuelle. Il en eut des frissons, comme s'il venait de braquer une banque avec succès.

Bien sûr, il savait que faire l'amour ou être gay n'était pas illégal (du moins, plus aujourd'hui), mais Joey avait été programmé depuis sa naissance à croire que l'un et l'autre étaient de graves péchés. D'après les sermons du pasteur Jeb, Joey allait certainement brûler en enfer s'il cédait à ses pulsions homosexuelles. Mais si son père visait juste avec ses condamnations, l'enfer devait être plein à craquer.

Peut-être Dieu avait-Il changé d'avis au sujet des homosexuels pour gagner de la place ?

Joey pouvait visualiser la scène comme un film : Dieu (interprété par Ian McKellen) marchant dans une grande salle de réunion, rejoint par Moïse (interprété par Denzel Washington) et Jésus (interprété par Idris Elba).

– Messieurs, j'ai changé d'avis au sujet des homos. Peut-être que céder aux pulsions physiques avec lesquelles on naît n'est pas *aussi* grave que de commettre un meurtre, un viol ou un vol. Je ne pense pas qu'on mérite d'aller en enfer et je regrette de l'avoir même sous-entendu.

– Je crois que c'est une excellente décision, répondrait Moïse. Nous avons reçu beaucoup de plaintes au sujet du fait que l'enfer arrive à saturation. Nous ne savions pas quoi répondre parce que, tu sais, *après tout c'est l'enfer* !

– Je suis on ne peut plus d'accord, papa, ajouterait Jésus. Je le dis depuis le début, *j'aime tout le monde*. Le message se perd depuis des années, mais il n'est pas trop tard pour faire un petit rappel.

– Alors c'est entendu, conclurait Dieu. Nous commencerons par rendre les gays terriblement séduisants et les lesbiennes capables d'absolument tout, comme ça tout le monde saura qu'ils ont ma bénédiction. Les homosexuels apprendront au reste du monde à s'amuser, les mettant lentement de leur côté, jusqu'à ce qu'on arrive à l'acceptation et au mariage pour tous dans tous les pays du monde.

– Et pour ceux qui croiront encore que c'est contre ta volonté ? demanderait Moïse. Crois-moi, je sais parfaitement comme les gens peuvent être bornés face au changement.

Dieu y réfléchirait un instant puis trouverait une excellente réponse.

– Nous ferons de la communauté homo un tel parangon de tolérance à l'égard de toutes les ethnies, de toutes les cultures, de toutes les nationalités que ce sera une évidence qu'ils me représentent.

– Et si les gens font mine de ne pas le voir ? demanderait Jésus. Après tout, j'ai déjà eu du mal à les convaincre que je te représentais, tu te souviens ?

Dieu se gratterait la barbe, un instant songeur.

– J'ai trouvé ! Nous ferons en sorte que les personnes discriminantes envers les homos ignorent les signes de réchauffement climatique, comme ça les homophobes seront tenus pour responsables de la détérioration de la planète. Personne ne voudra se mettre de leur côté et les homos seront enfin acceptés de tous.

– Magnifique ! s'écrierait Jésus. Cela devrait marcher !

– Excellent projet, ajouterait Moïse. C'est là qu'on voit que *tu* es Dieu.

Joey rejouait souvent la scène dans son esprit mais c'était un film que sa famille n'irait jamais voir. Peu importait les changements du monde, les Davis et leur église refusaient d'évoluer avec lui. Quand bien même d'autres églises et mouvements marchaient vers le progrès, la congrégation des premiers baptises de Naperville était *fière* de rester à la traîne.

Son entourage était si agressif et méprisant à l'égard des homosexuels que Joey craignait de se noyer dans l'océan de honte et de culpabilité que leurs mots provoquaient chez lui. En d'autres occasions, il leur était presque reconnaissant de leur honnêteté. Savoir qu'il ne serait jamais accepté signifiait qu'il n'aurait jamais à se torturer l'esprit sur la question de l'acceptation.

Par chance, Joey n'aurait jamais à craindre que la vérité éclate, comme pour la plupart des jeunes homos. Être fils de pasteur venait peut-être avec une montagne de problèmes, mais cela lui donnait la couverture parfaite. Au fil des ans, il était passé maître dans l'art d'éviter les questions et de changer de sujet, et les rares fois où il ne pouvait les esquiver, il justifiait sa réticence à la sexualité, sa timidité et son ignorance grâce à la foi de sa famille.

Joey était également passé maître dans l'art de refréner ses désirs physiques. Il savait depuis le collège qu'il était homosexuel, mais retardait l'idée de s'amuser avec un autre garçon, comme si c'était un voyage qu'il remettait à plus tard ; le sexe était sur sa liste de choses à faire, mais pas dans l'immédiat. Avec l'âge, et les hormones, procrastiner devenait cependant de plus en plus difficile. Ses pulsions sexuelles étaient identiques à celles de tous les garçons de son âge ; c'était comme si un grand Hulk en manque était enfermé au fond de lui et faisait tout pour se libérer. Mais, contrairement à ses camarades hétéros qui faisaient des blagues et en parlaient constamment pour soulager la pression, Joey, lui, ne pouvait rien faire sans éveiller de soupçons.

Cette sensation atteignit son paroxysme en classe de terminale. Il s'était cru sur le point d'exploser s'il ne faisait pas d'expérience physique, mais ce n'était pas qu'une question de sexe ; il voulait quelque chose, *n'importe quoi*, qui lui fasse se sentir vivant et non oppressé dans son corps. Les chances de se faire plaisir avec quiconque à l'université baptiste d'Oklahoma étaient minces, aussi il devait passer à l'acte avant de partir étudier. S'il avait au moins une expérience, un souvenir à emporter à l'université, il serait peut-être en mesure de refouler ses sentiments encore quelques années, ou du moins jusqu'à son diplôme.

Le voyage d'été allait être la meilleure occasion de sa vie. Ses amis et lui seraient si loin de la maison que s'il rencontrait un garçon en chemin, personne ne saurait jamais qui il était, et sa famille n'en entendrait jamais parler à Downers Grove. Dans cette situation parfaite, il allait mettre son plan à exécution.

« Ouais, chéri ! Ouais, chéri ! » carillonna à nouveau le téléphone de Joey qui reçut de nouvelles notifications d'EntreMecs.

Je t'écris demain pour qu'on s'organise.
À plus, beau gosse. Biz, Brian

Sachant qu'il était à quelques *heures* (espérait-il) de perdre sa virginité, son cœur s'emballa d'un coup. L'avant de son pantalon lui parut de plus en plus étroit à mesure que l'envie monta. Le moment était bientôt venu de retrouver ses amis mais Joey avait besoin de se *vider* avant de prendre la route.

Joey ouvrit son ordinateur portable et cliqua sur un dossier intitulé ÉCOLE. Naviguant dans un labyrinthe numérique, il voyagea à travers une série de dossiers aux appellations stratégiques (CANDIDATURES UNIVERSITÉ, COURRIER ADMISSIONS, etc.) et entra enfin dans un dossier, protégé par un mot de passe, nommé UBO. Le dossier était rempli de photos d'actrices en bikini et de mannequins posant seins nus, mais ce n'était que pour faire écran au cas où l'un de ses frères parviendrait aussi loin dans son disque dur. Ce que Joey cherchait était dans un second dossier protégé intitulé PÉCHEUR.

PÉCHEUR était un trésor d'érotisme avec des photos d'acteurs, d'athlètes et de mannequins masculins torse nu, dont des photos de Cash Carter et Tobey Ramous de *Wiz Kids*. Il y avait également des vidéos et des captures d'écran de pornos gays professionnels et amateurs, que Joey avait téléchargées. Tous les fantasmes possibles et imaginables étaient à la portée de sa main libre.

Joey était content d'avoir réussi à cacher sa collection aussi efficacement, mais en arriver à de telles extrémités était terriblement démoralisant. La malhonnêteté dans laquelle il vivait quotidiennement lui pesait comme un boulet. Chaque fois qu'il ouvrait PÉCHEUR, le poids ne faisait que s'alourdir encore. Joey le supportait depuis si longtemps, il n'imaginait plus vivre sans.

À l'instar de la pornographie sur son ordinateur, Joey se cachait sous différentes couches de protection, et seul le plus doué des hackers parviendrait à l'en extraire.

Chapitre 6

LE CINQUIÈME PASSAGER

– Le moteur aime faire le mort mais il démarre toujours au troisième ou quatrième essai, expliqua Shelly Collins en tenant du bout des doigts les clés de son break Chevrolet 1994. Les feux mettent quelques secondes à s'allumer, ne paniquez pas si vous ne les voyez pas tout de suite. Les essuie-glaces sont cassés donc arrêtez-vous et attendez que la pluie s'arrête si vous vous faites surprendre. Ah, la jauge de carburant fonctionne quand elle en a envie. N'oubliez pas de faire le plein tous les quatre cents kilomètres quoi qu'elle dise. *Topher, tu m'écoutes ?*

Topher était tellement perdu dans ses pensées qu'il n'avait pas écouté un mot de sa mère. La seule chose à laquelle il pouvait penser était le message reçu la veille de CashCarter.com.

– J'ai tout compris, dit-il. Sois tranquille, maman. Cette voiture est là depuis plus longtemps que moi. Je sais ce qui marche et ce qui ne marche pas.

Topher voulut prendre les clés mais Shelly les tira vers elle comme si elle jouait avec un chaton.

– Tu es sûr que tu es en état de conduire ? Tu as l'air fatigué.

Topher n'était pas fatigué, il était épuisé. Comment quiconque pourrait dormir après avoir reçu un message de son héros d'enfance ? Les mots « Quelle heure ? » avaient clignoté devant ses yeux toute la nuit comme une ampoule en fin de vie.

– Je suis parfaitement reposé. Je suis juste impatient de prendre le volant. Au fait, quelle heure est-il ?

Topher jeta un œil à toutes les horloges de la maison, mais elles indiquaient toutes une heure différente. Shelly regarda sa montre.

– Neuf heures cinquante-cinq. À quelle heure est-ce que Joey, Sam et Mo te rejoignent ?

– Ils devraient être là d'une minute à l'autre. D'ailleurs, je vais attendre dehors pour qu'on parte dès qu'ils arrivent. Je peux avoir les clés maintenant ?

Shelly tint ses clés haut au-dessus de sa tête pour obliger son fils à l'embrasser avant de les lui donner.

– S'il te plaît, conduis prudemment et reviens en un seul morceau.

– Je te le promets. Merci encore de nous prêter ta voiture.

Topher attrapa sa valise et, en se dirigeant vers la porte, passa devant Billy.

– À plus, bonhomme. Sois sage en mon absence, d'accord ? Pas de bêtise sans moi.

– Je vais enfin pouvoir regarder autre chose que *Wiz Kids*, dit Billy le plus clairement possible.

– Fais-toi plaisir, frérot. Ne fais pas une overdose d'*Alien Theory*. Et prends soin de maman.

Topher tapa du poing la bonne main de Billy et se pressa hors de la maison. Il chargea sa valise dans le coffre du break puis fit les cent pas dans l'allée, sondant la rue avec toute l'intensité d'un agent du FBI à la recherche d'un fugitif.

– Réfléchis, Topher, songea-t-il à voix haute. Ce n'était pas vraiment *lui*. C'est juste un administrateur qui s'est payé ta tête, il doit sans doute se moquer de toi en ce moment même.

Soudain, un 4 x 4 noir s'engagea dans sa rue. Topher n'avait jamais vu cette voiture dans son quartier et son cœur s'emballa.

– Ou alors, peut-être qu'il n'a jamais fait de road trip auparavant ? Peut-être qu'il a toujours voulu en faire un et qu'il attendait simplement qu'on le lui propose ? *Mon Dieu, peut-être qu'il est dans cette voiture en ce moment même ?*

Le 4 x 4 se rapprocha toujours plus, faisant accélérer encore le pouls de Topher. Mais le véhicule tourna dans une autre rue avant d'atteindre sa maison, à son grand soulagement et à sa grande déception.

– Mon Dieu, je suis trop bête, rit Topher. Je n'arrive pas à croire que je suis resté debout toute la nuit à me demander si…

– À qui tu parles ? demanda une voix juste derrière lui.

Topher bondit un mètre au-dessus du sol. Il fit volte-face et vit Joey et Sam, leurs bagages à la main.

– Waouh, je ne vous avais pas entendus arriver !

– Bonjour à toi aussi, dit Sam en rigolant. Tu parlais tout seul, là ?

– *Quoi ?* Bien sûr que non. Je me refaisais notre itinéraire dans la tête. Je ne pensais pas que vous arriveriez si tôt.

– C'est toi qui as *insisté* pour qu'on soit là à dix heures pile. Pour Mo, ça veut peut-être dire dix heures et quart mais Joey et moi, on est ponctuel la plupart du temps.

– Je sais, seulement je ne m'attendais pas à ce que vous apparaissiez de nulle part.

– Mec, tu es très nerveux ces derniers temps, souligna Joey. Tu n'as pas recommencé à prendre des amphètes, j'espère.

– Je t'en prie, j'ai retenu la leçon depuis la semaine des examens, répondit Topher avant de changer de sujet. Bon, vive ce premier jour de voyage ! Je vous donne un coup de main avec les bagages ?

Il prit leurs sacs et les rangea dans le coffre. Entre-temps, Joey et Sam échangèrent un regard ; il y avait quelque chose de bizarre chez leur ami.

– Topher, est-ce que tout va bien ? Tu as l'air un peu stressé, dit Sam.

– Non, j'ai pas beaucoup dormi cette nuit, c'est tout.

– Tu as regardé *Infirmières coquines* jusqu'à tard dans la nuit, c'est ça ? demanda Joey.

– Non, pas du tout. Et je t'avais dit que ça restait entre nous.

– Alors pourquoi ? Billy a encore eu une nuit agitée ? demanda Sam.

L'espace d'une seconde, Topher envisagea de ne rien dire, de peur d'avoir honte, mais il se dit qu'au pire ils riraient tous un bon coup.

– La nuit dernière, avant d'aller dormir, je suis allé sur le site de Cash Carter et je lui ai écrit une lettre.

– Une *lettre* ? répéta Sam, déjà amusée par cette révélation. Quel genre de lettre ? Tu lui as avoué ton amour éternel ?

– Non, je l'ai simplement remercié de nous avoir amusés toutes ces années. Et j'ai aussi parlé de notre voyage et je l'ai invité à se joindre à nous.

– Tu as fait *quoi* ? rit Joey. Mec, j'espère que tu n'as pas écrit nos noms dans ton message. C'est tellement naze.

– C’était pour plaisanter… bref, pour la faire courte, j’ai eu une *réponse.*

– Du site web ? demanda Sam. Qu’est-ce qu’elle disait ?

– Laisse-moi deviner, interrompit Joey. « Cher ami, merci beaucoup pour ton message, bla-bla-bla, je suis trop occupé pour répondre à tout le monde, bla-bla-bla, *Wiz Kids* tous les mercredis à vingt heures. » Quelque chose comme ça ?

– Non, ça disait : « Quelle heure ? » Donc j’ai répondu en indiquant mon adresse et notre heure de départ, mais après ça, silence radio. Je suis resté éveillé toute la nuit à stresser à l’idée que Cash Carter puisse être en train de se préparer pour ce matin.

Il afficha les messages sur son téléphone pour que ses amis les voient de leurs propres yeux. Joey et Sam s’échangèrent un regard, se tournèrent à nouveau vers Topher, et éclatèrent de rire. Ils rirent si fort qu’ils en eurent les larmes aux yeux. Leur réaction fut contagieuse et Topher ricana de sa bêtise.

– C’est con, franchement ! dit Topher.

– C’est énorme, ouais ! rit Joey. Quelqu’un du site se foutait de toi ! Et tu l’as *cru* !

– C’est exactement comme en troisième, enchaîna Sam. Vous vous souvenez quand Mo a cru qu’elle parlait sur Facebook avec le vrai Tobey Ramous ? Et en fait, c’était un vieux pervers qui avait un fétichisme pour les Asiates !

– Allez, c’est pas *si* horrible, se défendit Topher. Au moins, ça provenait d’une source fiable.

– Je n’arrive toujours pas à croire que tu aies pu penser une seconde que *Cash Carter* allait venir à Downers Grove, rit Joey. Tu imagines une star traverser le pays dans un vieux break ? Tu n’aurais pas dû nous en parler, on ne va *jamais* te lâcher avec ça !

Soudain, un crissement de pneus les surprit tous. Ils se tournèrent pile au moment où une voiture noire étincelante s'arrêtait le long du trottoir. Le chauffeur descendit et se pressa d'ouvrir la portière arrière. Un mégot vola de la banquette arrière avant qu'un très bel homme dans la vingtaine ne descende. Il portait de grosses lunettes noires, une veste en cuir noir, un jean sombre et des bottes de marque. Le passager bâilla et s'étira avant de s'adresser à Topher et ses amis.

– Salut ! L'un de vous s'appelle Topher Collins ?

Topher, Joey et Sam restèrent paralysés de la tête aux pieds. Ils ne pouvaient plus sentir, ne pouvaient plus penser, ne pouvaient plus même respirer… ils ne pouvaient que fixer ce nouveau venu comme le yeti.

– *Putain de merde !* s'exclama Joey. *C'est Cash Carter.*

Cash contempla le trio de statues par-dessus ses lunettes noires.

– Ouais, c'est bien moi.

Il leur fallut un moment pour saisir de qui il s'agissait car Cash ne ressemblait en rien à l'expert en physique quantique qu'il jouait à la télévision, mais à un James Dean des temps modernes. Il avait les cheveux en bataille, une barbe de trois jours, et se tenait avachi. Sans les faveurs d'un plateau bien éclairé, ils remarquèrent pour la première fois ses boutons, ses rides sur le front et un début de patte-d'oie.

– Merci pour la course, Larry, dit Cash. Désolé d'avoir prévu ça au dernier moment.

Le chauffeur ouvrit le coffre et tendit à Cash un sac à dos noir à zips dorés. L'acteur offrit un billet au chauffeur et lui serra la main.

– Aucun problème, M. Carter. Profitez bien de votre voyage et faites-nous savoir quand vous revenez à Chicago.

Larry reprit sa place au volant et repartit, laissant Cash seul en présence de trois ados immobiles, muets, perdus.

– Non, vous ne rêvez pas, je suis bien là, s'amusa Cash qui n'obtint toujours pas de réponse de leur part. Bon, allez, vous ne pouvez pas être *si* surpris de me voir. C'est vous qui m'avez invité, après tout.

– Oui, *on vous a invité* ! Enfin... *je v-v-vous ai invité* ! bégaya Topher. Je m'appelle Topher Collins. C'est un grand plaisir de vous rencontrer, M. Carter.

Topher avança d'un pas et secoua la main de Cash si violemment qu'il faillit la lui briser.

Tu as une sacrée poigne, dit Cash.

– *Oh merde, je suis désolé !* Pardon mais on hallucine un peu. J'espérais que vous veniez mais je ne pensais pas que vous viendriez vraiment. *Attendez...* vous n'êtes pas là parce que vous croyez que je suis en train de *mourir*, non ? J'espère que personne ne vous a dit que j'étais malade ou quoi, parce que je vais très bien !

Cash haussa les épaules.

– Non, je suis ici de mon plein gré. Je n'ai pas l'habitude de me joindre à des inconnus pour un road trip mais je me suis dit : « Et puis merde, pourquoi pas ? » On ne vit qu'une fois. À moins d'être bouddhiste – à ce moment-là on revient plusieurs fois apparemment... juste un truc que j'ai lu dans l'avion. La réincarnation, ça s'appelle. Ce sont les amis dont tu me parlais ?

Joey et Sam avancèrent d'un pas honteux pour le saluer.

– *Bonjour, monsieur*, dit Sam en se penchant comme s'il rencontrait un membre de la famille royale. Je m'appelle Sam. Si je peux me permettre, c'est un *honneur* et un *privilège* de me retrouver en votre présence... un *honneur et un privilège.*

– Je m'appelle Joey, *Joey Davis*, dit Joey sans savoir quoi faire de ses mains. Je suis un grand fan, mec. *Grand fan !*

– Ça changera une fois que vous aurez appris à me connaître, répondit Cash avec un clin d'œil. On est au complet ? *Aventura de cuatro amigos ?*

– On attend encore notre amie Mo, répondit Topher. Elle a quelques minutes de retard, comme toujours. *Non pas que ce soit une mauvaise personne, hein, c'est pas ce que je voulais dire !* Elle va péter un plomb en vous voyant.

– Désolé, moi aussi j'étais un peu en retard, s'excusa Cash. J'étais à Santa Clara pour la convention *Wiz Kids* et j'ai pris le premier avion pour Chicago.

– Ravi que vous ayez trouvé un billet, dit Topher. Quelle compagnie ?

– Oh, je ne prends plus de vols commerciaux. Je vole en jet privé. Ça chiffre, mais je préfère ça que de devoir enlever mes chaussures en public, vous voyez ce que je veux dire ?

L'idée fit couiner Sam, comme si Cash venait de dire qu'il volait à dos de dragon.

– C'est notre carrosse ? demanda Cash avec un signe de tête vers la voiture.

Il approcha du break et tourna autour, comme s'il examinait une voiture avant de l'acheter.

– Ouais, *désolé*, s'excusa Topher avec un rire nerveux. Je suis sûr que vous êtes habitué à...

– C'est du *vrai bois* sur les côtés ? Oh, j'ai déjà vu ce genre de bagnoles dans les films de John Hughes, mais je ne pensais pas qu'elles existaient encore. Tu parles d'une aventure !

– Tu l'as dit ! s'amusa Joey.

Ils entendirent alors des roues sur le trottoir. Mo fit son apparition une seconde plus tard, tirant une grande valise rose derrière elle, ainsi qu'une grande boîte en carton rose.

– Salut ! lança Topher. On a un truc trop cool à te…

– Je suis désolée du retard mais, les gars, vous n'allez pas croire ce qui m'est arrivé ce matin, dit Mo. J'avais fait la moitié du chemin quand je me suis aperçu que je n'avais pas pris de maillot de bain, donc j'ai fait demi-tour. Je suis rentrée dans ma chambre et j'ai découvert que Peaches avait chié en plein milieu de mon lit, donc j'ai dû tout nettoyer et mettre la couette à la machine. Puis, en revenant, j'ai eu la *dalle* et je me suis dit que, foutue pour foutue, je pouvais m'arrêter et prendre des doughnuts à l'épicerie pour qu'on… *Pourquoi vous me regardez tous comme si j'avais de l'herpès ?*

Ses amis étaient choqués qu'elle n'ait pas encore remarqué Cash. Ils firent tous un signe de tête vers lui et, quand les yeux de Mo se posèrent enfin sur l'acteur, il ne lui fallut qu'une seconde pour comprendre. Elle lâcha sa boîte de doughnuts et poussa un cri si fort que les chiens l'entendirent dans l'Indiana.

– Tu dois être Mo ! lança Cash.

Chapitre 7

LA VÉRITÉ BLESSE

Traversant la ville, direction l'autoroute, Topher passa plus de temps à regarder Cash dans le rétroviseur que la route devant lui. Sam avait pris place sur le siège passager à l'avant tandis que Joey et Mo partageaient la banquette arrière, et aucun ne pouvait détourner le regard de leur invité surprise. Ils pensaient que, d'un moment à l'autre, le bruit de leur réveil mettrait un terme à ce rêve. Mais l'étrange réalité parallèle ne fut jamais interrompue. *Tout était bien vrai !*

– Bon… Downers Grove, c'est ça ? dit Cash qui voyait défiler la ville par la fenêtre. Et qu'est-ce qu'on y fait, à Downers Grove ?

L'acteur était étendu tout au fond du break, utilisant les bagages des autres comme coussins géants. Tout le monde savait que c'était illégal de ne pas porter de ceinture de sécurité, mais personne n'allait sermonner sa star de télé préférée.

– Absolument rien, répondit Joey.

– *Capito.* C'est un drôle de nom pour une ville. C'est d'après quelqu'un, ou il y a un Uppers Grove quelque part ?

– Ça vient de Pierce Downer, expliqua Sam. L'évangéliste qui a fondé la ville en 1832. Du moins, c'est ce qui est écrit sur une plaque au bureau de poste.

– Passionnant, Sam, rétorqua Cash. Je n'arrive pas à savoir si ça fait décor de série Z ou de film d'horreur.

– *Qu'est-ce que tu fous là ?* éclata Mo, qui s'était contenue jusqu'à présent mais ne tenait plus en place. Désolée, je ne voulais pas dire ça comme ça. Je suis contente que tu sois là mais qu'est-ce que tu es venu faire avec quatre inconnus dans une voiture ?

– Ben, je n'ai jamais fait de vrai road trip auparavant et je me disais que ce serait sympa. En plus, c'est une bonne façon d'apprendre à connaître certains de mes plus grands fans, de les remercier, rendre à la communauté, *tout ça, quoi*. Au fait, ne mettez pas sur Internet que je suis avec vous, sinon on va se faire poursuivre par tous les Wizzers du pays.

– Entendu, répondit Topher. Merci encore de te joindre à nous. Nous nous en souviendrons toute notre vie. C'est le truc le plus cool qui nous soit…

– Ça vous dérange si je fume ? demanda Cash.

La question déstabilisa Topher.

– Heu… à vrai dire, c'est la voiture de ma mère, donc…

Sam donna un coup de coude dans les côtes de Topher et lui jeta un regard qui disait : « Tais-toi ou je te coupe la gorge avec les ongles. »

– Non, pas de problème, conclut Sam.

Cash fouilla dans ses poches et trouva un paquet de cigarettes dans sa veste et un briquet dans son jean. Il trouva également un préservatif, un joint et des allumettes d'un club de strip-tease, mais les rangea avant que les autres ne les voient.

– Mo, tu peux ouvrir ta fenêtre ? demanda-t-il. Je ne voudrais pas vous asphyxier complètement.

Mo baissa sa vitre mais parut légèrement perturbée.

– Quelque chose ne va pas ?

– Non, j'ignorais que tu *fumais*, répondit-elle comme une insulte. C'est mauvais pour toi, tu sais.

– *COMMENT ?* dit Cash qui éclata de rire en allumant sa première cigarette. *Depuis quand ? Qui t'a dit ça ?*

– *Toi*, répliqua Mo. Dans une campagne de santé publique qu'on nous a fait regarder au collège, tu disais que fumer tue, puis tu faisais une danse contre les addictions avec un type déguisé en lion.

Cash tira longuement sur sa cigarette et hocha la tête tandis que ce souvenir lui revenait.

– Ah ouais ! Ironiquement, ce lion était *bourré* pendant tout le tournage. Il gardait sa flasque dans son faux museau.

Mo se décrocha la mâchoire, comme un enfant découvrant que le Père Noël n'existe pas.

– Alors, ça fait quoi d'être célèbre ? demanda Joey. Je suis sûr qu'on te pose tout le temps la question, mais j'ai vraiment envie de savoir.

– C'est putain de chiant, gémit Cash.

– *Sérieux ?* s'étonna Joey qui ne s'attendait pas à cette réponse. Mais ce n'est pas génial d'avoir un large public et de représenter quelque chose pour autant de gens ?

– Tu confonds la célébrité et le *respect*. La célébrité, c'est tout le contraire du respect. La *célébrité*, c'est être interrompu à chaque repas, c'est se faire demander une faveur par des inconnus dès que tu sors de chez toi, c'est quand le mec en train de chier dans les toilettes à côté de toi te demande des conseils pour percer, *c'est être critiqué par la Terre entière et ne jamais pouvoir te défendre !*

Cash ferma les yeux, souffla un long filet de fumée et compta jusqu'à dix pour se calmer. Les autres fixèrent l'acteur comme s'il s'était momentanément transformé en loup-garou.

– Désolé… je ne voulais pas la jouer *Black Swan* juste après vous avoir rencontrés. C'est juste que je déteste comme la société adore ça. *Plantez plutôt un putain d'arbre*, vous voyez ce que je veux dire ?

Joey se jura de ne plus mettre le sujet sur le tapis.

– Bon… c'est comment d'être *respecté* ?

– Oh, ça permet de supporter la célébrité, lança Cash joyeux. Ce n'est pas comme si on avait un guide d'utilisation. Je crois que ne pas savoir faire la part des choses, c'est ce qui pose problème à de nombreuses célébrités. Après, je suis pas psy, merde.

Les autres hochèrent la tête poliment, mais ils avaient le visage bien plus sombre qu'avant. Ils découvraient petit à petit que la personnalité de Cash n'avait rien à voir avec celle de Dr Bumfuzzle.

– Et c'est comment de travailler sur *Wiz Kids* ? demanda Topher. C'est aussi sympa que ça en a l'air ?

Cash hésita.

– Euh… *ouais*, répondit-il avant de se tourner vers la fenêtre en silence.

– Mais encore ? osa insister Topher. Allez, on n'a jamais rencontré un acteur de la télé avant ! On meurt d'envie de savoir.

L'acteur marqua une pause, formulant la réponse la plus politiquement correcte et positive possible pour ne pas les contrarier.

– Eh bien, de nombreux acteurs aiment travailler à la télévision mais chaque série est différente. La nôtre est plus difficile à tourner à cause des effets spéciaux et des cascades. On est en production quatorze heures par jour, six jours par semaine, neuf mois par an… Ça représente beaucoup plus de boulot qu'on ne le croie. Parfois, je ne vois pas le soleil pendant plusieurs jours d'affilée.

Mo rit comme s'il venait de raconter une blague mais non, cela n'avait rien d'une chute.

– Attends, tu es en train de dire que *tu n'aimes pas ça* ? demanda-t-elle.

– Ce n'est pas ce que j'ai dit. Je veux juste vous faire comprendre que c'est difficile de garder son énergie et son enthousiasme intacts avec un tel emploi du temps depuis des années… quand bien même c'est amusant à faire. Vous comprenez, non ?

Clairement, ils ne comprenaient pas car à la tête de Mo, on aurait dit qu'on avait pris son enfance, qu'on l'avait arrachée en deux et jetée par la fenêtre.

– Mais… mais… mais tu gagnes plein d'argent et rends plein de gens heureux. Inspirer les gens n'est pas une raison suffisante… *on* n'est pas une raison suffisante ?

Cash poussa un long soupir. Mo le rendait mal à l'aise mais sans doute pas autant qu'elle rendait ses amis mal à l'aise.

– Dis, Mo, intervint Topher, et si on changeait de sujet et qu'on arrêtait d'embêter l'homme qui vient de faire un vol de trois mille kilomètres pour être avec nous ?

– Non, tout va bien, répondit Cash. Écoutez, nous cinq, on va être ensemble pendant un long moment. J'aimerais que cette expérience soit aussi authentique que possible, mais pour cela il faut être authentique soi-même. Je suis ravi que vous aimiez la série et je serais ravi de répondre à toutes vos questions, tant que vous ne m'arrêtez pas parce que *la vérité vous blesse*.

– Tu quoi tu parles ? demanda Joey.

– De ne pas m'en vouloir pour mon honnêteté, insista Cash. C'est la raison pour laquelle les gens connus ne peuvent pas être totalement sincères quand ils parlent en public. Quand on y réfléchit, tout le monde a en tête la réponse qu'il aimerait entendre en posant une question, en *particulier* à des stars. Et si on répond *honnêtement* et que la réponse diffère de ce que les gens veulent entendre, détruisant un mythe ou deux au passage, on nous en veut. À côté de ça, si on donne la réponse que tout le monde veut entendre mais qu'on n'a pas l'air *sincère*, alors on nous en veut aussi. C'est à se flinguer !

– Donc tu dois *mentir* constamment pour rendre les gens heureux ? demanda Joey.

– Pas constamment… ce serait épuisant. Je vous donne un exemple. Que l'un de vous retrouve l'interview que j'ai faite pour *Rolling Stone* en février dernier. Lisez les réponses que je donne au journaliste et je vous dirai si elles sont honnêtes ou pas.

Ils n'étaient pas sûrs de vouloir jouer à ce jeu mais Sam prit son téléphone et trouva l'article en ligne malgré tout.

– Bien, première question : « Qu'est-ce que ça fait d'être le visage d'un phénomène mondial ? » lut-il. Ta réponse : « Mon Dieu, je ne sais pas comment répondre à ça. Vous avez l'air de dire que je suis le seul responsable du succès de la série, alors qu'il faut tout un village pour la faire fonctionner. L'équipe mérite autant de reconnaissance que moi. »

– Voilà, ça, c'est totalement honnête, répondit Cash. Il n'y a pas le moindre mensonge. Suivante ?

– « Qu'est-ce que ça fait d'être adulé par autant de Wizzers à travers le monde ? » Ta réponse : « Je ne sais pas comment l'expliquer. Amuser les gens et leur offrir une parenthèse hors de la réalité est la raison pour laquelle nous devenons acteurs, n'est-ce pas ? Je dirais que c'est *valorisant* mais c'est bien plus que ça… Cela me donne une raison de vivre, que je ne prends pas pour acquise. »

– Là aussi, vrai à cent pour cent. Suivante ?

– « Quelle est la prochaine étape pour votre carrière ? » Ta réponse : « La neuvième saison de *Wiz Kids* m'accapare, mais j'ai quelques projets de films pour notre pause annuelle et peut-être même une pièce à Londres. »

– Faux de A à Z. Je n'avais pas le moindre projet pour la pause. Il faut raconter ce genre de conneries, histoire que personne ne t'étiquette comme un futur *has been*, ça tue une carrière. Même s'il est évident que tu ne feras jamais rien d'autre que la série que tu as en cours, tu ne dois pas l'admettre.

– Mais tu as fait autre chose à côté de *Wiz Kids*, intervint Joey. Tu as fait ce film indépendant, *Lucky*, sur un soldat sourd et aveugle qui perd sa jambe pendant la seconde guerre mondiale.

Cash resta sous le choc.

– Vous avez vu ça ?

– Le soir de sa sortie, répondit Topher. On a dû conduire jusqu'à un quartier pourri dans le Michigan pour le voir, mais on y était.

– Personne d'autre ne l'a vu, dit Cash d'un air sombre. Les critiques ont été acerbes, mais je crois qu'ils étaient encore énervés de voir que *Wiz Kids* était un hit et ont vidé leur colère sur moi. C'est drôle de voir comment une critique peut être assassine et pourtant ne pas mentionner le moindre élément sur le scénario ou les personnages. Résultat des courses, personne ne va me choisir pour un autre film. À toi, Sam… *je m'éclate !*

Cash jeta son mégot par la fenêtre et s'allongea sur les bagages à l'arrière, les mains derrière la tête.

– « Damien Zimmer a dit qu'acteurs et techniciens de *Wiz*

Kids formaient une famille. Vous êtes d'accord avec lui ? » Ta réponse : « Carrément. » C'est tout.

Cash geignit.

– Damien Zimmer me déteste depuis le premier jour. Chaque fois que j'obtiens un peu de reconnaissance, il change le scénario pour que je finisse dans le coma ou pour me faire vivre un truc affreux en guise de punition. Quand j'ai fait la couverture de *TV Guide*, il a prévu une cascade dangereuse et je me suis cassé la cheville. Quand j'ai gagné un People's Choice Award, il a plongé mon personnage dans un coma de douze épisodes. La liste est longue. Suivante ?

– « Votre costar Tobey Ramous vient d'obtenir le rôle principal d'une grande franchise. Vous êtes jaloux de son succès ? » Ta réponse : « Pas du tout. Avoir un ami dans un grand film veut dire que j'irai à la grande première pour le soutenir. »

– Évidemment que j'étais jaloux, avoua Cash. Mais Tobey avait vraiment besoin de ce rôle pour booster sa confiance. Nous étions vraiment de bons amis jusqu'à ce que le magazine *Us Weekly* fasse un sondage sur lequel de nous deux était le plus sexy. Apparemment j'ai gagné et Toby l'a mal pris. Il a commencé à soulever de la fonte et à prendre des stéroïdes pour compenser et notre amitié a diminué en même temps que ses couilles. Suivante ?

– « Les rumeurs qui prétendent que vous et Amy Evans seriez plus qu'amis sont-elles vraies ? » Ta réponse : « Non, c'est une rumeur lancée par les Wizzers qui aiment voir nos personnages ensemble. Mais je suis ravi qu'ils soient aussi investis dans la série. »

Mo était impatiente d'entendre la véritable réponse et se redressa tel un chiot attendant une friandise.

– La seule relation qu'Amy Evans entretient, c'est avec elle-même. À côté de ça, toutes les copines que j'ai eues ont été harcelées et pourchassées par des Wizzers qui refusent d'accepter que la série n'est pas un documentaire. Juste avant de me larguer, ma dernière copine a reçu par la poste une boîte avec des cheveux à l'intérieur. Il y avait un message avec, disant : « On sait qu'Amy et Cash s'aiment. Écarte-toi ou c'est tout ce qui restera de toi ! Sincèrement, les Bumtrees. » La police a retrouvé les expéditeurs, des gamins de quatorze ans vivant à Moose Jaw, au Canada.

Mo se racla la gorge.

– Pour l'anecdote, c'est *exactement* pour ça que les fans du couple ont changé leur nom en Peachfuzzlers. Les Bumtrees donnaient aux fans une mauvaise réputation… enfin, c'est ce qu'on m'a dit.

Cash lui adressa un regard suspect par-dessus ses lunettes de soleil.

– *Ben voyons…* Laisse-moi deviner, tu en fais partie ?

Mo secoua la tête, mais ses joues rouges prouvaient le contraire.

– Oh, je t'en prie, Mo ! lança Joey. Ton chat s'appelle Peaches et toutes les histoires que tu écris tournent autour de la relation entre Dr Bumfuzzle et Dr Peachtree.

– Tu écris là-dessus ? demanda Cash. Genre, des *fanfictions* ?

– D'accord, je suis une Peachfuzzler, voilà, je l'ai dit ! confessa Mo. Mais pour ma défense, les événements d'aujourd'hui sont bien plus bizarres que toutes les fanfictions que j'ai pu écrire ou lire.

– Il n'y a *rien* de plus bizarre que les fanfictions, rétorqua Cash à la manière d'un marin se remémorant son affrontement avec une horrible créature des mers. Bref, ça suffit comme ça. J'espère que je ne vous ai pas gâché *Wiz Kids*, mais c'est comme ça qu'on grandit, en comprenant que rien n'est éternel en ce monde.

Topher, Sam, Joey et Mo s'échangèrent des regards, plus désolés les uns que les autres. Peut-être que traverser le pays en voiture avec leur acteur favori n'allait pas être aussi excitant qu'ils ne l'auraient cru ? Après seulement vingt minutes, Topher regrettait déjà de l'avoir invité.

– Je ne peux pas vous expliquer comme ça fait du bien de parler si ouvertement pour une fois, dit Cash avec un grand sourire. C'est exténuant de mentir, et je ne suis malhonnête qu'en cas d'absolue nécessité. Je ne peux pas imaginer les gens dont la vie *entière* est un mensonge, et qui doivent cacher la vérité à leurs amis et à leur famille.

Sam et Joey se turent tous les deux et regardèrent par la fenêtre. Ils comprenaient exactement ce dont Cash parlait et ne voulaient pas que les autres lisent la vérité dans leurs yeux.

– Mon Dieu, je suis plus épuisé qu'un fanatique religieux à Las Vegas ! dit Cash en bâillant. Je vais faire une sieste. Vous me réveillez quand on s'arrête pour manger ? Je mettrais bien un réveil mais j'ai perdu mon téléphone la semaine dernière.

– OK, répondit Topher.

Cash se mit à l'aise mais se redressa d'un coup, ayant oublié de partager une information importante.

– Au fait, j'ai inventé la moitié des conneries que je viens de vous raconter, mais bon, vous avez compris ce que je voulais dire. *On se voit au déj !*

Chapitre 8

MALHEUR AU MCCARTHY'S

Le break de 1994 roulant sur l'autoroute, les banlieues pittoresques de Chicago disparurent au loin, laissant place aux vastes champs de maïs du sud de l'Illinois. Les champs étaient superbes, balayés par la fine brise de l'été, mais les passagers éveillés refusaient d'en parler, de peur de réveiller l'acteur à l'arrière et de s'exposer à de nouvelles vérités dérangeantes.

Cash était seul à dormir à l'arrière, mais toute la voiture souffrait de son apnée du sommeil. Il ronflait comme un ours polaire et se tortillait comme un toxicomane en pleine descente. C'était le moment de repos le moins reposant qu'ils aient jamais vu. Joey gardait une main sur son porte-clés Ichthus accroché à son sac au cas où ils devraient pratiquer un exorcisme.

Après les deux cents premiers kilomètres de leur périple de trois mille bornes, les voyageurs eurent envie de déjeuner. Et à en juger par les étranges gargouillis que faisait le ventre de Cash, lui aussi avait faim. Topher jugea chaque établissement au bord de la route à mesure qu'ils passèrent devant, se dit que le *diner* McCarthy's était le meilleur choix, et il se gara sur le parking adjacent.

– Hé, *Cash*, lança Topher du siège conducteur. Ce *diner* te va pour le déjeuner ? *Cash ?*

L'acteur reprit peu à peu conscience.

– On est où ? dit-il en bâillant.

– Quelque part pas loin de Lincoln. On ne trouvera sans doute rien d'autre d'ici à Springfield. C'est le seul endroit qui a l'air à peu près propre.

– Ça me va, répondit Cash qui lut les publicités à la fenêtre du *diner*. Oh, ils ont un burger d'un kilo et demi pour trois dollars quatre-vingt-quinze. Là, on se sent aux États-Unis !

Tous descendirent du break, laissant Cash sortir par le coffre, et entrèrent dans le *diner*. Les tables étaient installées autour d'un grand jukebox et les serveurs étaient habillés comme des stars des années cinquante.

– Oh cool, le *look fifties* ! dit Topher. J'ai toujours pensé que ce serait sympa de vivre à cette époque.

– *Parle pour toi*, protestèrent Joey, Mo et Sam à l'unisson.

Après une brève attente à l'entrée, une hôtesse déguisée en Shirley Temple vint les accueillir.

– Bienvenue au McCarthy's. Une table avec chaises ou banquettes ?

– Peu importe, répondit Topher.

Cash sonda rapidement le *diner*. L'endroit était bien rempli pour un restaurant en bord de route. Il remonta ses lunettes et baissa la tête.

– En fait, là où on aura le plus d'intimité, dit-il.

L'hôtesse le regarda d'un air grave.

– Vous voulez dire, loin des toilettes ?

– Tout au fond, ça ira très bien, précisa Cash.

– Bien, comme vous voulez. Suivez-moi.

Les cinq voyageurs s'assirent à une table faite pour quatre, isolés des autres clients, et la femme leur distribua des menus.

– Votre serveuse arrive tout de suite, dit-elle avant de retourner à l'accueil.

– Tu dois toujours t'asseoir au fond des restaurants ? demanda Mo.

– Pas toujours, mais mieux vaut prévenir que guérir. Sortir en public, c'est toujours un pari. Ne le prenez pas mal, on ne sait jamais où se terrent les Wizzers. Une fois, j'étais au cinéma tout seul et il y a eu un tel mouvement de foule que la police de L.A. a dû m'escorter jusqu'à ma voiture.

– *Sérieux ?* s'écria Joey.

Le front plissé, Cash réfléchit.

– Ou est-ce que c'était la sécurité ? Hmm… Je ne me rappelle pas si c'est vraiment arrivé ou si c'est juste une histoire que j'ai embellie pour une émission télé. La différence est parfois mince entre un bon conteur et un menteur invétéré. Ce qui me fait penser, faut que j'aille pisser. L'un de vous me prend un *milk-shake* ?

Il se dirigea vers les toilettes de l'autre côté du *diner*. Mo l'observa, attendant qu'il soit suffisamment loin avant de dire ce qu'elle avait sur le cœur.

– *Il est horrible.*

– Mo, tu dis ça parce qu'il a gâché tes fantasmes sur Peachfuzzle, protesta Topher.

– Non, je dis ça parce que c'est ce que nous pensons *tous*.

Elle fixa Joey et Sam jusqu'à ce qu'ils acquiescent.

– Il est plus négatif que je ne l'imaginais, ajouta Sam. C'est un peu perturbant compte tenu de son attitude toujours positive dans *Wiz Kids*.

– Il n'a *rien* du Dr Bumfuzzle, rebondit Joey. Je sais bien qu'il joue la comédie dans la série mais, franchement, je n'aurais jamais cru qu'il était *si* bon acteur.

Topher eut un rire nerveux et joua l'avocat du diable, puisque c'était sa faute si l'acteur les avait rejoints.

– D'accord, mais il n'est pas *si* affreux. Ce n'est pas parce qu'il est différent de son personnage qu'on ne peut pas passer un bon moment avec lui. Faites-moi confiance, je parie que d'ici à la fin du voyage on l'aimera, *lui*, plus que Dr Bumfuzzle.

Mo leva les yeux au ciel au point de les faire sortir de leurs orbites.

– Topher, tu vas perdre définitivement la vue à force de te voiler la face. C'est notre dernière aventure avant la fac, je n'ai pas envie qu'il gâche notre périple. Nous devrions lui demander de partir avant qu'il ne gâche *Wiz Kids* pour toujours.

– Gâcher notre périple ? Gâcher *Wiz Kids* ? Tu es folle. Tous les Wizzers du monde *tueraient* pour être à notre place. On a la chance de rencontrer la *vraie personne* derrière le personnage qu'on adule depuis qu'on est petit. Il est un peu blasé, je vous l'accorde… mais après toute la joie qu'il nous a donnée pendant tant d'années, le moins que nous puissions faire, c'est de le voir comme un être humain. D'après ce qu'il nous a dit, cela ne lui arrive pas souvent.

Les bras croisés, Mo, Joey et Sam s'enfoncèrent dans leur siège. Ils savaient que Topher avait raison, mais eux n'avaient pas tort non plus.

– *Chhh*… il revient, chuchota Joey.

– C'est officiel, cet endroit me fait flipper ! dit Cash en se serrant à table. Je crois que le nom « McCarthy's » n'est pas choisi au hasard. Je viens de pisser dans des toilettes marquées INTERDIT AUX COCOS.

Les autres restèrent muets, leurs corps crispés depuis son retour.

– C'est quoi, ces têtes d'enterrement, les fans de Downers Grove ? Vous avez peur que je gâche votre voyage et que vous ne puissiez plus jamais regarder *Wiz Kids* ?

– *Bien sûr que non !* dit Topher.

– *Pas du tout !* renchérit Joey.

– *Mais non !* persista Sam.

– *Pourquoi tu dis ça ?* demanda Mo.

– Je ne sais pas, ces jours-ci, tout le monde fait comme si je brisais tous leurs rêves et leurs espoirs dès que je dis ce que je pense. Merci de m'avoir permis d'être honnête dans la voiture et de l'avoir aussi bien pris. Enfin, sauf toi, Jane Austen.

Cash fit un signe de tête vers Mo qui se cacha le visage derrière son menu.

– Bonjour, mesdemoiselles et messieurs, dit une serveuse déguisée en Marilyn Monroe. Veuillez nous excuser pour l'attente, on est un peu à court de personnel aujourd'hui. Voulez-vous quelque chose à boire ou êtes-vous déjà prêts à commander ?

– Hmmm, dit Topher en scannant le menu, je vais prendre un *milk-shake* et la spécialité, un Rouge Au Secours.

– Ce burger est servi presque *cru*, d'où le nom. Ça ira ?

– Je le voudrais à point.

– Bonne idée, je vais prendre la même chose, dit Sam.

– Un troisième, dit Mo.

– Un quatrième, dit Joey.

– Un cinquième, dit Cash.

– Parfait, merci de me faciliter la vie, répondit la serveuse en écrivant leur commande, mais elle s'interrompit en voyant Cash. Est-ce que je vous connais ? On n'était pas à l'école ensemble ?

Topher, Joey, Sam et Mo se crispèrent, de peur de devenir le sujet d'une nouvelle histoire pour une émission télé. Cash ne réagit pas ; au contraire, il paraissait presque content de ne pas être reconnu immédiatement.

– Je ne crois pas. Vous étiez dans quel lycée ?

– Richwoods, et vous ?

– Je faisais l'école à la maison en Californie.

La serveuse était pourtant certaine de l'avoir déjà vu quelque part et ne lâchait pas l'affaire.

– Non, je *sais* qu'on s'est déjà vu. Ou alors vous avez un de ces visages passe-partout ?

– On me le dit souvent. Au fait, on pourrait avoir des entrées à partager, un Dix d'Hollywood ? Avec des oignons frits et de la mozzarella, s'il vous plaît.

– Ça marche. Cinq Rouges Au Secours à point, cinq *milk-shakes*, et un Dix d'Ho…

Soudain, la serveuse eut un déclic. Elle devint rouge vif et porta une main à son cœur, le souffle court.

– Oh mon Dieu, t'es le mec de la télé ! J'ai jamais vu ta série, je connais pas ton vrai nom, mais tu étais dans les mots croisés de mon magazine ! Qu'est-ce que tu fous là ?

– Je déjeune, c'est tout.

– Ah ouais, bien sûr. Ben, je… je reviens tout de suite avec les milk-shakes.

Topher, Joey, Sam et Mo s'étaient tellement ridiculisés quand ils avaient rencontré Cash qu'ils étaient contents que cela arrive cette fois à quelqu'un d'autre. Ils voulaient exploser de rire mais Cash était resté totalement impassible.

– Alors j'ai raté quoi ? demanda-t-il.

– Rien, répondit Mo. On passait notre programme en revue.

– Cool ! J'ai hâte de savoir où vous allez. J'aurais sans doute dû vous le demander avant de monter dans un avion, mais j'étais trop excité. Vous me mettez au parfum ?

– J'ai absolument tout calculé, dit Topher. Cet après-midi, on s'arrête devant la plus grande balle en élastiques du monde en chemin vers Saint-Louis. En ville, on passe la soirée au musée Lewis et Clark et à l'arche de Saint-Louis. Puis on dort à l'hôtel Paul-Bunyan à quelques kilomètres hors de la ville, en direction de la forêt nationale Mark-Twain.

– L'hôtel se compose de petits cabanons, ajouta Sam. Et il y a de grandes statues du bûcheron Paul Bunyan et de Babe, son bœuf bleu. Ce sera top sur Instagram !

– Demain, on fait une rando toute la journée dans la forêt, puis on roule jusqu'à Oklahoma City et on passe la nuit à l'hôtel.

– C'est pas du grand luxe mais c'est pas cher, s'excusa Joey.

– Mardi, on roule jusqu'à Amarillo au Texas. On fera la visite de la prison de Bundy et Claire, où les hors-la-loi ont eu leurs fameux échanges de tirs avec la police, puis on dormira au Teepee Inn.

– Toutes les chambres sont sous forme de tipi ! s'exclama Mo. Ce n'est pas politiquement correct mais c'est trop mignon !

– Mercredi, on va à Albuquerque, au Nouveau-Mexique. En chemin, on s'arrêtera à la fameuse tour d'observation des ovnis construits à l'endroit où des extraterrestres se seraient écrasés en 1948, puis on visitera Dinoworld, la plus grande collection de statues grandeur nature de dinosaures au monde, et on passera la nuit à Albuquerque.

– Dans la même chaîne qu'à Oklahoma City, donc on a un rabais, précisa Joey.

– Jeudi, on visitera la Forêt pétrifiée, le cratère de météorite d'Arizona et on se pressera pour voir le coucher du soleil au Grand Canyon, où on dormira à l'hôtel. C'est ambitieux mais tant qu'on s'en tient au programme, ça devrait le faire. Vendredi, on se lève tôt et on roule jusqu'à Santa Monica, puis on passe quatre jours en Californie du Sud. Mais tu n'auras sans doute pas envie de faire tous les trucs touristiques qu'on a prévus là-bas.

Le groupe de Downers Grove détaillait la liste de leurs arrêts avec excitation, mais Cash était loin d'être aussi enthousiaste… C'était le voyage le plus barbant qu'*il avait jamais connu.* L'acteur eut un sourire forcé pour cacher la déception dans ses yeux.

– *Cabanes, tipis et canyons, waouh !* C'est votre idée du fun, les gars ?

– Absolument ! répondit Topher.

– On prépare ça depuis des mois, ajouta Sam.

– Chacun a choisi deux endroits à visiter sur le chemin, expliqua Mo.

– Sauf le Grand Canyon et la Californie, précisa Joey. On veut tous y aller depuis qu'on est petit.

Cash hochait la tête, mais n'était toujours pas convaincu de l'intérêt du voyage pour lui.

– Très bien. Dites, j'ai une idée ! Puisque vous avez déjà choisi vos arrêts, ça vous embête si j'en ajoute un ou deux là où l'emploi du temps le permet ? Par exemple, pendant que vous serez chez Loïs et Clark, peut-être que je pourrais trouver quelque chose de sympa à faire pour nous ce soir ?

Tout le monde se tourna vers Topher, attendant sa réponse.

Après avoir passé des semaines à tout planifier, c'était à lui de décider.

– Oui, ça devrait aller, répondit-il, toujours plus intrigué par l'idée. Mais on doit se débrouiller avec un budget serré. On ne pourra rien faire de coûteux.

– Ne vous inquiétez pas pour l'argent. Vous avez été sympas de me laisser m'incruster. Si j'ajoute des choses, c'est moi qui régale. J'insiste.

Une serveuse habillée en Grace Kelly apporta les milk-shakes. Elle les posa sur la table sans jamais détacher les yeux de Cash puis se précipita à la cuisine.

– Bizarre, dit Joey. Où est passée Marilyn ?

– Oh, ça arrive chaque fois que je mange en dehors de Los Angeles, répondit Cash. La première serveuse est allée en cuisine et a dit à tout le staff que j'étais là. On ne l'a pas crue, donc maintenant ils vont tous venir à tour de rôle pour vérifier par eux-mêmes.

Telle une prophétie s'accomplissant sous leurs yeux, le staff du McCarthy's agit exactement comme Cash l'avait prédit. Un serveur ou une serveuse différent apporta les entrées, et chaque hamburger séparément, regardant Cash tel un zèbre portant des vêtements d'homme. Puis, à la manière d'une course de relai, un serveur ou une serveuse revint toutes les trente secondes pour le voir une deuxième fois.

– Un autre *milk-shake*, monsieur ? demanda un serveur habillé en Elvis.

– Oui, merci, répondit Cash.

– J'en veux un autre, moi aussi ! lança Sam, mais le serveur était déjà parti avant qu'on ne puisse lui dire quoi que ce soit.

En un battement de cils, une serveuse habillée en Lucille Ball revint avec sa boisson mais n'eut pas le courage de rester plus d'une demi-seconde. Cash fit glisser son nouveau *milk-shake* à travers la table vers Sam.

– Je le savais, dit-il avec un clin d'œil. Je me disais bien que tu en voudrais un, je l'ai commandé pour toi.

Mangeant leur repas, ils virent que la nouvelle de la présence de Cash s'était répandue bien au-delà du personnel. Quelques clients commençaient à murmurer entre eux et à pointer du doigt le groupe isolé dans le fond.

– Les gens nous regardent, dit Mo.

– Laisse-moi deviner, répondit Cash. La table avec le petit garçon au T-shirt rouge, la banquette avec le couple de petits vieux, la table avec les mecs en casquettes de camionneur et les banquettes avec les ados et leurs daronnes.

– *Comment tu sais alors que tu as le dos tourné ?* demanda Joey.

– Ils m'ont repéré quand je suis revenu des toilettes. Au début, ils n'y croyaient pas, mais maintenant qu'ils ont vu le staff péter un câble, ils en sont sûrs. Sérieusement, avec les années, je suis devenu super bon pour lire la gestuelle des gens.

– Je confirme, répondit Topher. Tu pourrais bosser à la CIA !

Cash leva un sourcil.

– *Qu'est-ce qui te dit que je n'y suis pas déjà ?*

Marilyn Monroe vint leur apporter l'addition. Cash mit une liasse de billets sur la table avant de se lever.

– C'est pour moi. Maintenons, partons… on a un planning à respecter !

Le groupe de cinq se dirigea vers la porte et toutes les têtes dans le restaurant se tournèrent en les regardant comme des poupées dans une maison hantée. Soudain, le petit garçon au T-shirt rouge bondit et se mit en travers de leur chemin.

– Vous êtes de la télé ?

– Euh… je plaide coupable, répondit Cash en haussant les épaules.

– Je peux prendre une photo avec vous ?

– Tu sais, j'aimerais beaucoup, mais mes amis et moi avons un planning très chargé…

Cash appela Topher à l'aide du regard mais c'était une grave erreur. Topher n'était pas suffisamment entraîné pour cette mission de sauvetage.

– Non, pas de problème. Une photo ne nous retardera pas.

Dès que la première photo fut accordée, tout le monde dans le restaurant bondit et encercla Cash tels des loups autour d'une proie blessée. Tous les serveurs sortirent de la cuisine et se joignirent à eux. On aurait dit un premier jour de soldes et Cash était l'article incontournable.

Quarante-cinq minutes plus tard, Topher, Joey, Sam et Mo étaient assis dans la voiture, attendant que Cash termine de prendre des photos avec chaque client et chaque employé du *diner* McCarthy's.

– C'est ma faute, dit Topher. Mais comment j'étais censé savoir que tout le monde en voudrait une, aussi ? C'est une star de la télé, pas le monstre du loch Ness !

– La moitié des gens ici ne sait même pas qui c'est, répondit Mo. Ils ont déjà mis les photos en ligne et écoutez les commentaires : « Je sais pas qui c'est mais il paraît qu'il est connu. » C'est n'importe quoi…

– Tu m'étonnes, acquiesça Joey. Ah, on dirait qu'il a terminé… oups, fausse alerte. Voilà les cuistots.

– Je pensais qu'il exagérait avec son histoire de police, mais maintenant je le crois, dit Sam.

Enfin, les demandes de photo dans le *diner* cessèrent et Cash fut enfin libre. Il monta dans le break par le coffre et s'affala sur la pile de bagages comme s'il rentrait de la guerre.

– Cash, je suis vraiment désolé, dit Topher.

Cash leva les yeux et le fixa à travers le rétroviseur.

– Alors, *qu'est-ce qu'on a appris aujourd'hui* ?

Chapitre 9

LA PLUS GRANDE BALLE EN ÉLASTIQUES DU MONDE

Topher fonça sur l'autoroute, impatient de laisser derrière eux le chaos du McCarthy's. Il culpabilisait terriblement de ne pas avoir su aider Cash à éviter cette situation, mais ne savait pas comment il aurait pu la prévoir. Le chauffeur angoissé s'excusa encore et encore auprès de l'acteur, de sorte à éliminer la moindre rancœur qu'il pourrait éprouver à son encontre.

– Une fois de plus, je suis *vraiment désolé* de t'avoir jeté dans ce *shooting* imprévu, dit Topher. Cela n'arrivera plus.

– Tu vas arrêter de t'excuser ? répondit Cash. Comment pouvais-tu savoir qu'ils viendraient me bouffer comme des piranhas ? J'ai déjà été coincé plus longtemps dans des situations bien pires. Une fois, je suis resté à la caisse d'un Ikea pendant huit heures.

– Tu as fait des photos pendant *huit heures* ? s'exclama Mo.

– Non, j'achetais juste une lampe.

Cash éclata de rire et Topher fut soulagé de constater sa bonne humeur. L'acteur était de bien meilleure disposition grâce à deux pilules blanches tirées de son sac. Personne n'avait osé demander si c'était contre la douleur ou l'anxiété, mais tout le monde avait compris la nécessité pour lui de les prendre après le désastre du *diner*.

Vers quatre heures moins le quart, et après trois cents kilomètres, la voiture dépassa la sortie 178B, signe qu'ils approchaient de leur première attraction.

– Nous arrivons bientôt à la plus grande balle en élastiques du monde ! annonça Topher.

Cash regarda par la fenêtre mais ne vit que des champs et des arbres.

– Comment tu le sais ? Je n'ai pas vu de panneau.

– J'ai notre itinéraire tout entier dans la tête. On vient de passer la sortie 178B et la plus grande balle en élastiques du monde est à la 180A. On devrait la voir dans quelques minutes.

– Tu as *mémorisé* les numéros de sortie ?

– Topher est un vrai cerveau sur pattes, répondit Sam. Il a validé toutes les options possibles au lycée et il est sorti premier de notre promo.

– C'est une chance, d'ailleurs, parce qu'aucun de nous n'aurait validé les maths sans ses cours particuliers, ajouta Mo.

– Chapeau bas, monsieur, dit Cash. Tu comptes aller dans quelle fac, Toph ? Tu vas faire partie de l'élite de l'Ivy League ?

– Pas tout à fait. Je reste à Downers Grove pour ma licence, et je changerai après. Comme ça j'économise et je peux aider ma mère à s'occuper de mon petit frère… il a une paralysie cérébrale.

– Topher est le meilleur frère de la Terre, insista Joey. Et j'en sais quelque chose, j'ai deux grands et deux petits frères. Mais on n'a aucune compassion les uns pour les autres, contrairement à Topher et Billy.

– Dans ce cas, j'achète les droits de ton biopic ! dit Cash. Et qu'est-ce que l'avenir réserve pour vous ? Fac ? Volontariat ? Scientologie ?

– Je vais à l'école de design de Rhode Island, répondit Sam.

– Stanford, lança Mo.

– *Joli !* Et toi, Joey ?

– Je vais étudier les arts de la scène à l'université baptiste d'Oklahoma.

– Tu vas en *Oklahoma* pour étudier les arts de la scène ? C'est pas un peu comme aller en Floride pour devenir moniteur de ski ?

– *Ben...* (Joey marqua une pause, le temps de trouver un argument pour se défendre.) La formation est excellente, ce ne sera pas loin de la maison, et de nombreux talents viennent d'Oklahoma. Brad Pitt, Blake Edwards, Kristin Chenoweth, James Marsden...

– Tu dois avoir raison... Désolé, je ne voulais pas chier sur tes paillettes, clairement tu sais ce que tu fais. J'imagine que ce sera difficile de rencontrer d'autres homos dans une école baptiste.

Joey se redressa d'un coup, comme électrocuté.

– *Je suis pas homo.*

Cash resta stupéfait, comme si Joey niait qu'il était noir. Il se tourna vers les amis de Joey mais aucun ne remettait en doute sa parole.

– Au temps pour moi. Dans ma bouche, c'est un compliment. Tu as l'air de prendre soin de toi, tu es carré, comme la plupart des gays que je connais. J'ai dû mal interpréter ton histoire d'arts de la scène.

– J'accepte le compliment, répondit Joey avec un rire nerveux. Au fait, en parlant d'études, ça me rappelle que je dois aller à une fichue réunion d'accueil demain soir à Oklahoma City.

– Une *réunion* ? Si tôt avant la rentrée ? s'étonna Topher.

– C'est débile, hein ? pouffa Joey. Tous les étudiants des autres États doivent y aller avant que les cours ne commencent. Je me suis dit, autant aller à la première, comme ça, c'est fait. Cela m'évitera un autre voyage.

Ses amis étaient désolés de rater une soirée avec lui, mais comprenaient que cela tombait bien et ne lui en voulaient pas. Cash, de son côté, trouvait justement que cela tombait *trop* bien. Il se tramait quelque chose et Joey ne savait vraiment pas mentir… Cash reconnaissait un acteur quand il en voyait un.

– Je vois la sortie 180A ! déclara Topher. Premier arrêt !

Le break prit la sortie, quittant l'autoroute. Il fit quelques kilomètres avant de prendre un chemin de terre bordé d'un grillage métallique. La plus grande balle en élastiques du monde se trouvait au bout du chemin, perchée sur une grande colline verte. De la taille d'une maison, elle était encerclée par une plateforme d'observation en bois.

Topher se gara au pied de la colline mais l'endroit était désert. Ses amis et lui descendirent de voiture, libérant Cash par le coffre, et contemplèrent un instant l'attraction avant de s'en approcher.

– C'est *pourri*, dit Mo.

Leur première visite était une déception absolue. Endommagés par le soleil, les élastiques multicolores avaient viré au gris. De nombreuses planches manquaient à la plateforme et des termites faisaient un festin du reste.

– Même *moi*, je ne pourrais rien faire de ce tas d'ordure, dit Sam.

– Peut-être que c'est mieux vu de près, suggéra Topher, qui culpabilisait une fois de plus de cette déception.

Ils grimpèrent la colline pour voir la balle de plus près, mais c'était encore pire. La plateforme était entièrement recouverte de tags et des oiseaux avaient construit plusieurs nids au milieu des élastiques distendus.

– Les photos en ligne étaient bien meilleures, dit Sam. D'accord, elles étaient prises dans les années quarante.

– De quel siècle ? ricana Mo.

– Ça reste intéressant, dit Topher. On pourra toujours dire à nos petits-enfants qu'on a vu la plus grande balle en élastiques du monde. C'est sympa, non ?

Cash fut le seul à avoir assez de courage pour monter les marches de la plateforme et marcher dessus. Il donnait l'impression de ne pas voir la même chose qu'eux.

– Je compatis pour elle, dit-il. Ce truc a passé toute sa vie à la vue des autres, à amuser des familles pendant des décennies, et finit ses jours couvert de fientes, à puer le rat crevé. Ça me rappelle une vieille actrice que je connais.

– Vous pensez qu'elle rebondit ? demanda Joey.

Cash haussa les épaules.

– On va vérifier.

Il s'appuya contre la rambarde et, des deux pieds, poussa le plus fort possible la balle géante pour la déloger. La plateforme tout entière se mit à trembler et des morceaux de bois tombèrent peu à peu.

– On pourrait *ne pas* détruire le bien public ? demanda Sam. Certains d'entre nous ont réclamé des bourses d'études, qu'on peut nous refuser si on se fait arrêter.

– Elle est coincée de toute façon, répondit Cash qui cessa de maltraiter le monument. Cet endroit est naze. Barrons-nous. Si on part maintenant, on rattrapera peut-être le temps perdu au *diner*.

Les voyageurs redescendirent la colline vers le break mais s'arrêtèrent quand ils entendirent de bruyants *clac* et *crack* derrière eux. Ils se retournèrent vers le monument au sommet de la colline et virent la plateforme se désagréger.

– C'est pas bon signe, dit Mo.

La plus grande balle en élastiques du monde se mit alors à chanceler et à se libérer des barrières qui la contenaient. La balle géante roula lentement hors des ruines de la plateforme et dévala la colline, se dirigeant droit sur les visiteurs.

– *COUREZ !* hurla Topher.

Ils foncèrent vers le break et bondirent à l'intérieur. Topher tourna la clé mais le moteur refusa de démarrer.

– *Pourquoi elle ne démarre pas ?* cria Sam.

– *Parce qu'elle ne démarre jamais du premier coup !* lui rappela Topher qui réessaya.

Au début, l'énorme balle d'élastiques avançait lentement, mais elle gagna en vitesse au fil de la descente. Très vite, elle dévala la colline à la manière d'une avalanche de caoutchouc.

– *Grouille ! Elle arrive !* hurla Mo.

– *Une seconde !* lança Topher.

– *On n'a pas une seconde !* cria Joey.

Enfin, le break s'anima. Topher enclencha la marche arrière et écrasa l'accélérateur. La voiture recula juste avant que le monument ne la ratatine. Les passagers firent éclater leur joie mais leurs problèmes étaient loin d'être terminés.

– *Elle vient encore vers nous !* souligna Sam.

– *On se croirait dans* Indiana Jones *!* s'amusa Cash.

La balle géante ricocha contre le grillage métallique à la

manière d'une boule de flipper et pourchassa le break le long du chemin de terre tel Godzilla. Tout le monde dans la voiture criait à part Cash, qui entonnait la musique d'*Indiana Jones* à tue-tête. À l'instant où Topher se dit que tout était perdu, la voiture atteignit la fin du chemin de terre et il dévia de la route du monument fou.

La plus grande balle en élastiques du monde rebondit à l'horizon, semblable à une biche qui retrouvait la liberté.

Topher, Joey, Sam et Mo restèrent muets, leur cœur devant se reprendre de ce traumatisme. À bout de souffle, ils suaient abondamment : leur vie venait de défiler devant leurs yeux. Cash, lui, éclata d'un rire hystérique, particulièrement déplacé.

– *Qu'est-ce qu'il y a de drôle ?* hurla Joey. *Tu as failli tous nous tuer !*

– Désolé, ricana l'acteur. Au moins, j'ai répondu à ta question.

Chapitre 10

PAS DE BÉBÉ POUR ROSEMARY

Le dimanche à dix-huit heures trente, Topher, Joey, Sam et Mo profitaient de l'exposition au musée Lewis et Clark en centre-ville de Saint-Louis. Le bâtiment était vieillot et les vitrines avaient sérieusement besoin d'un coup de neuf, mais le groupe ne s'en plaignait pas. Après avoir frôlé la mort sous la plus grande balle en élastiques du monde, ils trouvaient les couloirs monotones du musée plutôt réconfortants.

Ils avaient déposé Cash à un café pour qu'il puisse trouver quelque chose de « fun » à faire ensemble dans la soirée (et ils craignaient ce qui les attendait). Être avec l'acteur ressemblait de plus en plus à un job de baby-sitter plutôt qu'à un rêve devenu réalité, aussi profitaient-ils de la quiétude du musée tant qu'ils le pouvaient.

– Sacagawea était une Amérindienne de la tribu Lemhi Shoshone, lut Mo dans le guide qu'ils avaient reçu à l'entrée. Elle a joué un rôle essentiel dans l'expédition de Lewis et Clark après la vente de la Louisiane, guidant les explorateurs du Dakota du Nord à l'océan Pacifique, et établit la communication avec les populations amérindiennes qu'ils rencontrèrent.

Mo et ses amis contemplèrent une reconstitution bas de gamme des premières interactions entre les explorateurs et leur fameuse guide. Lewis et Clark étaient deux mannequins magnifiques aux cheveux blonds, aux yeux bleus, aux pectoraux gonflés, qui ressortaient de leurs tenues coloniales. Sacagawea, elle, était une statue de cire assez effrayante avec un strabisme, le nez écrasé et la tête penchée. Elle ressemblait davantage à une décoration d'Halloween qu'à un trésor national.

– Typique, souligna Sam. Elle a fait tout le boulot, mais c'est leurs noms à eux qu'on donne au musée. Pourquoi pas une université Sacagawea, ou une bibliothèque, ou une école ?

– Parce que les Blancs sont trop immatures pour supporter un nom comme Sacagawea.

Soudain, ils entendirent du bruit provenant de l'entrée du musée et virent Cash apparaître. Il essaya d'acheter un billet mais la personne à l'accueil le reconnut et fut tellement surprise qu'elle en oublia de travailler. Une fois remise du choc, elle lui vendit un billet et il trottina gaiement à travers le musée pour rejoindre ses compagnons de route.

– Les gars, j'ai trouvé l'idée parfaite pour ce soir. Je nous ai dégoté des tickets pour le concert de Rosemary's Abortion ! Ils sont à Saint-Louis ce soir seulement ! Le concert affichait complet mais heureusement j'ai trouvé un type sur Internet qui en vendait !

– *Rosemary's Abortion ?* répéta Mo qui ne fut pas épargnée par son imagination débordante. Je n'ai même pas envie de savoir.

– C'est tout simplement le groupe de rock indé le plus cool et le plus hype du Midwest, expliqua Cash.

– Ce n'est pas un oxymore ? demanda Joey.

– Ils ont plus de dix mille likes sur leur page Facebook, trois albums indépendants sur iTunes, et c'étaient de fervents partisans de Bernie Sanders. Je n'ai jamais entendu parler d'eux personnellement, ajouta Cash, mais après avoir regardé toutes les soirées sur Internet, c'était notre meilleure option pour un dimanche soir sympa.

L'acteur distribua, tout excité, les billets à Topher, Joey, Sam et à la statue de Sacagawea qu'il prit pour Mo.

– Je suis là ! lança cette dernière.

Cash jeta un nouveau coup d'œil à la statue de cire et fit un bond en arrière.

– Qu'est-ce que c'est que ce truc ? Un Ewok ?

– C'est censé être Sacagawea, répondit Sam.

Le nom ne lui dit rien du tout.

– Sacagawea... répéta Cash. J'ai eu une Sacagawea une fois, mais un coup de pénicilline et c'était fini. *Ha ha !*

– Je vous l'avais dit, murmura Topher aux autres.

Cash regarda le musée, visiblement perdu, se croyant au mauvais endroit. Il ôta ses lunettes de soleil pour jeter un meilleur coup d'œil aux environs.

– Pourquoi j'ai l'impression d'être sur le tournage de *Davy Crockett* ? Il est où, Superman ?

Les autres se regardèrent, confus... De toute évidence, il y avait une incompréhension entre eux.

– C'est le musée Lewis et Clark, expliqua Topher. Tu sais, les explorateurs qui ont parcouru le continent nord-américain d'Est en Ouest ?

Cash était choqué.

– Je croyais que vous parliez du musée *Loïs* et Clark ! Vous êtes venus ici *de votre plein gré* ? Mon Dieu, que quelqu'un vienne en aide à ces jeunes.

Pour la première fois, les autres remarquèrent que ses yeux étaient rouge vif et ses pupilles, de la taille d'une tête d'épingle. Il se tenait un peu plus courbe que d'habitude et il balançait la tête d'avant en arrière comme un bébé.

– Tu te sens bien, Cash ? demanda Joey. Tu as l'air un peu… *ailleurs*.

– Oh, c'est mes antihistaminiques, répondit-il avant de changer rapidement de sujet. Bref, les portes ouvrent à dix-neuf heures et le groupe joue à partir de vingt heures. On ferait mieux d'y aller si on veut avoir le temps de prendre un verre là-bas, c'est à quelques kilomètres seulement.

Ils regardèrent les billets et remarquèrent un élément crucial, qui avait échappé à Cash.

– Il est écrit sur les billets que c'est interdit aux moins de vingt et un ans, souligna Topher. On ne nous laissera pas entrer.

– Oh, ce n'est pas un problème, j'ai failli oublier, dit Cash avant de tirer quatre cartes de sa poche. Je vous ai pris des fausses cartes d'identité.

Cash les présenta comme une main gagnante au poker, mais l'idée d'utiliser de faux papiers affola ses amis.

– On t'a laissé tout seul une heure ! Comment tu as trouvé le temps de récupérer des billets de concert et de fausses cartes d'identité ? demanda Mo.

– Le décorateur de *Wiz Kids* vient de Saint-Louis et m'a filé un contact, répondit Cash en distribuant les cartes. Ce soir, vous avez la chance de laisser derrière vous les enfants propres de Downers Grove. Topher, tu t'appelleras Boris, Joey sera Hemi, Sam, Katerina, et Mo, tu seras Sue Yong. Vous voyez, il n'y a pas de souci à se faire !

– *Pas de souci à se faire ?* s'insurgea Sam. Cash, c'est carrément illégal ! Tu pourrais te faire arrêter pour ça ! Et comment on paierait ta caution ?

L'acteur grommela.

– *Je t'en prie*, si je gagnais dix centimes chaque fois que je fais un truc *pour lequel on pourrait m'arrêter*, la caution se paierait d'elle-même. Si tu as peur de te faire prendre, pas de panique. Ces cartes sont de première catégorie, elles viennent tout droit de la mairie. Elles m'ont coûté mille dollars chacune. Le type en avait des centaines dans un carton, j'ai pris celles qui vous ressemblaient le plus.

– *Tu parles !* cria Mo. Cette fille pourrait être sumo ! Et *Sue Yong*, ce n'est pas japonais comme nom !

– Écoute, on apprécie tous tes efforts mais là, c'est trop pour nous, intervint Topher. En plus, on voulait vraiment voir le coucher de soleil de l'arche de Saint-Louis. On ne veut pas passer à côté de ça pour un concert.

Cash était extrêmement déçu. Les autres voulurent lui rendre les cartes mais il les refusa.

– Vous quatre, vous êtes les pires ados du monde. Flash info pour vous tous : le soleil et l'arche de Saint-Louis n'iront nulle part mais votre jeunesse file comme un taxi dans un quartier malfamé. Utiliser des faux papiers et s'incruster dans les concerts, c'est ça, être jeune ! Amusez-vous un peu tant que vous le pouvez encore !

Topher, Joey, Sam et Mo poussèrent un même soupir. Ils craignaient les conséquences possibles, mais étaient tentés par l'idée de *s'amuser un peu.*

– Bon, faire des bêtises *une fois* ne doit pas être si grave, dit Sam.

– Et on voulait se créer des souvenirs avec ce voyage, ajouta Joey.

– D'un point de vue technique, les statistiques sont de notre côté, dit Topher. Les chances de se faire prendre la première fois qu'on enfreint les règles sont assez minces.

– D'accord, on le fait, conclut Mo. Mais si on se fait pincer, je dis à la police que tu nous as menacés avec une arme.

Cash se frotta les mains d'excitation.

– Marché conclu. Maintenant, allons-nous-en, je jurerais que Sacagawea vient de me faire un clin d'œil.

Les cinq amateurs de sensations fortes quittèrent le musée dans un tel état de nerfs qu'on aurait cru qu'ils prévoyaient de fairc un hold-up. Ils montèrent dans le break et Cash guida Topher au lieu du concert de l'autre côté de la ville. La salle était bien plus loin qu'il ne l'avait prétendu, dans un quartier peu fréquentable. Tous les bâtiments avaient des barreaux épais aux fenêtres, des murs couverts de graffitis, et des chaussures pendues aux câbles électriques.

– On y est ! lança Cash.

Il pointa du doigt un grand entrepôt avec une bannière sur laquelle était écrite ROSEMARY'S ABORTION – SEULEMENT CE SOIR en lettres stylisées. Une longue queue s'était formée à l'entrée. Les spectateurs portaient du cuir, des colliers à clous, des chaînes, et étaient couverts de piercings et de tatouages.

Joey déglutit.

– Une foule… intéressante.

– Tu n'as pas peur qu'on te reconnaisse ? demanda Sam à Cash.

– Nan, c'est pas les gens qui regarderaient une série sur des chiottes qui voyagent dans le temps. Ça devrait le faire.

– Ils me font penser aux aliens dans cet épisode de la saison 7 de *Wiz Kids*, dit Mo. Vous voyez ? Quand la cabine voyage vers la planète Dominaxitron ?

– Et comment ! répondit Cash. C'était le premier épisode où je devais me mettre torse nu. Pendant trois semaines avant le tournage, je me suis nourri exclusivement de patates douces en faisant des abdos. Aujourd'hui encore, je ne peux pas sentir l'odeur des patates douces sans avoir le souvenir d'horribles crampes abdominales. *Vite, ce type s'en va ! Gare-toi là !*

Topher se gara à quelques rues de l'entrepôt. Le break de 1994 était la plus belle voiture de la rue et les passagers avaient peur d'en descendre. Sans en offrir aux autres, Cash avala quelques oursons de son sac à dos avant d'ouvrir la voie.

– Allez ! Vous n'allez pas vous dégonfler maintenant. On y est presque.

Ils descendirent courageusement de la voiture et se mirent dans la queue à l'extérieur de l'entrepôt. De toute évidence, ils n'étaient pas dans leur élément, mais pas autant que le vieil homme qui passa devant la foule, une pancarte dans le dos. Le nom du groupe semblait l'avoir motivé à un autre genre d'événement.

– Mon Dieu, dit Topher en le pointant du doigt à ses amis. Quelqu'un qui est plus mal à l'aise encore que nous.

Le visage de Joey s'assombrit, comme s'il reconnaissait quelqu'un qu'il n'aimait pas.

– Il n'est pas là pour le concert. *Excusez-moi, monsieur ?* On ne pratique pas l'avortement ici. C'est juste le nom du groupe qui joue.

– C'est bien la Quatorzième rue ? demanda l'homme.

– Non, c'est la Quatrième.

– Ah, merci ! Amusez-vous bien. *Que Dieu vous bénisse.*

Le vieillard se retourna et ils virent alors ce qui était écrit sur sa pancarte : L'AVORTEMENT TUE ! JÉSUS SAUVE !

– Comment savais-tu que c'était un manifestant ?

– J'ai reconnu le regard perdu mais inquisiteur dans ses yeux. Ma famille avait l'habitude de manifester devant le planning familial tous les dimanches après la messe. Il n'y a rien de plus gênant que de demander son chemin avec une pancarte entre les mains.

– Intéressant, dit Cash. Ma famille se contentait d'aller au ciné.

Ils approchèrent de la porte, gardée par une montagne de muscles chauve. L'air patibulaire du videur signifiait deux choses : on ne la lui faisait pas facilement et il n'avait *pas* envie de travailler un dimanche soir.

– Cartes d'identité, grogna-t-il.

Le videur ne fit aucun cas de la première, celle de Cash, mais s'arrêta sur celles des autres, en particulier de Mo.

– J'étais dans une mauvaise passe, dit-elle.

Le videur regarda le groupe d'un air soupçonneux.

– J'ai pas l'impression que ce soient des vraies.

Topher, Joey, Sam et Mo se mirent à paniquer intérieurement. *Allait-il appeler les flics ? Allaient-ils se faire arrêter ? Devaient-ils prendre leurs jambes à leur cou ? Était-il aussi rapide qu'imposant ?*

– Mec, t'es sérieux ? demanda Cash. Si on avait des faux papiers, tu crois qu'on viendrait à un concert de Rosemary's Abortion dans le trou du cul du monde ? Il y a des casinos au bout de la rue.

Le videur haussa les épaules : Cash n'avait pas tort.

– Allez-y.

Le gang suivit Cash par la porte, choqué d'avoir réussi. L'angoisse laissa alors place à l'excitation.

– *La pression !* s'exclama Mo. Je comprends pourquoi les gens enfreignent les règles aussi souvent. Je me sens sale et pleine de vie !

– Du calme, la psychopathe, dit Cash. Ne te laisse pas prendre par le côté obscur de la force.

L'entrepôt était rempli de gens au physique impressionnant. Les jeunes de Downers Grove détonnaient et craignaient qu'on ne leur demande de partir d'un moment à l'autre. Il n'y avait pas de fauteuils mais une grande fosse face à une petite scène inondée de lumière violette. Cash conduisit le groupe vers le comptoir bondé sur le côté de l'entrepôt.

– Je vais prendre un verre. Vous voulez quelque chose ?

– On ne boit pas, répondit Topher.

– Genre *jamais* ?

– Une fois, j'ai bu du vin de messe, dit Joey.

– Mon Dieu, je voyage avec des enfants de chœur. Je commence à croire que j'ai été envoyé vers vous par une puissance supérieure. Vous avez besoin que quelqu'un vous apprenne à vous amuser, à vous détendre, et…

– À détruire un monument historique ? interrompit Sam. Parce qu'on peut retirer ça de la liste.

– Exactement, sourit Cash avant de se tourner vers le bar. Garçon ? Un shot de Johnnie Walker Black !

– On n'a que du Jim Beam, répondit le serveur.

– Vendu.

– Il ne connaît pas Lewis et Clark mais ceux-là, oui, murmura Mo.

L'acteur frappa un billet de dix dollars sur le comptoir et jeta la tête en arrière pour boire son shot.

– *Il arrache !* cria Cash en se remettant de sa brûlure à la gorge.

– Tu es sûr de pouvoir boire avec tes antihistaminiques ? s'inquiéta Topher.

– Non mais ça rend la boisson bien meilleure. Ah ! je suis prêt à danser. J'espère que le groupe est bon.

Trois trentenaires tatoués en jean moulant apparurent sur la scène avec leurs instruments. La foule applaudit et se rassembla devant la scène comme un banc de poissons. Cash et les autres se faufilèrent comme dans une boîte de sardines punk rock.

– *Bonsoir Saint-Louis* ! lança le chanteur avec un nombre impressionnant de piercings aux lèvres. On est Rosemary's Abortion. On est pour avoir le choix et pour le rock ! Que la fête commence ! *Un... deux... trois... quatre !*

Les premières notes de la première chanson éclatèrent dans les enceintes et la foule se déchaîna. Topher, Joey, Sam et Mo durent se couvrir les oreilles le temps que leurs tympans s'adaptent au volume sonore. Ils ne comprenaient pas la moindre parole que le chanteur hurlait plus qu'autre chose, mais le rythme était prenant.

Tout le monde dans l'entrepôt pogotait gaiement au rythme du morceau mais personne n'avait plus d'énergie que Cash. Les autres se dirent que le whisky devait faire son effet car l'acteur se trémoussait et frémissait comme de la gelée pendant un tremblement de terre. La foule crut qu'il avait une attaque et s'écarta pour le laisser respirer, mais Cash ne fit que se défouler encore plus.

– Je veux prendre la même chose que lui, dit un spectateur.

Les mouvements erratiques de Cash commençaient à attirer l'attention et ses amis craignirent de voir se profiler un nouvel incident comme au McCarthy's.

– Qu'est-ce qu'on fait ? demanda Topher. On risque de le reconnaître s'il se fait remarquer ! Si les gens se mettent à prendre des photos, on y sera jusqu'à la semaine prochaine !

– J'ai une idée, lança Sam. On va détourner l'attention de lui.

– Comment ça ?

– *Comme ça !*

Sam sauta à côté de Cash et se mit à danser de manière encore plus folle que lui. Il se tortillait comme un go-go dancer sous électrochocs. Son plan fonctionna : tous les regards passèrent rapidement de l'acteur au malade qui gesticulait à côté de lui.

– Ça marche ! dit Joey. Je viens t'aider !

Joey se jeta à son tour sur la piste, impressionnant les spectateurs avec ses mouvements les plus loufoques appris dans son équipe de hip-hop. Sam l'encouragea et voulut l'imiter. Mo resta bouche bée en les voyant et, sous le choc, se tourna vers Topher.

– *Mon Dieu, on est ami avec ces gens !* (Elle rit aux éclats.) Je vais danser, moi aussi. À Rome, faut faire comme les Romains !

Mo swingua vers ses amis et fit rouler son boule comme pour dégager une araignée de là. Sam et Joey furent pris d'un fou rire et essayèrent de l'imiter.

À mesure que le morceau progressait, il s'agit moins de faire diversion de Cash que de jouer à celui qui s'afficherait le plus. Leur folie était contagieuse et toutes les personnes autour d'eux se mirent à sortir les pires danses qu'elles connaissaient. Comme une traînée de poudre, le ridicule se répandit à travers la foule jusqu'à ce que tout l'entrepôt danse comme des dératés, et tout avait commencé avec Cash.

– Allez, Topher ! cria Sam qui dansa vers son ami. Faut te décoincer !

– Ça ira. Je n'aime ni bouger, ni me trémousser. Je préfère attendre au comptoir un morceau plus calme…

– *Topher*, répéta Sam en le tirant par le bras. *Tais-toi et danse !*

Il suffit d'un petit coup sur sa manche, une étincelle dans les yeux, et Topher perdit tout contrôle. Il se mit à bouger comme un orang-outan sous acide, comme un père ivre au mariage de sa fille, comme un ballon entre les mains d'un enfant. Sam rit si fort qu'il en eut les larmes aux yeux. Il était dans un tel état qu'il dut s'arrêter pour reprendre son souffle. Topher ne l'avait jamais vu aussi heureux ; il aurait dansé toute la nuit si cela avait prolongé le sourire et le rire de Sam.

C'est là qu'il comprit. « Oh non… songea Topher, incapable de se mentir plus longtemps. J'en pince pour Samantha Gibson. »

Sam reprit son souffle et recommença à danser, tournant autour de lui comme une planète en orbite. Il était si libre, si détendu, si paisible… c'était presque une tout autre personne, certainement pas la fille avec laquelle Topher avait grandi.

« Et meeeeerde… C'est plus que ça. »

Mo et Joey surgirent de part et d'autre et se mirent à danser comme des chiots marquant leur territoire. Apparemment, Sam n'était pas le seul à être dans une forme olympique… mais comment ne pas se lâcher dans ces circonstances ?

Sans parents pour les surveiller, sans frère ni sœur dont il fallait s'occuper, sans personne pour leur dire qu'ils brûleraient en enfer ou pour leur rappeler qu'ils étaient malades, ils n'avaient pas de *limites*, pas de *responsabilités*, pas de *religion*, et pas *d'incompréhension*. En cet instant, il n'y avait que la musique qui faisait vibrer leurs corps. Le pire était de savoir que la musique et ce moment auraient une fin.

Après une danse effrénée sur quatre ou cinq morceaux, Cash ralentit. Il regarda les fous dansant autour de lui avec fierté mais d'un coup se figea, comme s'il allait être malade.

– Ça va, mon pote ? demanda Topher. Tu veux boire de l'eau ?

Dans un ralenti, Topher vit la lumière s'éteindre de ses yeux, le sourire s'effacer, toutes les couleurs quitter son visage. L'acteur tomba à la renverse, évanoui par terre.

– *CAAAASH !*

Chapitre 11

STUPEUR EN STREAMING

Lundi matin à huit heures, Topher approcha doucement de la cabane 8 de l'hôtel Paul-Bunyan et frappa à la porte de sa main valide. Tout son côté droit était encore engourdi après avoir transporté Cash hors de l'entrepôt la veille au soir. Par chance, l'acteur avait repris conscience une fois à l'air libre et avait mis l'épisode sur le compte d'une hypoglycémie. Les autres avaient été soulagés qu'il ne tombe pas raide mort, si bien qu'ils n'avaient pas remis sa parole en doute, mais en privé ils se posaient des questions.

– Hé, Cash ? Tu es réveillé ? demanda Topher. Dès que tu es prêt, on part.

À leur arrivée à l'hôtel Paul-Bunyan après le concert, Topher et ses amis avaient décidé de laisser Cash dans une cabane tout seul. Ayant tous entendu les bruits démoniaques qu'il faisait dans son sommeil, personne ne voulait dormir avec lui.

– Cash, tu m'entends ?

Topher frappa à nouveau.

– Tu es là ?

La porte s'entrouvrit et Topher vit Cash avec le peignoir de l'hôtel encore sur le dos. L'acteur se protégea les yeux du soleil tel un vampire et gémit de douleur. Il tenait dans ses bras une petite poubelle à la manière d'un nourrisson.

– Bonjour, Cash ! lança Topher gaiement.

Le simple son de sa voix était une torture pour l'acteur.

– Désolé, je ne me suis pas réveillé, gémit-il. C'est déjà l'heure de partir ?

– Ouais mais on n'est pas pressé. On passe la journée dans la forêt Mark-Twain, donc on peut attendre que tu sois prêt.

– À ce propos, écoute, je viens de me réveiller avec un *horrible* mal de crâne. J'ai l'impression qu'on m'enfonce un piolet dans la tête. Je ne crois pas qu'une randonnée en pleine forêt serait une bonne idée.

– Tu veux de l'aspirine, quelque chose ?

– Non, il faut juste que je dorme. Allez-y sans moi. Je ne veux pas vous retenir, je vous retrouve à Oklahoma City ce soir.

– Cash, c'est à six heures de route.

– Ça ira, je prendrai un chauffeur. Ne t'inquiète pas, je ne vous abandonne pas. Je vous retrouve à l'hôtel.

Cash s'empressa de refermer la porte et Topher l'entendit vomir. Ce n'était clairement pas la peine de discuter, si bien que Topher retourna voir ses amis dans la voiture.

– Alors ? demanda Joey du siège conducteur. Il est où ?

– Il a une bête de gueule de bois. Il veut qu'on continue sans lui et il nous retrouvera à Oklahoma City dans la soirée.

– Quoi ? s'insurgea Mo. Il est dingue ! Pourquoi on ne part pas plus tôt de la forêt pour revenir le chercher ?

– Ce n'était pas négociable. Il était vraiment mal.

Joey secoua la tête.

– Hypoglycémie mon cul. C'est le mélange de l'alcool et des médicaments. Et c'est sans doute à ça qu'il doit sa mauvaise réputation à Hollywood… Il devrait faire plus attention.

– Avec un peu de chance, la soirée d'hier aura été un déclic, dit Sam. Comment va ton épaule, Topher ? Tu te sens mieux ?

– J'ai l'impression d'avoir été écartelé mais ça ira pour la randonnée. Je dois dire qu'en dehors de la partie évanouissement je me suis *vraiment* marré hier soir.

Tout le monde dans la voiture sourit, entièrement d'accord avec lui.

– Oh mon Dieu, on s'est trop, *troooop* marré ! ajouta Mo. Sans doute dans mon top 10 des meilleures soirées de ma vie… n'importe quoi, top 5. Je n'étais pas à l'aise au début mais fréquenter Cash ne nous fera peut-être pas de mal.

– C'était génial ! s'écria Sam. Je n'avais pas dansé comme ça depuis mon enfance et, même à l'époque, ce n'était pas aussi marrant.

– Vous saviez que Sam savait danser comme ça ? dit Joey. Et vous saviez que Topher savait bouger tout court ?

Ils rirent tous de Topher en pressant son épaule en bon état.

– C'était spécial, conclut Topher qui regarda Sam qui avait la tête tournée. *Vraiment* spécial.

Joey au volant, le break partit loin des statues géantes de Paul Bunyan et de Babe, son bœuf bleu, pour s'enfoncer dans le Missouri. Au sept centième kilomètre de leur périple, ils arrivèrent à la forêt nationale Mark-Twain. Le gang mit des chaussures confortables et choisit un itinéraire sur la grande carte devant le poste des gardes forestiers.

Les paysages et les sons de la forêt étaient magnifiques, les parfums, transcendants, mais tous ne pensaient qu'à une chose : les événements de la veille. Ils revivaient chaque instant de leur soirée avec Rosemary's Abortion, de l'arnaque avec le videur à leur déchaînement sur la piste de danse, en passant par le sauvetage de Cash sur cette même piste. La journée n'avait été que frustrations, suivie par une nuit de grandes premières, qu'ils n'oublieraient jamais.

Tout au long de leur randonnée dans les bois, aucun d'entre eux n'avait de réseau, un bon entraînement pour un groupe de millenials. Ils apprécièrent le fait de passer quelques heures déconnectés du reste du monde, ou du moins c'était ce qu'ils se répétaient tout en vérifiant tous les cent mètres s'ils captaient. Ce ne fut qu'à l'approche d'un petit ruisseau en bas d'une colline que les premières barres de réseau apparurent. Soudain, tous leurs téléphones retentirent en même temps, comme des machines à sous.

– Ça sent pas bon, dit Sam. J'espère qu'il ne s'est rien passé de grave.

Ils regardèrent leurs écrans et virent que leurs boîtes de réception étaient pleines à craquer d'alertes Google. Mo hurla en lisant l'objet de l'une d'elles.

– Quelqu'un a publié une vidéo de Cash en train de s'évanouir dans l'entrepôt hier soir ! C'est partout sur Internet ! Les Wizzers sont en train de péter les plombs !

– Mon Dieu, elle est partout ! dit Topher. « Un acteur s'écroule à Saint-Louis »… c'est même sur CNN !

– « Un Wiz Kid sous acide », sur Yahoo ! News, lut Sam.

– « Cash Carter se crashe à Saint-Louis », sur TMZ ! dit Joey.

– « Les libéraux tombent dans un État républicain », sur Fox News ! ajouta Mo. C'est aussi sur WizzerNet et le forum du site *Wiz Kids* ! Tous les Wizzers hallucinent !

– Les gars, j'ai chargé la vidéo sur mon téléphone ! dit Sam. Elle a déjà plus de dix millions de vues et *on est tous dedans !*

Topher, Joey et Mo se serrèrent autour du téléphone de Sam qui lança la vidéo. Ils n'auraient jamais à se remémorer leur nuit car elle avait été entièrement immortalisée sur un iPhone tremblant. Tout, de la danse folle de Cash à son évanouissement et sa sortie forcée, était sur Youtube à la vue du monde entier.

– C'est affreux ! s'exclama Topher.

– Le désastre ! renchérit Joey.

– Je n'arrive pas à croire qu'on n'ait vu personne filmer ! ajouta Sam.

– Heureusement que j'avais une jolie tenue, dit Mo. Regardez les recommandations, *Kylie Trig a déjà publié une vidéo dessus !*

Sam cliqua dessus et la vidéo se lança sur son téléphone. Après une publicité de trente secondes pour un gloss appelé PornStar, et le générique insupportable de Kylie, la vidéo apparut enfin.

– Le Président doit faire quelque chose au sujet de Cash Carter, lança d'emblée Kylie. Écoutez, on sait tous que la célébrité et le succès montent à la tête des gens. D'autres cercles de fans ont survécu à des changements de personnalités, de mauvais choix et aux scandales des stars de leurs séries… et je sais que nous survivrons à cela aussi. Mais Cash Carter, qu'est-ce que tu branles ? Je sais que tu traverses une phase ces derniers temps mais je ne m'attendais pas à voir ça au réveil !

Kylie montra les images prises à l'entrepôt, incrustées dans un coin de sa vidéo. La Youtubeuse en détresse se massa les tempes en les visionnant.

– J'ai tellement de questions, je ne sais pas par où commencer ! D'une, qu'est-ce que Cash fout à Saint-Louis ? Qu'est-ce qu'il fout à un concert de punk alors qu'on sait tous qu'il écoute de la musique alternative ? Pourquoi il danse comme un épileptique en rollers ? Mais il y a une question que personne n'a encore posée : c'est qui les quatre gogoles avec lui ?

La caméra s'arrêta et zooma sur les visages de Topher, Joey, Sam et Mo. Le cri collectif fut si fort qu'il effraya tous les animaux à deux kilomètres à la ronde.

– *On est dans une vidéo de Kylie Trig !* hurla Joey qui n'en revenait pas. *Et elle vient de nous traiter de gogoles !*

– Si vous voulez mon avis, c'est la faute de ces connards, déclara Kylie avec passion. Je ne sais pas si ce sont juste des vautours qui lui sucent le sang, s'ils sont payés par une autre chaîne pour saboter la série ou s'ils ont été envoyés par les fans de *Doctor Who* pour se moquer de nous pendant qu'on le regarde s'autodétruire. Je sais juste une chose, ces gens veulent le voir tomber ! Et j'ai bon espoir qu'Edward Snowden et/ou WikiLeaks répondront à mon appel et nous aideront à faire la lumière sur toute cette histoire.

– *Elle croit que* NOUS *sommes une mauvaise influence ?* s'insurgea Mo.

– Je suis sûre que les mecs des relations publiques de *Wiz Kids* publieront un communiqué dans l'heure en prétextant une déshydratation mais, juste au cas où ces quatre sangsues me regardent, sachez que les Wizzers sont à vos trousses ! Si vous ne laissez pas Cash tranquille, que vous ne cessez pas de le pervertir et que vous ne foutez pas la paix à sa carrière, les fans vous pourchasseront, vous trouveront, et vous tueront !

– *Putain de merde ! Kylie Trig vient de nous menacer de mort !* s'écria Sam.

La vidéo se conclut mais fut automatiquement suivie par une autre.

– Salut les Wizzasses, dit Kylie d'un ton léger et amical. Alors, juste après la publication de ma dernière vidéo, mes avocats m'ont appelée pour me dire que je devais poster une rétractation. J'ai employé des mots très forts mais je ne parlais pas sérieusement en évoquant des menaces, comme je ne cautionne et n'encourage pas la violence quelle qu'elle soit. Abonnez-vous et à la prochaine !

La seconde vidéo arriva à son terme mais Topher, Joey, Sam et Mo fixèrent l'écran un long moment, absolument horrifiés.

– *Putain de merde, Kylie Trig nous a menacés de mort avant de se rétracter !* clarifia Sam.

– Tous les Wizzers du monde vont nous détester ! dit Mo. Qu'est-ce qu'on fait ? On part en cavale ?

Topher décida de calmer le jeu tant que possible, non pas pour rassurer ses amis mais pour se rassurer lui-même. La situation le dépassait complètement.

– Les gars, je ne crois pas qu'on ait de raisons de s'inquiéter. Tout le monde sait que la moitié de ce que raconte Kylie, ce sont des conneries. Personne ne sera assez bête pour croire…

Tous leurs téléphones se remirent à sonner. Ils consultèrent leurs écrans et virent des messages vidéo arriver de Huda et Davi. D'après les chiffres affichés, c'était la quarante-cinquième fois que les Wizzers à l'étranger essayaient de les contacter. Joey fut le premier à répondre.

– Salut les amis…

– *Dites doooooooooooooonc !* hurla Huda. *Il ne se serait pas passé quelque chose pendant votre voyage dont vous auriez oublié de nous parler ?*

– *Qu'est-ce que vous poutrez avec Cash Carter ?* demanda Davi.

– Houlà, soupira Topher. J'en conclus que vous avez vu la vidéo ?

– *Soixante-quatorze fois !* répondit Huda. *Maintenant, parlez !*

– Pour la faire courte, la veille de notre départ, j'ai écrit à Cash pour lui demander de venir avec nous. Et le lendemain, il était là.

– *Minute !* Tu dis que Cash Carter vous a rejoints *hier* et nous, on l'apprend par *Kylie Trig* ?

Topher haussa les épaules d'un air coupable.

– Euh… ouais.

Leurs amis crièrent si fort que Huda réveilla tout le monde chez elle et Davi fit sursauter tous les clients du cybercafé.

– *Et vous le remerciez en essayant de le tuer à un concert ?* demanda Davi.

– Il n'est pas mort, il fait juste de l'hypoglycémie, répondit Sam. Kylie Trig fait sa *drama queen*. Il est avec nous depuis un jour !

– *Il est où, là ?*

– À l'hôtel, répondit Mo. On fait une randonnée en forêt aujourd'hui. C'est pour ça qu'on n'a pas eu vos appels avant.

– *Il est comment ?* songea Huda, l'air rêveuse. *Il est aussi merveilleux que Dr Bumfuzzle ?*

Topher, Joey, Sam et Mo se turent… de peur de ce qu'ils pourraient dire.

– On lui demandera de vous appeler, vous verrez par vous-mêmes, répondit Joey.

Les images de Huda et Davi se figèrent tout à coup. Ce n'était pas faute de réseau : le choc de pouvoir communiquer avec l'acteur les avait paralysés.

– Huda ? Davi ? demanda Joey, en vain. Ça a dû couper… enfin bref.

Ils raccrochèrent et firent les cent pas en silence le long du ruisseau. Ils firent défiler les commentaires de tous les sites et blogs consacrés à *Wiz Kids*, lisant des milliers de remarques malicieuses, insultantes, voire dégradantes, de la part de parfaits inconnus à leur sujet.

– Je n'arrive pas à croire qu'on est connu sur *Internet*, dit Mo. Ce serait contre l'éthique d'inviter les gens à lire mes fanfictions ?

– *Oui*, répondirent les autres à l'unisson.

– Pauvre Cash, dit Joey. Comment il fait pour vivre avec ça tous les jours ? J'ai l'impression de me faire becter par un million d'oiseaux invisibles.

– Et ils ne connaissent même pas nos vrais noms ! ajouta Sam. La plupart des gens nous appellent Riri, Fifi, Loulou et Kung Fu Panda.

– Attends… je suis qui, moi ? demanda Mo.

– J'espère que cette histoire n'atteindra pas Cash, dit Topher. C'est lui qui va être le plus touché. Nous, tout le monde nous aura oubliés d'ici à demain. Peut-être qu'on devrait reprendre la route pour Oklahoma City pour le réconforter à son arrivée. Il aura sans doute besoin d'un ami après ça.

Tous acquiescèrent, mais tandis qu'ils prenaient le chemin du retour, le téléphone de Mo signala une nouvelle alerte Google.

– Waouh ! Ce n'est pas une bonne journée pour les fans de *Wiz Kids*. Une photo d'Amy Evans nue vient de fuiter.

– On la lui a volée ? demanda Joey.

– Je ne crois pas. On dirait que ça vient directement de *son* compte Twitter. Elle était sans doute jalouse de l'attention portée sur Cash. La bonne nouvelle, c'est que maintenant tous les Wizzers en parlent ! Tu avais raison, Topher… *on nous a déjà oubliés !*

Le gang ne fut jamais aussi heureux d'appartenir à une génération avec une capacité de concentration aussi courte. Ils suivirent le chemin jusqu'au break, priant pour n'apparaître qu'une fois aux infos cet après-midi-là.

Mo sembla quelque peu déçue que leur moment sous la lumière des projecteurs soit si vite passé. Elle rejoua la vidéo dans l'entrepôt encore et encore, ricanant en se voyant danser comme une timbrée. Sam y jeta un œil par-dessus son épaule mais se crispa en se voyant.

– Ça va, Sam ? demanda Topher.

– Oui, oui... c'est juste que je ne m'aime pas du tout en vidéo.

– Il n'y a pas de raison. Tu étais vraiment belle hier soir.

Topher sourit à Sam, qui voyait bien que le regard de son ami exprimait plus qu'un simple compliment.

– Oh... merci, Topher.

Sam détestait qu'on lui dise qu'elle était « belle » mais ce n'était pas ce qui le torturait. Ce qui lui brisait le cœur, c'était de voir celui de Topher se dévoiler peu à peu chaque jour. Avec le temps, Sam se sentait toujours plus coupable, comme s'il conduisait un âne avec une fausse carotte. Avant la fin de leur voyage, il devrait dire la vérité à Topher, quand bien même cela ferait mal de le dire ou de l'entendre.

Mais jusqu'où Sam pourrait-il dire la vérité à Topher ? Était-il au moins prêt à dire à un ami qu'il était trans ? Serait-il plus simple de dire à Topher qu'il préférait qu'ils restent amis, pour lui couper l'herbe sous le pied ? Et d'ailleurs, était-ce la vérité ?

Après tout, il y avait bien une raison pour laquelle Sam avait voulu danser avec Topher le soir du concert de Rosemary's Abortion, il y avait bien une raison pour laquelle Sam était resté debout si tard de nombreux soirs d'été pour discuter en ligne avec Topher et il y avait bien une raison pour laquelle Sam s'inquiétait tant de la réaction de Topher en apprenant la vérité.

Peut-être voulaient-ils tous les deux la même chose depuis le début et Sam avait simplement peur que Topher rejette le *vrai* Sam. Peut-être cachait-il la vérité pour s'éviter, à lui-même, toute déception. En tout cas, Sam allait bien le découvrir.

À partir de ce moment, le voyage fut plus amer que jamais. À la fin, ils rentreraient avec des dizaines de nouveaux souvenirs, mais peut-être aussi avec quelques cœurs brisés.

Chapitre 12

DES SALAUDS ET DES SAINTS

La troupe de Downers Grove se gara sur le parking de leur hôtel d'Oklahoma City à dix-neuf heures quinze le lundi soir mais Cash était introuvable.

– Est-ce qu'un homme est arrivé dans l'après-midi, disant qu'il voyageait avec un groupe ? demanda Topher à la réceptionniste.

– Je ne crois pas. À quoi ressemble-t-il ?

– Laissez tomber, il vous aurait marquée. Nous voudrions mettre une des chambres à son nom, pour qu'il la trouve en arrivant.

Le temps de s'installer, Topher, Sam et Mo étaient épuisés, pas seulement de leur randonnée dans les collines de la forêt Mark-Twain mais aussi de leur bouleversant quart d'heure de gloire. Ils décidèrent de manger un bout au Paradis des Nouilles, le restaurant de pâtes de l'autre côté de la rue, puis d'aller directement au lit.

– Tu comptes manger avant ta réunion d'accueil ? demanda Sam à Joey.

– Je prendrai un truc en chemin.

– Amuse-toi bien ! dit Mo. Ne fais pas trop la fête sans nous.

– Ben voyons… Un lundi soir à Oklahoma City avec une assemblée de baptistes… *ne m'attendez pas !*

Dès qu'ils eurent refermé la porte derrière eux, Joey se prépara pour sa « réunion d'accueil » comme si c'était un exercice militaire. Il trouva une belle tenue et chercha sur Internet le nombre approprié de boutons ouverts pour un rendez-vous (quatre, apparemment).

Joey suivit les conseils d'un Youtubeur gay énergique et torse nu sur la manière d'avoir une expérience sexuelle agréable et sûre. Il fonça à la pharmacie au bout de la rue, faisant un détour pour rentrer à l'hôtel afin d'éviter que ses amis ne le voient du restaurant, et acheta l'essentiel pour se faire beau, et se protéger.

À vingt heures quinze, Joey se sentait aussi frais que possible et prêt pour tout ce que la nuit lui réservait. Il n'y avait qu'un problème : il n'avait toujours pas de nouvelles du garçon qu'il devait rencontrer.

Il fit les cent pas dans sa petite chambre d'hôtel, rafraîchissant en continu l'application EntreMecs au cas où elle ne fonctionnerait pas normalement. À vingt heures trente, Joey s'inquiéta de croiser ses amis rentrant du dîner, si bien qu'il quitta l'hôtel et se mit à errer sans but dans le centre d'Oklahoma City tandis qu'il attendait des nouvelles de Brian K.

À vingt et une heures trente, Joey se dit qu'on lui avait posé un lapin, aussi il rentra vers l'hôtel la queue entre les jambes.

« Ouais, chéri ! » retentit trois fois sur son téléphone.

Joey sentit son cœur s'emballer. *Peut-être que cette nuit* n'était pas totalement perdue ? Il faillit lâcher son téléphone en parcourant ses messages sur EntreMecs.

Salut beau gosse !
Désolé, je sors du boulot.
Toujours partant ?
Biz, Brian

Ne voulant pas paraître désespéré, il prit son temps pour répondre, patientant une bonne vingtaine de secondes.

Carrément !!!
Où et quand ?

Il ne reçut pas de réponse pendant deux minutes. Joey craignait d'avoir fait peur à Brian avec autant de points d'exclamation. À son grand soulagement, son téléphone retentit, avec un plan.

On va d'abord prendre un verre.
Il y a un bar, Des Salauds et des Saints.
C'est au coin de Robinson et Park Avenue.
Rdv 22 h.

Le nom inspirait déjà Joey. Il chercha son itinéraire et vit que le bar n'était qu'à quelques rues de là. Joey trottina dans la ville d'un pas rebondissant et arriva avec vingt minutes d'avance.

Des Salauds et des Saints occupait le sous-sol d'un grand immeuble qui servait d'abri contre les tornades en cas de besoin. Il disposait d'une moquette rouge, de grandes banquettes rouges et de tabourets rouges au comptoir. Il était orné de tableaux de saints et de photos de criminels connus. Il n'y avait que deux autres clients mais, comme il n'y avait personne au comptoir, Joey s'assit sur un des tabourets.

– Qu'est-ce que je te sers ? demanda un serveur bourru.

– Juste de l'eau, merci.

Le serveur lui remplit son verre quatre fois pendant que Joey attendait que son rencard d'EntreMecs arrive. Joey stressait tellement que ses mains tremblaient et il faillit renverser son verre à chaque gorgée. Son cœur battait à toute allure et chaque minute parut plus longue que la précédente ; il avait davantage l'impression de courir sur un tapis roulant que de rencontrer un garçon pour un verre.

Enfin, à vingt-deux heures cinq, un homme grand, blond, musclé, magnifique entra dans le bar et tapota l'épaule de Joey.

– Jay ?

Au début, Joey oublia son propre pseudo et douta qu'on s'adresse à lui. Il regarda par-dessus son épaule et reconnut instantanément le garçon du profil.

– Salut ! Tu dois être Brian.

Joey serra maladroitement la main de Brian. *Comment saluer un inconnu avec lequel on allait coucher ?* Brian s'assit alors à côté de lui.

– Merci d'avoir accepté de prendre un verre avec moi, dit Brian. Quand je rencontre quelqu'un sur une appli, j'aime toujours voir le gars en public d'abord. On n'est jamais trop prudent. Il y a de grands malades, pas vrai ?

– Trop, répondit Joey avec un rire nerveux. Tu utilises souvent l'appli ?

Il aurait tout aussi bien pu demander : « Alors comme ça, tu es une vraie salope ? » Il regretta sa question dès qu'elle sortit de sa bouche. Par chance, Brian sembla apprécier sa franchise.

– *J'essaie* de rencontrer des gens à l'ancienne, mais c'est difficile quand on est coincé dans un endroit comme Oklahoma City pour deux semaines. Ça change, de rencontrer quelqu'un comme toi, crois-moi. Tu as même l'air plus *jeune* que sur ton profil… c'est rare.

Brian, lui, paraissait à peine plus âgé que sur ses photos mais Joey n'allait rien dire.

– Qu'est-ce que tu veux ? dit-il avec un haussement d'épaules. J'ai de bons gènes.

– Je vois ça.

Brian le regarda de bas en haut d'un air séducteur. Joey sentit son visage devenir tout rouge, le sang provenant tout droit de son cœur. *La soirée s'annonçait bien.*

– Et le boulot, c'était comment ? Tu es architecte, c'est bien ça ?

– En effet, mais ce n'est pas aussi glamour que ça en a l'air. Ma société construit un immeuble de bureaux sur la Troisième rue. Je me suis engueulé avec le propriétaire au sujet du meilleur endroit pour mettre un ascenseur de livraison. Et toi ? Qu'est-ce qui t'amène à Oklahoma City ?

– Je fais un road trip avec des amis. C'est notre dernière chance d'être ensemble avant de nous séparer pour la fac.

– La fac ? Je croyais que tu y étais déjà ?

Joey avait oublié les répliques de son propre scénario.

– Oh, je voulais dire avant qu'ils ne terminent leurs études. Ils sont tous un peu plus âgés que moi. On s'est rencontré dans un cours d'anthropologie à Northwestern.

– Tu aimes l'anthropologie ?

– C'est génial. Je reste assis à contempler de vieilles reliques toute la journée, et là je ne parle que de mes profs.

Brian rit, laissant apparaître un sourire éclatant. Joey n'avait pas de point de comparaison mais, pour l'heure, ils semblaient s'apprécier.

– Je vous sers à boire, les garçons ? demanda le serveur.

– Un Manhattan avec glaçons, répondit Brian.

Joey ignorait totalement ce qu'était un Manhattan mais le nom lui plut.

– La même chose.

– Vos cartes d'identité ? demanda le serveur.

Joey fit la tête d'une biche surprise par les phares d'un semi-remorque. Ce ne fut qu'un court instant, le temps que Joey se rappelle qu'il avait toujours dans sa poche la fausse carte donnée par Cash. Il la sortit et la tendit au barman.

– Je reviens tout de suite avec vos Manhattans, dit-il avant de leur tourner le dos.

– C'est une carte du Missouri ? demanda Brian.

– Euh… ouais. Je suis de là-bas.

– Tu as la peau plus sombre sur ta photo, souligna Brian. Je peux voir ?

Avant que Joey ne puisse la remettre dans sa poche ou ne trouve une excuse pour ne pas la lui montrer, Brian lui avait déjà piqué la carte, qu'il étudia plus attentivement que le serveur. Tous les espoirs de Joey pour la nuit volèrent en éclats.

– *Hemi ?* s'exclama Brian. Pourquoi tu as une fausse carte d'identité ?

– *Je… je… je peux t'expliquer.*

– Tu as *menti* sur ton âge ? demanda Brian avant de regarder autour de lui, paniqué. Attends… je vais me faire arrêter ? Ou c'est une caméra cachée ?

– Non, détends-toi, j'ai dix-huit ans !

– *Dix-huit ?* Mon Dieu, je drague un mec de dix-huit ans ! J'ai l'impression d'être un vieux prédateur. Il faut que j'y aille.

Brian était visiblement perturbé. Il se leva pour partir mais Joey l'attrapa par le bras avant qu'il ne s'en aille.

– Attends, s'il te plaît, ne pars pas, supplia-t-il. Je suis désolé de t'avoir menti mais je ne suis pas malhonnête. Simplement, je mourais d'envie de rencontrer quelqu'un et je ne voulais pas que mon entourage puisse trouver mon profil, donc j'ai exagéré certaines choses.

Le serveur posa les Manhattans sur le comptoir et fila pour éviter la situation gênante qui était en train de se dérouler.

– Est-ce qu'on ne peut pas juste boire nos verres et reprendre là où on en était avant que tu ne voies ma carte d'identité ? J'ignore quand j'aurai une nouvelle occasion de faire ça. *S'il te plaît ?*

Le regard tendu de Brian laissa place à de la sympathie. Il ne jugeait plus un type rencontré sur une appli mais revivait ses souvenirs.

– Tu es toujours dans le placard, n'est-ce pas ?

Pour la première fois de sa vie, Joey avait perdu ses talents pour changer de sujet. C'était bien plus difficile de mentir quand être honnête était moins risqué.

– Ouais, confessa Joey.

– Et j'imagine que tu es toujours vierge ?

Joey n'arrivait pas à le dire, aussi il hocha la tête. Brian regarda dans le bar, comme s'il cherchait le chaperon de Joey. *Il fallait que quelqu'un ait une discussion sérieuse avec ce gamin.*

– Tu sais quoi ? On va parler, dit Brian en s'asseyant. Tu n'as sans doute aucune envie d'un sermon d'un type avec lequel tu espérais coucher, mais à ton âge, j'aurais aimé avoir quelqu'un à qui parler. Dis-moi, pourquoi vouloir perdre ta virginité avec un parfait inconnu ? Tu ne préférerais pas attendre quelqu'un de spécial ?

– Je préfère m'en débarrasser, comme ça je n'ai plus besoin d'y penser.

– *Là*, ce sont les hormones qui parlent. Ces petits connards feront tout pour que tu plantes ta graine, c'est biologique, mais tu ne dois pas les laisser altérer ton jugement. C'est presque impossible quand on est jeune, en manque, vivant dans une société hypersexualisée. Même Instagram devient un vrai quartier rouge en ligne, passé une certaine heure... comment ne pas être tenté ?

– Mec, on s'est trouvé sur une appli de rencontres, lui rappela Joey. Tu veux vraiment me faire un discours sur l'abstinence ?

– Ce n'est pas ce que je dis. Écoute, il n'y a rien de mieux que le cul dans la vie, mais ça peut aussi être la pire chose au monde si tu ne fais pas attention. Ta première fois peut potentiellement influencer le reste de ta vie sexuelle. Si tu ne commences pas avec une expérience *correcte* ou si tu ne te respectes pas, tu risques de prendre de très mauvaises habitudes. Tu n'as pas envie de devenir un de ces mecs qui comblent le vide de leur existence en sautant sur tout ce qui bouge... *crois-moi.*

Brian vida son Manhattan d'une seule traite comme pour noyer un mauvais souvenir.

– On ne couchera pas ensemble ce soir, n'est-ce pas ? demanda Joey.

– Certainement pas. Tu parleras de ta première fois pour le restant de tes jours. La dernière chose dont tu aies envie, c'est de vivre avec des regrets ou de sentir que quelqu'un qui ne le mérite pas se promène avec une partie de ton âme. Fais-moi confiance, j'ai appris la leçon violemment. Si je pouvais recommencer, je le ferais avec un ami, quelqu'un avec qui je serais en sécurité et pourrais en rire plus tard.

– Je *crois* que je comprends où tu veux en venir. Mais c'est plus compliqué que ça. Mon père est un pasteur respecté et, l'an prochain, je vais dans une université baptiste. C'est dur d'imaginer un scénario où il ne l'apprendrait pas, sauf à le faire avec un inconnu, et je ne suis pas prêt à ce que ma famille sache.

– *Ça*, c'est dur. J'ai un oncle qui fait semblant de ne pas me connaître depuis que j'ai fait mon *coming out*, mais ce n'est pas une excuse pour compromettre la partie la plus importante de nos vies. Je sais que c'est difficile à comprendre quand on est jeune, mais si ton père préfère perdre un fils plutôt que d'accepter qui tu es, tant pis pour *lui*. Souviens-toi que pour toute personne qui ne t'accepte pas, il y en a une dizaine qui le feront. C'est la loi quand on est gay.

– Tu es coach de vie, c'est ça ? Tu ne peux pas avoir improvisé tout ça à l'instant.

– Tous les mardis et jeudis au centre LGBT de San Diego.

Joey n'en revenait pas de la chance qu'il avait. De toutes les personnes qu'il aurait pu rencontrer sur Internet, il avait trouvé celle qui ne profiterait *pas* de lui. Brian posa de l'argent sur le comptoir et se leva pour partir.

– C'est moi qui régale. Prends soin de toi, Jay.

– À vrai dire, c'est Joey. Et tu es *sûr* que tu ne veux pas m'inviter chez toi ? Tu ferais un souvenir terriblement correct.

Brian rit. Comme personne ne regardait, il se pencha rapidement et embrassa Joey sur les lèvres.

– Voilà. Au moins, tu repartiras avec *quelque chose*. Bonne nuit.

Joey regarda Brian partir sans dire un mot, retrouvant ses

esprits après son premier baiser. D'accord, il n'avait pas eu ce qu'il voulait, mais au moins il repartait du bar un peu moins saint.

– Hep, Roméo ! C'était comment, ton rencard ?

Joey se retourna et vit Cash Carter assis sur une banquette dans le fond. L'acteur avait un sourire béat, les pouces en l'air.

– Oh non ! s'exclama Joey. Tu es là depuis longtemps ?

– Depuis le début.

Joey n'avait jamais eu aussi honte de toute sa vie. Tout le sang de son corps retomba dans son ventre. Il se couvrit le visage avec les mains mais rien ne pourrait le sauver de cette humiliation. La soirée dont il rêvait depuis le matin précédent avait rapidement viré au cauchemar.

– Il avait l'air très sympa. Dommage qu'il veuille rester habillé.

Joey se précipita à sa table et se glissa en face de lui.

– S'il te plaît, n'en parle pas aux autres, supplia-t-il. Je sais que je t'ai menti dans la voiture et je suis sûr que ça te ferait plaisir d'enfoncer le clou mais je ne suis pas prêt à le dire à qui que ce soit.

Joey avait l'impression de supplier qu'on lui laisse la vie sauve plutôt qu'on garde son secret.

– Te fais pas de souci, mec. Je n'en parlerai à personne. Je comprends que tu le caches à ta famille, mais pourquoi à tes amis ? Ils ont l'air assez ouverts.

– Je ne veux pas prendre de risques, d'accord ? Si mes parents l'apprenaient… eh bien, je ne sais pas ce qui se passerait. Sans doute qu'ils me déshériteraient ou m'enverraient dans un camp où on t'électrocute pour te normaliser. C'est mieux pour tout le monde si je le garde pour moi.

– Hmmm, grommela Cash. C'est aussi pour ça que tu vas étudier les arts de la scène à l'université baptiste d'Oklahoma ? Parce que ça vaut mieux pour *tout le monde* ?

– Où est-ce que tu veux en venir, Cash ?

– Mec, tu te plies en quatre pour satisfaire des gens dont tu n'auras *jamais* la bénédiction. Je sais de quoi je parle, je suis pareil, et c'est une perte de temps. C'est comme quand je passe des journées entières à faire des faveurs aux critiques télé. Peu importe le nombre de photos que je signe ou de vidéos que j'enregistre avec leurs saletés de gosses, cela ne change rien à la façon dont ils jugent mes projets ou écrivent leurs articles.

– Sans vouloir t'offenser, je crois que satisfaire ma *famille* et un tas de critiques, ça n'a rien à voir.

– Pardon, c'était le premier exemple qui m'est venu. Le monde autour de toi va s'ouvrir dès que tu échapperas à ton père. Tu te souviens de la campagne « *It gets better* » à laquelle l'équipe de *Wiz Kids* a participé ?

Cash essayait de l'aider mais ne faisait qu'énerver Joey toujours plus à chaque seconde.

– Les gens d'Hollywood, vous êtes des crevards. Vous pensez que tous nos problèmes peuvent être résolus par un slogan ou un hashtag, que nos vies vont être meilleures parce que quelques stars portent le même T-shirt dans une campagne télé.

– Mec, j'essaie juste de te soutenir. Je sais comment c'est de…

– *Non, tu ne sais pas, Cash !* hurla Joey. *Tu ne sais pas ce que c'est d'avoir honte chaque fois que tu es attiré par quelqu'un ! Tu ne sais pas ce que c'est d'être considéré comme un pervers, un démon ou un malade par la moitié de la planète ! Tu ne sais pas ce que c'est de vivre dans un pays où des juges et des politiques pensent que ta place est en taule ! Tu ne sais pas ce que c'est de savoir que les gens que tu aimes le plus n'aimeraient jamais la personne que tu es vraiment ! Tu ne sais rien de tout ça, alors arrête de faire semblant !*

Joey dut reprendre son souffle et se remettre de son éclat

comme s'il venait de terminer un marathon. Il cachait si bien sa colère que lui-même n'avait pas réalisé qu'il en gardait tant enfouie en lui. Dès qu'elle avait commencé à sortir, Joey n'avait pas pu l'arrêter, comme si Cash avait brisé le barrage autour de son cœur.

– Tu te sens mieux ?

– Je suis vraiment désolé. Je... je... je n'ai jamais dit ces choses à personne. Je crois que je ne me les suis jamais dites.

– J'ai eu peur que les meubles se mettent à léviter. Mais tu as raison, je ne sais rien de tout ça. Mais je sais ce que c'est de se sentir piégé et d'avoir trop peur pour faire quoi que ce soit.

– Comment ça ?

– L'agoraphobie.

– *L'agoraphobie ?*

– C'est la peur de sortir de chez soi. Tu te souviens l'épisode de Noël de la saison 5 ? Celui où la Vierge Marie se fait enlever par les aliens et Jésus-Christ est un hybride, entre un humain et un extraterrestre ?

– Bien sûr. Les gens n'étaient pas contents, mes parents ont failli m'interdire de continuer la série.

– Ça a été la pire des crises pour *Wiz Kids*. Et même si je n'écris aucun scénario, je reste le visage de la série et les gens ont dirigé toute leur colère sur moi. J'ai reçu des menaces de mort par cinq groupes religieux radicaux différents.

– *Quoi ?*

Joey s'attendait à une histoire exagérée de Cash mais ce dernier était très sérieux.

– Eh ouais, ils ont menacé de me tirer dessus, de m'empoisonner, de faire sauter ma bagnole... tout ! Pendant une bonne année, j'étais terrifié à l'idée de sortir de chez moi. Je n'allais que dans le studio pour le tournage de la série et à la WizCon pour la promo.

– Et qu'est-ce que tu as fait ? Comment tu t'en es remis ?

– Un jour, je me suis réveillé et j'ai décidé que ça suffisait comme ça. J'ai compris que ce qui *pouvait* m'arriver dehors n'avait pas d'importance, car les dégâts étaient faits. Ces fous avaient déjà volé ma vie en me faisant peur. Il m'a simplement fallu du temps pour le reconnaître. Alors j'ai trouvé le courage de sortir et tu sais ce que j'ai appris ?

– Quoi ?

Cash sourit avec sérénité.

– J'ai compris ce que « se sentir libre » voulait dire. Et un jour, ça t'arrivera aussi.

Joey n'en revenait pas, non pas de l'histoire, mais de la sagesse venue d'un homme qui s'était évanoui à un concert de Rosemary's Abortion.

– Aucun de nous ne savait. Il a dû te falloir beaucoup de courage.

– Il m'a fallu plus de force que je ne pensais jamais en avoir. Et puis la police a remonté la piste des menaces de mort, pour découvrir un loser de quarante-sept ans qui vivait encore chez sa mère. Cela m'a aidé aussi.

Joey secoua la tête et jeta un regard noir à l'acteur ; il avait *failli* se faire avoir une nouvelle fois. La ligne était très fine entre un conteur et un menteur, et le côté duquel Cash se plaçait paraissait de plus en plus clair.

– Qu'est-ce que tu fiches ici, au fait ? demanda Joey.

– Moi aussi, j'avais rendez-vous avec quelqu'un, et il y a peu d'endroits ouverts un lundi soir à Oklahoma City.

– Avec qui as-*tu* rendez-vous ?

– Tu n'es pas le seul à utiliser Internet pour la drague. Maintenant, file avant que tu ne fasses fuir mon inconnue comme tu as fait fuir le tien. L'hôtel n'a pas assez d'eau froide pour nous deux.

Joey quitta Des Salauds et des Saints pour se diriger vers l'hôtel. Il n'avait pas eu l'activité physique qu'il espérait mais, après une soirée d'honnêteté, il respirait *bien* mieux. Il refusait de reconnaître les mérites de Cash mais il devait bien y avoir du vrai dans toutes les conneries qu'il déblatérait.

Chapitre 13

FUN FLOW

Le mardi matin à neuf heures, le gang de Downers Grove se réunit devant la porte de la chambre 406. Les quatre étaient déjà prêts à partir pour leur prochaine destination et espéraient que leur cinquième passager se joindrait cette fois à eux.

– On est sûr que Cash est dans sa chambre ? demanda Mo.

– Je l'ai vu en rentrant hier soir, dit Joey en changeant un peu la vérité. Il est bien en ville, mais je ne garantis pas qu'il soit dans sa chambre.

– Il avait l'air comment ? demanda Sam.

– Pas trop mal pour quelqu'un en plein scandale et avec la gueule de bois.

Topher frappa doucement à la porte et pria pour que le réveil de ce matin soit plus simple que celui de la veille. À leur grande surprise, Cash ouvrit la porte presque immédiatement. Il était totalement nu à l'exception d'une serviette nouée autour de la taille. Topher poussa un cri et se couvrit les yeux tandis que les autres regardèrent avec admiration le physique étonnamment bien taillé de l'acteur.

– Bonjour, dit Cash gaiement. C'est l'heure de partir ?

– Bonjour ! répondit Topher maladroitement. Ravi que tu aies trouvé ta chambre hier soir. On allait sortir. Tu as besoin de quelques minutes ?

– Quelques *secondes.* Je n'ai pas eu l'occasion de défaire mes valises.

L'acteur traversa la chambre à la recherche de ses vêtements éparpillés par terre comme s'il s'était déshabillé précipitamment. Il trouva son pantalon sous la table, son haut sur l'abat-jour et son boxer pendu à la poignée du minibar. Cash trouva aussi un soutien-gorge rouge et un string en imprimé léopard parmi ses affaires, ce qui troubla grandement les autres.

– Tu pars déjà ? demanda une voix endormie dans la chambre.

Topher, Joey, Sam et Mo se penchèrent dans l'encadrement de la porte et virent une femme nue allongée sur le lit. Ils furent aussi surpris de la voir qu'elle de voir quatre ados inconnus. La femme poussa un cri et se couvrit avec le drap.

– Désolé ! dit Topher en parlant au nom du groupe. On n'avait pas compris que tu avais de la *visite* !

– Euh ouais, les gars, je vous présente… (Cash marqua une pause.) Comment tu t'appelles, déjà ?

– *Brenda*, rétorqua la femme, énervée.

– Voilà, *Brenda*. Je ne sais pas pourquoi, je voulais t'appeler Vicky…

Le tas d'oreillers à côté de Brenda se mit à bouger et une *autre* femme apparut de sous les draps.

– *C'est moi*, Vicky.

– J'avais complètement zappé que t'étais là, toi aussi ! Faut vraiment que je commence à noter les noms avant de m'endormir.

Cash rassembla le reste de ses vêtements et fonça dans la salle de bains pour se changer. Topher, Joey, Sam et Mo patientèrent dans le couloir en se regardant les uns les autres, bouche bée, les yeux écarquillés. Ils ne savaient pas quoi penser de ce qu'ils venaient de voir ; ils savaient simplement qu'ils ne pourraient jamais effacer cette image de leur esprit.

– Mesdemoiselles, merci pour ce bon moment hier soir, dit Cash en ressortant de la salle de bains. Pas besoin de rendre la chambre avant midi alors profitez-en !

Il s'empressa de fermer la porte de la chambre 406 derrière lui et conduisit les autres dans le couloir jusqu'aux ascenseurs.

– Tu as passé une bonne soirée, on dirait ! s'exclama Topher.

– C'est clair !

– J'espère que tu n'as pas humilié ces filles, dit Sam.

– Je t'en prie, si quelqu'un a été humilié, c'est moi… mais je vous épargnerai les détails, répliqua Cash avec un sourire en coin. Je n'aurais jamais cru dire ça un jour mais *que Dieu bénisse l'Oklahoma*.

Ils quittèrent l'hôtel et montèrent dans le break. C'était au tour de Sam de conduire, lequel prit place derrière le volant. Topher s'assit à côté de lui, Mo et Joey partagèrent la banquette arrière et Cash retrouva sa place attribuée sur les bagages tout au fond.

– Alors, où est-ce qu'on va, capitaine ? demanda Cash.

– Amarillo, au Texas, répondit Sam. On devrait y être dans quatre heures.

– Plutôt cinq et demi si Sam conduit, s'amusa Joey.

– Même pas vrai ! s'exclama Sam en lui tapant la cuisse.

– C'était bien avec Ernest Hemingway hier ?

Si l'acteur avait posé la question deux jours plus tôt, les autres n'auraient pas compris ce dont il parlait, mais plus ils passaient de temps avec lui, mieux ils comprenaient son langage.

– La forêt Mark-Twain était superbe, répondit Topher. On a bien marché, vu des animaux sympas…

– Et on est devenu les ennemis numéro 1 des fans de *Wiz Kids*, ajouta Mo. N'oublie pas cette partie.

Cash fit un bruit, comme s'il venait de casser un objet de valeur.

– J'ai entendu ça à la radio sur la route d'Oklahoma City. J'ai cru comprendre que vous aussi, vous étiez sur la vidéo, hein ? Désolé de vous avoir entraînés là-dedans.

– C'est juste qu'on s'inquiétait pour *toi*, répondit Topher. Comment *tu* le vis ?

– Oh, ne vous en faites pas pour moi. J'ai l'habitude que les gens fassent des montagnes de trois fois rien. Ce n'est pas la première fois que je finis dans le journal et ce ne sera pas la dernière. En plus, les responsables de la comm de la série ont déjà publié un communiqué disant que j'étais « déshydraté », alors tout va bien.

Les autres échangèrent un regard… *les prédictions de Kylie Trig étaient justes.*

– Ce qui est drôle, c'est que personne ne m'a appelé pour vérifier que j'étais encore vivant avant d'annoncer que j'allais bien, rit Cash. Un vœu pieux de la part du studio, si vous voulez mon avis.

L'acteur bâilla comme un lion en s'étirant.

– Ça va peut-être vous *choquer* mais je n'ai pas beaucoup dormi la nuit dernière. Ça vous dérange si je pique un roupillon ici ?

Personne n'y vit d'objection… mais tout le monde mit des bouchons d'oreille en prévision.

Le break atteignit la périphérie de la ville et prit la route 40, direction le Texas, à l'ouest. Une fois la ville loin derrière eux, le paysage resta vide pendant des kilomètres et des kilomètres, avec uniquement les vastes champs des plaines de l'Oklahoma. Un panorama dans lequel il était facile de repérer la moindre discontinuité.

Après deux heures de route, Sam tapota la jambe de Topher en le regardant d'un air suspect. Topher ôta ses bouchons pour savoir ce qui l'inquiétait.

– Qu'est-ce qu'il y a ? Cash a encore dit un truc insultant dans son sommeil ?

– Non, regarde la voiture derrière nous.

Topher jeta un œil dans le rétroviseur. Une Toyota Prius noire, avec une plaque d'immatriculation californienne, roulait très près du break.

– On nous suit depuis l'hôtel. Je me suis déporté plusieurs fois mais elle ne veut pas me dépasser. Tu crois qu'on devrait s'inquiéter ?

Topher jeta un nouveau coup d'œil à la voiture. Les vitres teintées empêchaient de voir le visage du chauffeur. Il eut alors un mauvais pressentiment, mais le véhicule ne semblait pas représenter une menace.

– Je ne crois pas. On est tous les deux à cran à cause de cette histoire de vidéo, voilà tout. Il n'y a pas trente-six solutions pour sortir de l'Oklahoma et on est à l'heure de pointe… Elle ne fait sans doute que rentrer à la maison.

– Tu as raison, répondit Sam. Merci, tu me rassures.

Ne prêtant plus totalement attention à la route, Sam roula sur un énorme nid-de-poule. La voiture rebondit violemment. Cash percuta le toit de la voiture, extirpé d'un profond sommeil.

– *Aïe !* gémit-il.

– *Pardon !* dit Sam. J'ai pas fait exprès !

Cash se massa le crâne.

– On y est ?

– On est à mi-chemin d'Amarillo, répondit Topher. Mais on devrait passer la frontière du Texas bientôt, alors sortez vos santiags !

Cash regarda entre les têtes des autres passagers la route devant eux. L'acteur vit alors passer un panneau qui lui donna le sourire jusqu'aux oreilles, comme un enfant qui verrait le Père Noël.

– On approche de la route 283 ! Je ne savais pas qu'on était *aussi* près du Kansas !

– Qu'est-ce qu'elle a de spécial, la route 283 ? demanda Joey.

– *Fun Flow* ! lança Cash, certain qu'ils allaient tous être pris du même enthousiasme.

– De quoi tu parles ? demanda Mo. C'est une ville ?

– Non, Fun Flow est juste le meilleur parc aquatique d'Amérique ! J'y allais tout le temps quand j'étais petit. J'ai mes meilleurs souvenirs d'enfance dans ce parc. Sérieux, vous n'en avez jamais entendu parler ?

– Pourquoi allais-tu dans un parc de loisirs dans le Kansas quand tu étais petit ? dit Joey. Tu n'es pas originaire du comté d'Orange en Californie ? Ne me regarde pas comme si j'étais un psychopathe. Tu sais qu'on est des fans de la première heure.

– J'ai grandi à Colorado Springs et j'ai déménagé quand j'avais onze ans. Simplement, je n'ai jamais raconté toute l'histoire publiquement parce que Star Magazine, ça te regarde pas, bordel… vous comprenez ?

– Donc Fun Flots était ton endroit préféré quand tu étais enfant ? demanda Mo.

– C'est génial ! Il y a des attractions incroyables, des toboggans hallucinants et un circuit extraordinaire. Je ne crois pas que Sam soit assez grande pour faire toutes les attractions, mais vous allez adorer.

– *Je fais un mètre cinquante-huit !*

– Vous savez quoi ? enchaîna Cash. Je ne veux pas faire d'histoires mais je vais dire ce que j'ai sur le cœur : *on devrait laisser tomber le Texas et aller s'amuser à Fun Flow* ! Ce n'est qu'à deux heures de voiture par la route 283. Qu'est-ce que vous en dites ?

Comme ils l'avaient fait lorsque Cash avait voulu modifier leurs plans, Sam, Joey et Mo se tournèrent vers Topher comme s'il était leur chef officieux.

– Euh... je ne sais pas si c'est compatible avec notre programme. On est censé voir la prison-musée Bundy et Claire à Amarillo cet après-midi. On n'a pas le temps de faire les deux.

Cash geignit comme si Topher commettait une erreur catastrophique.

– Eh ben, on n'a qu'à laisser tomber le vieux musée poussiéreux et aller au parc de loisirs, répondit l'acteur. C'est pas pour me la péter mais, jusqu'à maintenant, mes suggestions ont toutes fait un carton. On ne sait pas si on s'amusera à votre prison, mais je *sais* qu'à Fun Flow on va s'éclater !

Tous les passagers de la voiture voulaient aller au parc de loisirs plutôt qu'au musée mais personne ne voulait être le premier à l'admettre.

– Bon... si ce n'est *qu'*à deux heures de route, on peut sans doute arriver au Teepee Inn à une heure raisonnable ce soir, répondit Topher. Et si on se lève tôt demain, on pourra probablement voir le musée avant de partir pour Albuquerque...

– Exactement ! s'écria Cash. Un petit détour pour des masses de fun !

L'échangeur pour la route 283 approchait rapidement. Ils devaient vite prendre une décision s'ils comptaient modifier leur trajet.

– À toi de choisir, Sam, dit Topher.

– Hein ? Pourquoi moi ?

– Parce que c'est toi qui conduis.

– On va rater la sortie ! s'affola Cash. Allez, Sam ! Des criminels morts ou un parc de la mort ! Alors ?

Sam avait la pression. À la toute dernière seconde, il fit un virage brusque, osé et légèrement « illégal » pour prendre la route 283, manquant de donner une crise cardiaque au chauffeur de la Prius qui les suivait. Tous les passagers le félicitèrent tandis que le break prenait la route nord vers le Kansas.

– Vous n'allez pas le regretter ! dit Cash. Fun Flow a pour thème les pirates, et toutes les attractions tournent autour du folklore de la mer. Il y a des montagnes russes qui s'appellent La Vengeance de Poséidon qui va vous retourner le cerveau ! Attention à ne pas manger avant de monter dedans. Et si vous avez envie de mouiller votre chemise, le Kraken est le plus long toboggan aquatique à l'est des Rocheuses… je connaissais quelqu'un qui a commencé à lire *Guerre et paix* en haut et qui l'a fini en arrivant en bas. Sans oublier que Fun Flow a les meilleurs fruits de mer du Kansas… et ce n'est pas une vanne !

L'acteur continua d'encenser encore et encore son paradis d'enfant. Il se rappela vivement tous ses souvenirs les plus chers dans le parc, décrivit ses attractions préférées en long, en large et en travers, et fit la liste exhaustive des raisons pour lesquelles Fun Flow était le meilleur parc de loisirs du monde. Il fut si précis que les autres eurent l'impression d'y être déjà allés et furent impatients de concrétiser les images et les attentes construites dans leur esprit.

Après deux heures sur la route 283, Cash encensait encore son parc à thème préféré mais n'avait pas donné d'indications ni d'heure d'arrivée. Les autres ouvraient l'œil pour voir la moindre publicité sur l'autoroute, mais ne virent aucun panneau pointant dans sa direction.

– Tu es sûr qu'on ne l'a pas dépassé ? demanda Sam.

– Ne vous inquiétez pas, vous verrez un grand panneau avec le Capitaine des Flots, la mascotte du parc, dit Cash. Il suffit de prendre la sortie juste après.

Une nouvelle heure passa, et toujours pas de panneau en vue. Les passagers, impatients, commençaient à croire que l'acteur avait des problèmes d'orientation.

– Comment ça se fait qu'il n'y ait rien sur Internet au sujet de Fun Flots ? demanda Mo. J'essaie de trouver une adresse mais rien, pas même une photo.

– Ça a certainement changé de propriétaire et de nom, répondit Cash. J'ai hâte de voir comment c'est devenu !

– On doit être à trente kilomètres de Dodge City, dit Sam. On approche du parc ?

Cash fit la grimace.

– Ce n'est pas possible. Dodge City est *loin* à l'est de Fun Flow. C'est juste à la sortie de Garden City.

– Mon téléphone me dit que Garden City est à une heure à *l'ouest* d'ici, répondit Topher. Tu es sûr de savoir où on va ?

– Ah merde ! Fun Flots n'est pas sur la 283, c'est sur la 83 ! Mais pas de panique, on n'est pas loin. Une fois qu'on sera à Dodge City, prends la route 400 vers l'ouest, elle nous ramènera à la 83 vers le nord. Je te guiderai à partir de là.

Topher, Sam, Joey et Mo commençaient à avoir l'impression d'être des explorateurs espagnols partis chercher la fontaine de Jouvence. Plus ils suivaient les indications de Cash, plus ils s'impatientaient. Ils finirent par atteindre la 83 mais ils n'avaient toujours aucune preuve d'aller dans la bonne direction. Ils se mirent bientôt à douter de l'existence du parc de loisirs.

– Cela ne m'inspire rien qui vaille, dit Topher. De toute façon, on n'aura pas beaucoup de temps dans le parc avant la tombée de la nuit. On ferait sans doute mieux de faire demi-tour vers Amarillo…

– Le voilà ! s'exclama Cash avec énergie. Le panneau ! Prochaine sortie et tu prends à gauche !

Après un détour de cinq heures et quatre cent cinquante kilomètres, le break dépassa le panneau du Capitaine des Flots et les passagers eurent enfin la confirmation que Fun Flow n'était pas un fragment de l'imagination de Cash. À partir de ce moment, Cash sembla connaître l'endroit par cœur. Il guida la voiture à travers des kilomètres de champs, pointant du doigt chaque rocher et chaque arbre le long de la route comme s'ils étaient de vieux amis. Puis, comme un mirage dans le désert étouffant, Fun Flow apparut au loin.

– On y est ! On y est ! On y est ! répéta Cash en bondissant comme un enfant surexcité. Je n'arrive pas à croire que je suis de retour après toutes ces années ! C'est comme si je rentrais à la maison !

Le parc à thème était cerné par un grand mur en brique et des sapins, empêchant de voir à l'intérieur, sinon les montagnes russes qui dépassaient la cime des arbres. Le break arriva sur l'immense parking, totalement désert.

– J'ai une impression de déjà-vu après la plus grande balle en élastiques du monde, dit Joey.

– Ne t'inquiète pas, c'est toujours moins bondé en basse saison, répondit Cash.

– L'été, c'est la basse saison pour un parc aquatique ? s'écria Mo. Quelque chose me dit que c'est fermé et qu'on a commis une grave erreur.

– Les gars, je ne veux pas faire celui qui pète plus haut que son cul mais je suis un acteur de télé célèbre, leur rappela Cash. Même si c'est fermé, *ils ouvriront.*

La voiture s'approcha de l'entrée sud du parc, et les passagers découvrirent qu'ils auraient dû suivre leur instinct. La grille de l'entrée était scellée avec des planches en bois, entourée par de lourdes chaînes, barrée d'un panneau disant FUN FLOW – FERMETURE DÉFINITIVE LE 26/09/2007. Tout le monde dans la voiture se tourna vers Cash avec le regard le plus noir qui soit.

– *Espèce de con !* cria Joey.

– *Ce parc est fermé depuis dix ans !* s'insurgea Sam.

– *On aurait pu être à Amarillo depuis cinq heures !* hurla Topher.

– *Pourquoi tu ne nous as pas dit que « Flow » s'*écrivait avec un « *w* » ! rugit Mo. *J'aurais pu nous économiser le voyage si j'avais su ce que je devais chercher !*

Cash était tellement malheureux qu'il ne prêta aucune attention à la colère dirigée vers lui. Il contemplait la grille condamnée comme un petit animal écrasé par une voiture. Il secouait la tête, incrédule, sur le point de pleurer.

– Je n'y crois pas, dit-il doucement. Qu'est-ce qui s'est passé ? Pourquoi il a fermé ?

– D'après Google, Fun Flow a été fermé par les autorités

locales après une série de plaintes pour harcèlement sexuel, lut Mo sur son téléphone. Apparemment, des mascottes touchaient les visiteurs de façon inappropriée en prenant des photos. On servait aussi de l'alcool à des mineurs.

– Je comprends pourquoi il l'aimait tant, dit Joey.

– Je n'arrive pas à croire qu'on ait fait quatre cent cinquante kilomètres pour *rien* ! s'exclama Sam.

– Reprenons la route avant de perdre encore plus de temps, dit Topher. Vu l'heure, on n'arrivera pas à Amarillo avant minuit !

Sam enclencha le boîtier de vitesse et soudain le break fit un bruit de tronçonneuse en fin de vie. Le moteur grommela comme un robot poussant son dernier souffle puis s'arrêta brutalement. Sam tourna la clé plusieurs fois, mais la voiture refusa de redémarrer.

– Qu'est-ce qui se passe ? demanda Joey. On est en panne d'essence ?

– Non, le bidon est encore au quart plein, répondit Sam.

Topher jeta un rapide coup d'œil au tableau de bord.

– *Merde !* La jauge ne fonctionne pas toujours. J'ai oublié de remettre le compteur à zéro la dernière fois qu'on a fait le plein !

– Je proposerais bien de marcher jusqu'à une station-service mais j'en ai pas vu depuis des kilomètres, dit Joey.

– Attendez… on est en *rade* ici ? demanda Mo.

– Ce n'est que temporaire, répondit Topher. Je vais appeler le dépanneur agréé par l'assurance, on va venir nous aider, et on reprendra la route en un rien de temps.

Topher prit une carte de son portefeuille et composa le numéro. Après plusieurs minutes de musique pauvre et inutile, un opérateur répondit.

– Oui, bon… bonjour ! dit Topher. Mes amis et moi sommes en voyage et notre voiture est tombée en panne d'essence… Oui, mon numéro de client est le 199052712-1… Comment ? Attendez une seconde… *Cash, c'est quoi l'adresse de cet endroit ?*

– 1005 High Tydes Boulevard, répondit Cash d'un air sombre. Entre la rue des Rêves brisés et l'avenue des Souvenirs d'enfance gâchés.

– Tu veux dire au croisement de la route du Karma et du chemin de Bien fait, répondit Mo. C'est triste, hein, quand quelque chose que tu adorais enfant est fichu, n'est-ce pas ?

– 1005 High Tydes Boulevard, répéta Topher au téléphone. Oui, dans le Kansas… Oui, au milieu du nulle part… C'est une longue histoire… Pardon, vous pouvez répéter… *Quoi ?*

Il eut soudain un regard d'effroi et l'angoisse dans la voiture redoubla.

– Qu'est-ce qui se passe ? demanda Joey.

– Il dit qu'il y a eu un grave accident sur la 160 et que tous leurs véhicules de service sont occupés. Il ne peut envoyer personne avant demain matin, sept heures.

Tout le monde dans la voiture gémit comme un troupeau de bœufs en rut. Topher inspira profondément pour se calmer ; même *lui* n'était pas préparé à une telle situation.

– On est coincé ici jusqu'à *demain matin* ? demanda Joey.

– On va devoir dormir dans la voiture comme des musiciens dans la dèche ! déclara Mo.

– Mais on n'a pas mangé depuis le petit déjeuner ! Comment on est censé tenir toute la nuit ? demanda Sam.

– En fait, j'avais préparé un kit en cas de tremblement de terre avant de partir, dit Topher. Il y a assez de barres de céréales et de bouteilles d'eau pour tenir trois jours. Ça suffira pour une nuit.

– Pourquoi tu as un kit pour les tremblements de terre ? s'étonna Cash.

– Parce qu'on va en *Californie*, voyons ! dit Topher comme si c'était aussi évident que d'emporter de la crème solaire dans le désert.

– Cash, tu n'as personne qui puisse venir nous chercher en hélico ? demanda Mo. Après tout, c'est *ta faute* si on est ici. Tu dois sans doute pouvoir faire quelque chose.

– J'en ai mais je n'ai pas mon téléphone.

Joey gémit.

– Qui part en road trip sans prendre son téléphone ?

– Merde, je sais pas, *tout le monde* avant 1979, rétorqua Cash. En plus, la seule personne que je connaisse qui a un hélicoptère, c'est Harrison Ford, et on ne se parle plus.

Ne pouvant rien faire, ni rien dire, qui puisse améliorer la situation, ils croisèrent les bras et restèrent assis en silence comme des gamins en train de bouder. Cash regardait par la fenêtre la grille fermée de Fun Flow… et il eut soudain une idée. L'acteur passa par-dessus la banquette, grimpa sur les genoux de Mo et sortit du break.

– Où est-ce que tu vas ? demanda Sam.

– Il ne va *nulle part*, répliqua Mo à sa place. Il n'y a littéralement *nulle part* où aller !

– Si, répliqua Cash. Vous, vous restez dans la voiture à vous lamenter si ça vous chante. Moi, je vais explorer le parc.

Les autres se dirent qu'il plaisantait mais il marcha vers l'entrée du parc et tenta de grimper par-dessus la grille.

– Il ne peut pas faire ça, c'est entrer par effraction, dit Mo.

– Uniquement si quelqu'un déclare en être propriétaire, répondit Joey. Je doute qu'il y ait la moindre caméra de surveillance en fonctionnement sur tout le site. On va avec lui ?

– *Joey !*

– On est coincé au milieu de nulle part. Tu crois vraiment que ça peut être pire si on explore un vieux parc à thème abandonné ?

– Non mais tu t'entends ? Tu viens de décrire exactement le début d'un roman de Stephen *King* ! Le parc abrite sûrement des cannibales ! Ça m'étonnerait pas qu'il y ait un campement sauvage de pouilleux en train d'attendre qu'un groupe d'ados naïfs pénètre sur leur territoire pour pouvoir se nourrir de leur chair !

– Ça me va, répondit Joey qui sortit de la voiture.

– À moi aussi, ajouta Sam. Ça vaut certainement mieux que de passer toute la nuit dans un break.

– À moi aussi, conclut Topher. C'est parti, Kung Fu Panda.

Mo était furieuse que ses amis ignorent son avertissement mais savait que ses chances de se faire tuer étaient bien plus grandes si elle restait toute seule. Elle descendit avec réticence du break, et rejoignit ses amis et l'acteur à l'entrée du parc.

– Je crois que je peux ouvrir la grille de l'autre côté, dit Cash. L'un de vous me fait la courte échelle pour que je grimpe ?

Topher et Joey joignirent leurs mains et poussèrent l'acteur en l'air. Cash s'accrocha au sommet de la grille et se hissa ; ses années de cascades à Hollywood servaient enfin à quelque chose. Il lança ses jambes par-dessus la grille et le reste de son corps suivit. Les autres entendirent l'acteur atterrir dans un grand bruit sourd de l'autre côté.

– Cash, tout va bien ? demanda Sam. Dis-nous que tu ne t'es rien cassé.

La grille s'ouvrit dans un grincement terrible et Cash les accueillit dans le parc de loisirs abandonné à la manière d'un Willy Wonka dérangé.

– Il faut que vous voyiez ça, dit-il avec de grands yeux terrifiés. Tchernobyl à côté, c'est Legoland.

Topher, Joey, Sam et Mo le suivirent et comprirent immédiatement ce qu'il voulait dire. Ce qui était autrefois un parc de loisirs et d'aventures coloré pour toute la famille s'était transformé en déchetterie apocalyptique pourrissante et puante ravagée par la peste. Tout était recouvert de peinture écaillée, de moisissure et de toiles d'araignées. La végétation avait envahi le parc avec des mauvaises herbes plus hautes que Topher, certaines poussant dans les fissures du béton.

L'entrée du parc était baptisée Portville. La rangée de boutiques de souvenirs et les arcades conçues pour évoquer un charmant village de bord de mer ressemblaient à une ville fantôme. Au centre du parc se tenait la Crique du Capitaine où un immense bateau pirate de la taille du château de Disneyland flottait dans une piscine d'algues vertes et de pigeons morts. À l'est du bateau se dressait le Triangle des Tempêtes, une zone d'attractions à frissons peuplée par des familles de ratons laveurs et d'opossums qui se faisaient la guerre. À l'ouest se trouvait la Mer des Sirènes, où les plus longs toboggans aquatiques de l'État coulaient dans le plus grand champ contaminé du monde. Au nord reposait la Baie des Boucaniers, une zone d'attractions pour petits, et de statues de personnages colorés qui, après avoir été exposée aussi longtemps aux éléments, aurait pu s'appeler la Garderie de Satan.

Si le parc désert était déjà dérangeant à la lumière du jour, plus le soleil tombait, plus l'endroit devenait effrayant.

– La nuit tombe, dit Cash. On va faire un feu de camp !

Ils tirèrent une statue en bois du Capitaine des Flots de la base du bateau pirate géant et l'allumèrent. C'était un acte macabre mais, après des années sans soins sinon ceux des termites, utiliser la mascotte comme petit bois ressemblait étrangement à une euthanasie.

– On raconte des histoires de fantômes ? demanda Cash au groupe.

– *Non !* cria tout le monde d'une seule voix.

– Et si on faisait un jeu ? Je sais ! On joue à « Je n'ai jamais ».

– Ça se joue comment ? demanda Sam.

– Tu montres tes dix doigts, expliqua Cash. On se met en cercle et chacun dit ce qu'il n'a *jamais* fait auparavant. Si on a déjà fait quelque chose proposé par une personne, on baisse un doigt. La dernière personne avec des doigts en l'air gagne.

Tout le monde haussa les épaules avant de montrer ses doigts. *Après tout, qu'est-ce qu'ils pouvaient bien faire d'autre ?*

– Je prends un exemple. Je n'ai jamais sniffé un rail de coke sur le cul d'une star de télé. Là, si je jouais avec mes costars de *Wiz Kids*, je le dirais parce que je suis le seul qui n'a pas sniffé un rail de coke sur le cul d'une star de télé… vous comprenez ?

Difficile d'enchaîner après un tel exemple. Les autres étaient déjà très mal à l'aise et le jeu n'avait pas encore commencé.

– Allez, Topher. Essaie !

– Mon Dieu… Je n'ai jamais… euh, tuer quelqu'un ? C'est bon, ça ?

– Bien essayé, mais l'idée, c'est d'éliminer les autres. Pense à ce que tout le monde a fait, sauf toi. Joey, à toi.

– Je n'ai jamais eu de problème avec la police, dit Joey.

Cash fut le seul à replier un doigt.

– Bravo, répondit l'acteur. Et pour que vous arrêtiez de me regarder comme ça, j'ai été légèrement arrêté une fois en 2014 pour avoir manifesté contre un pipeline, mais je faisais ça juste pour impressionner une actrice que je voulais me taper. Sam, à toi.

– Je n'ai jamais été la star d'une série télé.

– Là, tu m'as visé, dit Cash en repliant un doigt. Mo, à toi. Et essaie d'être plus originale, comme avec mon histoire de coke.

– Je n'ai jamais détruit un monument, dit Mo.

Cash soupira et baissa les bras.

– D'accord, on change de jeu ! Pourquoi on n'irait pas à l'essentiel ? À tour de rôle, chacun raconte un secret qu'il n'a jamais partagé. Pourquoi tu ne commencerais pas, Joey ? J'ai l'impression que tu as un secret à raconter.

L'acteur lui adressa un clin d'œil joueur. Joey le regarda comme si ses jours étaient comptés.

– Bien sûr… Une fois, quand j'avais dix ans, j'ai pris un billet de vingt dollars de la corbeille pour la quête à l'église pour aller voir le nouveau *X-Men* au cinéma. Mes parents refusaient de me donner de l'argent pour que j'aille le voir. Ils disaicnt que toute forme d'évolution, même sur des mutants de fiction, était l'œuvre de la Bête. Je me suis senti tellement coupable après que j'ai donné tout l'argent de mon anniversaire suivant à l'église.

Sa confession fit rire ses amis, qui se sentirent tristes en même temps.

– Sacré secret, dit Cash. Topher, à toi.

– Houlà. Alors, la nuit où on a regardé tous ensemble le final de la saison 6 de *Wiz Kids* chez Joey, en réalité j'étais censé veiller sur Billy pendant que ma mère était à une soirée entre amies. Je lui ai donné du sirop contre la toux pour qu'il dorme et j'ai couru à la maison pour voir s'il allait bien à chaque page de pub.

Ses amis restèrent interloqués, amusés mais interloqués.

– Je m'en souviens ! rit Mo. On croyait tous que tu étais malade et que tu ne voulais pas utiliser les toilettes de Joey !

– Joli, Topher, commenta Cash. Sam, c'est à ton tour de nous balancer un secret.

– Trouvé, répondit-il. Une fois, j'en voulais tellement à ma mère, j'ai jeté sa tiare de concours de beauté par la fenêtre de notre appartement. Elle s'est brisée en huit. Heureusement, j'ai réussi à la réassembler presque entièrement, sauf un gros morceau impossible à recoller. Alors je l'ai remplacé par un bout de cintre et des Skittles trempés dans des paillettes. Aujourd'hui encore, ma mère n'a toujours rien remarqué. J'ai failli l'inclure dans le portfolio que j'ai envoyé à l'école de design de Rhode Island.

– Sam, tu n'as pas fait ça ! dit Joey.

– Meuf, c'est excellent ! s'exclama Mo.

– Je n'ose pas imaginer la réaction de ta mère si elle le découvre ! dit Topher.

Le gang éclata de rire en imaginant la tête de Candy Rae Gibson si elle apprenait la vérité.

– Mo, tu crois que tu peux faire mieux ? demanda Cash.

– Eh bien, j'ai eu une période troll, confessa-t-elle. Il y avait une fille, WizKidLiz01, qui écrivait elle aussi des fanfictions. Comme elle avait beaucoup de succès, j'ai regardé son boulot… la moitié de ses textes était plagiée de mes fanfictions ! Autant dire que j'étais furax. J'ai essayé de l'afficher dans les commentaires, mais personne n'y a prêté attention. Et même, ça n'a fait qu'augmenter les louanges envers WizKidLiz01 ! Je ne savais pas gérer mes émotions, et j'ai créé un faux profil, HydeBitch666, et j'ai spammé ses commentaires avec les trucs les plus ignobles que je pouvais trouver sur le Net. Puis un jour, alors que je publiais le gif d'une girafe décapitée sur son profil, j'ai appris que WizKidLiz01 était une petite fille trisomique.

Tout le monde poussa un tel soupir que le feu vacilla. Le choc était tel qu'il fallut un certain temps avant que le groupe ne se mette à rire, jaune.

– Mo, c'est horrible ! s'écria Sam.

– Et je croyais que *moi*, j'irais en enfer ! s'amusa Joey.

– Je me suis rattrapée, se défendit Mo. Chaque fois que WizKidLiz01 publie quelque chose de nouveau, je laisse au moins dix commentaires positifs de mon vrai compte et je lui envoie aussi une carte électronique pour son anniversaire.

– D'accord, à moi, dit Cash.

– Je doute qu'il y ait quoi que ce soit qu'on ne sache pas, répondit Topher. Et rien ne pourra plus nous choquer à l'heure qu'il est.

L'acteur le prit comme un défi.

– Laissez-moi trouver une bonne idée, dit-il avant de se taire le temps de trouver la confession parfaite. Je parie qu'aucun d'entre vous ne sait que Cash Carter n'est pas mon vrai nom.

– *C'est pas vrai !* s'exclama Joey.

– *Tu plaisantes !* fit Mo.

– C'est la vérité. Quand j'ai eu le rôle de *Wiz Kids*, j'ai dû remplir des papiers pour m'inscrire au syndicat des acteurs. Eh bien, si votre nom est déjà pris, vous devez en trouver un autre. Il se trouve que la chanson *Jackson* par Johnny Cash et June Carter passait dans le hall d'entrée du siège à ce moment-là, et c'est là que j'ai trouvé « Cash Carter ».

– C'est dingue ! dit Sam.

– Alors, quel est ton vrai nom ? demanda Topher.

– C'est *là* que vous n'allez pas me croire. Je m'appelle Tom Hanks.

Les autres éclatèrent de rire plus fort que pendant tout le reste de la soirée.

– Je ne te crois pas ! dit Mo.

– On ne va pas tomber dans le panneau cette fois ! renchérit Joey.

– Je peux le prouver, dit Cash avant de montrer son permis de conduire. Vous voyez, mon nom officiel est Thomas Anthony Hanks.

Le quatuor de Downers Grove était épaté. Trois jours plus tôt, ils pensaient tout savoir sur leur acteur favori, mais celui-ci réservait plus de surprises qu'un épisode de *Game of Thrones*.

– Pourquoi tu n'as pas choisi Anthony ? demanda Sam.

– Parce que c'est le prénom de mon père. Et il n'est plus vraiment dans ma vie… aucun de mes parents, d'ailleurs.

– Où sont tes parents ? demanda Joey.

Cash contempla le feu, hésitant sincèrement à répondre. Mais puisqu'ils avaient tous partagé des histoires si personnelles avec lui, il voulut partager quelque chose de personnel aussi. Il y avait un sentiment entre lui et ces ados qu'il n'avait jamais éprouvé pour d'autres personnes depuis très longtemps : de la *confiance*.

– Aux dernières nouvelles, ma mère était toujours en prison et mon père en sortait à peine. Ce ne sont pas des gens bien. Ils se tapaient dessus et parfois je me retrouvais au milieu. Les services de protection de l'enfance ont fini par leur ôter ma garde et m'ont envoyé vivre avec ma grand-tante Peggy dans le comté d'Orange. C'est pour ça que j'aimais autant cet endroit quand j'étais enfant, c'est le seul lieu sûr que j'aie connu.

Les autres ne s'attendaient pas à une histoire pareille de sa part mais ils étaient contents. Pour la première fois depuis que Cash était entré dans leur vie, ils ne le voyaient pas comme leur personnage télé préféré ou la célébrité casse-couilles derrière une façade ; Cash était seulement une autre personne partageant ses secrets et ses blessures autour d'un feu de camp improvisé.

– Je suis vraiment désolé, mec, dit Topher.

– Il n'y a pas de raison. Au final, je m'en suis bien sorti. Si je n'avais pas été envoyé dans la maison de ma tante Peggy, je n'aurais jamais passé d'audition pour *Wiz Kids*. Dans sa jeunesse, elle aspirait à être actrice et m'a encouragé dans ce business pour le vivre à travers moi. *Wiz Kids* n'était que ma quatrième audition, alors vous imaginez sa surprise quand on nous a appelés pour nous annoncer que j'avais le rôle !

– Je ne peux pas imaginer comme elle a été excitée, répondit Mo.

Cash rit en y repensant.

– Je ne l'ai jamais vue avec un sourire pareil. Peggy a été diagnostiquée Alzheimer il y a quelques années. Elle ne se souvient de rien au sujet de Thomas Anthony Hanks ni de Cash Carter.

L'ambiance avait certainement changé dans le groupe mais l'acteur mit un point d'orgue à les ramener vers des sujets plus gais.

– Bien, fini les secrets ! J'ai de quoi vous remonter le moral.

L'acteur sortit un joint de sa poche et l'agita telle une baguette magique. Les autres échangèrent un regard gêné et se crispèrent comme si l'acteur tenait une arme à feu.

– Je parierais beaucoup d'argent qu'aucun d'entre vous n'a jamais fumé de beuh auparavant.

– Exact, répondit Topher. Et on ne va pas commencer maintenant.

– Jamais de la vie, ajouta Mo en secouant la tête comme un bébé qui refuserait de manger ses légumes. Ce truc te grille le cerveau.

– Tu ne devrais pas avoir ça ici ! C'est illégal au Texas, renchérit Sam.

Cash leva les mains pour se défendre.

– Du calme, la jeunesse conservatrice ! Est-ce que j'ai l'air d'avoir une grande cape noire et une moustache qui rebique ? Je ne vous oblige à rien. Je me disais juste que vous voudriez peut-être essayer avant d'aller à la fac.

– J'en veux ! dit Joey.

De toutes les choses absurdes et choquantes qu'ils avaient entendues ce soir, que Joey ait envie de fumer de la marijuana était la plus choquante.

– Joseph David ! s'exclama Mo. Et si on se fait prendre ?

Cash regarda autour de lui pour s'assurer qu'elle était bien dans le même endroit qu'eux.

– Qui va nous surprendre ? demanda-t-il. Tu crois que la police va la sentir et débouler par la grille ? Tant mieux ! Peut-être qu'on nous ramènera vers la civilisation.

– Et on dirait bien qu'on s'amuse plus en sortant de sa zone de confort, ajouta Joey. Si je compte en fumer, je préfère me faire des souvenirs avec vous plutôt qu'avec des inconnus à la fac. En plus, je doute avoir beaucoup d'occasions de faire de nouvelles expériences là où je vais.

Son raisonnement trouva certainement un écho en eux, car Joey tira pour la première fois sur le joint, puis le passa à ses amis qui tirèrent tous dessus. La fumée leur brûla la gorge et les poumons et ils toussèrent et sifflèrent en expirant. Topher distribua ses bouteilles d'eau et du sirop contre la toux de son kit pour les tremblements de terre.

– Vous vous sentez comment ? demanda Cash.

– Pas trop mal une fois que la toux est passée, répondit Topher.

– Je crois que je suis plus détendu, dit Sam.

– J'ai les paupières lourdes mais sinon, ça va, enchaîna Mo.

– Ouais, ce n'est pas aussi fort que je le croyais, répondit Joey. On tire encore dessus ?

– Attendez deux minutes, conseilla Cash. Ce truc vient tout droit des rues de Los Feliz, c'est pas de la merde médicinale. Ça peut prendre un peu de temps avant de fonctionner, voire pas du tout la première fois.

Une demi-heure plus tard, Topher était assis aussi immobile qu'une statue, Joey contemplait, émerveillé, le ciel étoilé, Sam tentait désespérément de ne pas rire à tout ce qu'il voyait et Mo se frottait comme si elle était couverte d'insectes. Les trois jours de barres de céréales du kit avaient disparu en quelques minutes.

– On dirait que ça fonctionne, souligna Cash. Comment vous vous sentez maintenant ?

– Des nuages, répondit Topher lentement. Il y a des nuages dans ma tête.

– Félicitations, tu es un *stoner* traditionnel, dit Cash. Et toi, Sam ?

Avec toute l'attention tournée sur lui, Sam ne put s'empêcher de rire. Il roula sur le dos et se balança d'avant en arrière comme s'il n'arrivait pas à finir une galipette.

– Y a tout qui me chatouille ! couina-t-il avec des larmes de joie le long des joues.

– Sam est aux anges, on appelle ça un rieur. Joey ? Tes impressions ?

Joey ne détacha jamais les yeux des étoiles.

– J'ai l'impression qu'il y a des zones de mon cerveau qui travaillent que je n'avais jamais utilisées avant, expliqua-t-il en clignant fort des paupières. Je sens, genre, une profonde connexion avec les étoiles, tout ça. C'est genre, elles ont toujours eu des noms, des couleurs, des sentiments, mais je ne les ai jamais remarquées. Je ne sais pas si c'est, genre, pour aujourd'hui et pour toujours ou seulement aujourd'hui, en cet instant, parce que je suis stone au Kansas, tu vois ?

– Joey est un prof, déclara Cash. Et Mo, la marie-jeanne ?

– Ça me tue de l'admettre mais je ne sens rien de différent. Je suis un peu jalouse que ça ne fonctionne pas sur moi comme sur… PUTAIN DE MERDE, C'EST QUOI ÇA ?

Mo tourna la tête dans la direction d'où provenait un petit bruit au loin.

– Détends-toi, Mo, dit Cash doucement, comme s'il parlait à un nouveau-né. C'est sans doute juste un raton laveur…

– UN RATON-LAVEUR ? hurla Mo, terrorisée. COMMENT JE SUIS CENSÉE ME DÉTENDRE QUAND IL Y A DES RATONS LAVEURS ? COMMENT ON PEUT DORMIR LA NUIT QUAND CES TRUCS GROUILLENT PARTOUT DANS LE MONDE ? MON DIEU, ILS ONT DES DOIGTS ! POURQUOI DIEU A CRÉÉ UN ANIMAL À QUI ON PEUT SERRER LA MAIN… POURQUOI IL A FAIT ÇA ?

– Mo, la beuh te rend parano. Ne t'inquiète pas, ça arrive à plein de gens. Rappelle-toi simplement que les ratons laveurs ont plus peur de toi que tu n'as peur d'eux, je te le promets.

– Les ratons laveurs ont peur de Mo ! ricana Sam. Ils ont lu ses fanfictions et maintenant, ils ont peur !

– « Raaaatooooon », dit Topher lentement. C'est un mot marrant.

– Cela nous pousse à nous interroger sur qui nous sommes, n'est-ce pas ? demanda Joey comme s'il parlait directement aux étoiles. Après tout, qu'est-ce qui nous sépare des ratons laveurs ? Qu'est-ce qui nous sépare vraiment ? On naît, on se bat, on mange, on s'accouple, on élève ses enfants, et on meurt exactement comme eux. Alors pourquoi ne sommes-*nous* pas des ratons laveurs ? Nous ne fouillons pas les poubelles comme eux, mais nous chassons aussi.

– Je fais les poubelles ! couina Sam. Ça veut dire que je suis un raton laveur ? Je ferais un joli raton laveur !

– ON PEUT ARRÊTER DE RÉPÉTER LE MOT « RATON LAVEUR » ? supplia Mo qui se frottait comme si elle en avait un qui lui grimpait dessus. ILS VONT CROIRE QU'ON LES APPELLE ! S'ILS S'ALLIENT AUX OPOSSUMS, ILS VONT NOUS BATTRE !

– « Opoooossuuuuum », dit Topher lentement. Celui-là aussi, il est rigolo.

– Vous savez, avant les rongeurs, il y avait juste les étoiles, dit Joey. C'est grâce à elles que les gens trouvaient toutes leurs informations. Le ciel de nuit était la toute première Bible. Mais quelle différence y a-t-il entre la religion et la mythologie ? Quelle différence y a-t-il entre les hommes et les singes ? Entre les papillons de jour et les papillons de nuit ? Entre les grenouilles et les crapauds ? Entre les muffins et les cupcakes ? Et pourquoi y a-t-il autant de questions dans l'univers ?

Leurs réactions s'intensifiaient à mesure que la nuit avançait. C'était le groupe le plus excentrique de défoncés que Cash avait jamais vu et il ne pouvait pas en détacher les yeux, comme s'ils étaient les sujets d'un documentaire animalier fascinant.

– LES GARS ! s'écria Mo. LE CAPITAINE DES FLOTS VIENT DE BOUGER ! JE L'AI VU ! JE CROIS QU'IL A RESSUSCITÉ !

– Non, il a juste un peu chaud ! rit Sam. Vous avez compris ? Parce qu'il a le feu aux fesses !

– OH MON DIEU, ON A TUÉ LE CAPITAINE DES FLOW ! ON EST DES ASSASSINS ! ON NE POURRA PLUS JAMAIS JOUER À « JE N'AI JAMAIS » CAR ON AURA TOUT FAIT ! ON A COMMIS TOUS LES CRIMES ! MON DIEU, JE VEUX JUSTE RETROUVER UNE VIE NORMALE !

Cash avait eu son compte pour une seule nuit. Il se leva et s'étira de tout son long.

– Eh bien, j'ai accompli ma mission, dit-il. Je vais dormir dans la voiture.

– Tu ne veux pas fumer avec nous ? demanda Topher.

– Certainement pas. Clairement, cette merde a été coupée. On ne peut plus avoir confiance en ce qu'on nous vend dans la rue… voilà une leçon que vous n'apprendrez pas à la fac.

L'acteur bâilla avant de se diriger vers la grille. Les autres voulurent le suivre mais avaient tous oublié comment se mettre debout.

– Ne vous couchez pas trop tard, lança Cash. Les coyotes sortent à minuit !

– DES COYOTES ? s'écria Mo.

– Bonne nuit !

Chapitre 14

DE MAUVAISES ONDES RADIO

Quand Topher se réveilla mercredi matin, il remarqua tout d'abord une sensation de chaleur dans son visage. Puis il sentit la surface très dure et rugueuse sous son corps. En ouvrant les yeux, il vit le soleil brûler dans un coin du ciel et se découvrit étendu sur le sol au milieu de la Crique du Capitaine. Il se redressa rapidement et aperçut Joey, Sam et Mo endormis par terre à côté de lui.

– C'est quoi ce bordel ?

Topher regarda le parc abandonné autour de lui et vit une famille d'opossums le juger de leurs petits yeux ronds. Alors que le campeur en herbe se rappelait les mauvais choix de la veille au soir, lui et ses amis se firent soudain éclabousser.

– Bonjour, les Guns N'Roses ! s'exclama Cash en vidant le reste de l'eau sur leurs visages pour les réveiller. C'est le matin !

Joey, Sam et Mo revinrent d'un coup à la vie et regardèrent, incrédules, leur environnement. Leurs souvenirs de la veille étaient flous, semblables à un mauvais rêve.

– On a dormi dehors, hier soir ? demanda Sam.

– Cash, comment tu as pu nous laisser dehors ici ? s'insurgea Mo. Un rongeur a probablement abusé de moi pendant que je dormais !

– Je dirais que tu es un peu présomptueuse, vu le choix qu'il avait. D'ailleurs, tu étais tellement bruyante cette nuit qu'aucun animal ne t'aurait approchée. Comment vous vous sentez ?

– Étonnamment bien pour quelqu'un qui a dormi toute la nuit sur du béton fissuré, répondit Topher.

– Il y avait quoi là-dedans ? demanda Joey.

Cash haussa les épaules.

– On ne le saura jamais. J'ai surpris un raton laveur en train de manger le reste du joint ce matin. Si ça peut vous rassurer, vous êtes en bien meilleur état que lui.

L'acteur fit un signe de tête vers le raton laveur mort tout proche. L'animal était étendu sur le dos telle une étoile de mer, les yeux écarquillés, et un léger sourire sur le museau, comme s'il avait vu Dieu et n'en était pas revenu.

– Je n'arrive pas à croire qu'on ait pris de la drogue hier soir ! s'exclama Sam. Et en plus, dans un parc d'attractions abandonné !

– Alors pourquoi tu souris ? lança Mo.

– Parce que je la sens encore !

Les délinquants en devenir n'en revenaient pas du virage qu'avait pris leur vie. Ils avaient entamé ce voyage comme des citoyens exemplaires, jouissant d'une excellente réputation et d'un casier totalement vierge. Mais en l'espace de trois jours, ils avaient utilisé de faux papiers, étaient entrés par effraction, avaient pris de la drogue et s'étaient endormis dehors. Comment avaient-ils pu dégringoler de la sorte ? Quel genre de personnes étaient-ils devenus ?

– Je crois que ce que vous cherchez à dire, c'est « Merci pour une nouvelle nuit de fun, Cash » ou « Merci de nous avoir ôté ce balai du cul, Cash ».

– Tu appelles ça du « fun » ?! s'exclama Mo. J'ai flippé toute la nuit à attendre que des coyotes viennent ! J'ai cru que j'allais avoir une crise cardiaque !

Cash ricana avant de regarder le groupe comme un père fier de ses enfants.

– Un jour, vous en rirez. Pour l'heure, on ferait mieux de se mettre en route. Le dépanneur est arrivé il y a un quart d'heure. La station-service la plus proche est à des kilomètres, donc il va nous remorquer jusque là-bas. Autant vous prévenir… il pue le fromage.

Tous s'entraidèrent pour se relever et dirent adieu à Fun Flow. Ils sortirent mollement par la grille en ayant l'impression d'être devenus les sauvages contre lesquels Mo les avait mis en garde la veille.

Un dépanneur très large et très poilu accrocha le break à son camion et tracta leur véhicule vers la station-service la plus proche vers le sud. Topher, Joey, Sam et Mo partagèrent la banquette arrière tandis que Cash brava les effluves du chauffeur à l'avant. Fun Flow ayant disparu au loin, la gravité et la culpabilité de leurs choix récents disparurent elles aussi et le quatuor de Downers Grove ne put se regarder sans éclater de rire.

– Notre détour nous a beaucoup retardés ? demanda Joey. On est totalement baisé ou juste un peu ?

– À vrai dire, ça ne change rien, répondit Topher. On a laissé notre première journée en Californie parfaitement libre au cas où on aurait un pépin sur la route. J'ai pris une assurance pour tous les billets et les chambres d'hôtel donc on peut tout repousser d'une journée.

De tous, Cash fut le plus soulagé de l'entendre.

– Désolé, ce retard est ma faute. À partir de maintenant, je ne recommande plus rien. J'ai eu mes deux arrêts supplémentaires, alors on va s'en tenir à ce que vous aviez prévu.

C'était la première fois que l'acteur montrait le moindre signe de regret, de sa vie, mais comment lui en vouloir ? Évidemment, ils n'avaient pas pu faire les attractions tant espérées mais ils avaient quitté le parc non sans quelques frissons.

– Écoute, ce n'était pas si horrible, confessa Mo en réprimant un sourire.

– On aura des histoires à raconter avec ce voyage, ajouta Sam.

– Ouais, pas seulement de ce qu'on avait prévu, conclut Topher.

La dépanneuse parcourut le Kansas pendant plus d'une heure, mais pas un bâtiment en vue, pas même une station-service. Tout au long du trajet, le dépanneur écoutait une radio conservatrice et crue, que les autres n'avaient aucun mal à ignorer jusqu'à une séquence un peu particulière.

– Fini de parler des démocrates qui détruisent notre démocratie, annonça le présentateur. Parlons d'un sujet auquel, tragiquement, les gens accordent plus d'intérêt qu'à notre société, les potins d'Hollywood ! Je doute qu'un seul de nos auditeurs regarde la série *Wiz Kids*, je crois que c'est le truc le plus con à la télé depuis *Flics Rock*, mais apparemment c'est un énorme carton depuis neuf saisons.

Topher, Joey, Sam et Mo se redressèrent pour écouter attentivement la radio, craignant ce qui allait suivre. Cash se contenta de tourner la tête vers la radio comme s'il écoutait la météo. Le dépanneur nota leur curiosité et monta le son.

– Eh bien, il y a une vidéo qui circule sur Internet, une vidéo de l'acteur principal, Cash Carter, âgé de vingt-deux ans, qui s'évanouit à un concert à Saint-Louis dimanche soir. Au cas où vous auriez raté la vidéo, elle est sur notre site mais on en a tellement entendu parler que je ne sais pas comment vous auriez pu passer à côté. Un représentant de l'acteur a publié une déclaration hier disant qu'il était déshydraté et se sentait beaucoup mieux. Ce qui, excusez-moi, est du pipeau total ! Regardez la vidéo, vous verrez que le mec est clairement bourré ou défoncé !

Les quatre à l'arrière se sentirent tellement mal à l'aise qu'ils retenaient leur souffle comme si les enceintes projetaient du gaz toxique.

– On peut changer de radio ? demanda Topher.

– Non, répondit Cash. Je veux entendre ce qu'il dit.

– Avec toute la thune que gagne Cash Carter et la notoriété du bonhomme, on pourrait croire qu'il ferait tout pour ne pas compromettre son image. On pourrait croire qu'il ferait tout pour ne pas se ridiculiser et couvrir de honte les jeunes qui l'admirent. Malheureusement, nous savons tous que les mecs d'Hollywood ne réfléchissent pas comme ça. Écoutez, pourquoi prendre ses responsabilités quand vous avez une dizaine de communicants prêts à mentir pour vous ? Pourquoi changer de vie quand on vous apporte tout sur un plateau ? Pourquoi prendre quoi que ce soit en considération quand c'est si facile d'être un morveux pourri gâté sans souci ? Cash Carter est l'énième exemple de quelqu'un avec trop d'argent, trop d'attention et pas assez d'intelligence pour l'apprécier. Il devrait avoir honte, tout comme nous devrions avoir honte de trouver ce genre de comportement sensationnel. On revient tout de suite après ça !

Les propos diffamatoires du présentateur laissèrent place à une publicité pour une fête foraine locale. Les autres étaient prêts à défendre l'honneur de Cash, mais l'acteur ne sembla pas vouloir être défendu.

– Ce type a des idées bien arrêtées sur quelqu'un qu'il n'a jamais vu, dit Cash.

– Pour être franc, je suis bien d'accord avec lui, répondit le dépanneur. Petit con de privilégié. Ces acteurs d'Hollywood, tous les mêmes. Je ne serais pas surpris qu'il meure comme tous les autres à vingt-sept ans.

De toute évidence, le dépanneur n'avait aucune idée que le « petit con de privilégié » état assis juste à côté de lui.

– Vous êtes trop gentil avec lui, il sera mort bien avant.

L'acteur fouilla dans son sac et en tira trois pilules blanches. Il se tourna alors vers la fenêtre et resta silencieux le reste du trajet.

Après une heure de rien, sinon des champs à perte de vue, la dépanneuse arriva enfin à une petite station-service. Cash insista pour payer les frais de remorquage et le plein d'essence puisque toute cette histoire était sa faute. Les pompes de la station étaient à l'ancienne et il dut aller à l'intérieur pour payer avec sa carte de crédit. Joey devait utiliser les toilettes depuis trente kilomètres, aussi suivit-il Cash pour récupérer la clé des toilettes de la station. En chemin, il s'arrêta net quand quelque chose de perturbant capta son regard.

– Qu'est-ce qu'il y a ? demanda Cash.

Joey fit un signe de tête vers un immense drapeau de la Confédération accroché à la fenêtre de la station-service. Tous les conseils de son père sur le fait d'éviter les problèmes lui revinrent à l'esprit.

– Je ferais mieux de ne pas y aller, dit-il. J'attendrai notre prochain arrêt.

– Ne sois pas ridicule. Le propriétaire doit sans doute être fan de *Shérif, fais-moi peur*. Tu n'as rien à craindre, je suis là.

– J'ai encore plus à craindre alors.

L'acteur attrapa l'ado timide par le bras et le tira contre son gré à l'intérieur. Ils approchèrent du vieil homme assis derrière le comptoir en train de lire le journal. Il portait un chapeau de cowboy et arborait une moustache épaisse qui aurait mérité un coup de ciseau depuis plusieurs semaines.

– Bonjour, monsieur, dit Cash. Je souhaiterais payer l'essence à la pompe numéro 4 et mon ami aimerait avoir la clé des toilettes.

Le vieil homme se leva pour l'accueillir, mais son attitude changea du tout au tout quand il posa les yeux sur Joey. Il le contempla avec dédain et Joey eut la sensation qu'une main invisible le repoussait.

– Je vous vends l'essence mais votre ami n'a pas de chance. Nous ne servons pas les gens comme lui ici.

– Pourquoi ? Parce qu'il est noir ou parce qu'il est gay ?

– Cash ! dit Joey comme si l'acteur avait perdu la tête. Qu'est-ce que tu fous ?

– Détends-toi, c'est juste une blague, rit Cash. Et lui aussi. N'est-ce pas, monsieur ? Parce qu'il n'y a que des vieux bigots qui donnent une mauvaise réputation à la race humaine pour dire une chose pareille. N'est-ce pas ?

Le regard de haine du vieil homme s'étendit aux deux garçons et il leur montra la porte.

– Barrez-vous !

– Cash, on doit retourner à la voiture.

– *ATTENDS !* ordonna Cash.

Comme si Cash le contrôlait par la pensée, Joey resta figé sur place. Il ne l'avait jamais vu dans une telle colère auparavant. L'acteur fixait le vieil homme avec autant de haine que lui. Joey ne savait pas lequel des deux il devait craindre le plus.

– J'ignore en quelle année vous vous croyez mais nous tous,

on est en 2017, poursuivit Cash. Ce que vous faites est illégal. Si vous ne changez pas d'attitude, je vais appeler la police et lui expliquer ce qui se passe.

– Et dites-lui que Johnny de la station-service lui passe le bonjour, répondit le vieil homme. La police et moi, on pense pareil, vous voyez. Alors je serais vous, à moins de vouloir finir en taule une semaine, je fermerais ma grande gueule. Je sais pas pour qui tu te prends, gamin, mais personne ne vient dans notre ville pour nous dire comment nous devons vivre.

Cash baissa les yeux vers le journal posé sur le comptoir. Par un jeu du destin, il vit une photo de lui sous le titre « L'inconscience de Cash Carter : l'acteur tombe dans les pommes à un concert ».

– En réalité, vous savez qui je suis, dit l'acteur en montrant le journal. Je suis l'inconscient de l'article que vous lisiez. Ils auraient quand même pu choisir une meilleure photo mais, au moins, elle est récente.

Le regard du vieil homme jongla entre Cash et le journal, comme si c'était de la magie.

– Maintenant que les présentations sont faites, permettez-moi de mettre mes couilles sur la table, Johnny. Vous êtes peut-être potes avec la police du coin, mais je suis ami avec la police du monde, ça s'appelle des fangirls, et j'en ai environ trente millions qui scrutent le moindre de mes mouvements. Alors vous allez vous excuser auprès de mon ami puis vous allez lui donner la clé des toilettes. Parce que dans le cas contraire, je vais dire aux fangirls comment on a été reçu aujourd'hui et je vais les lâcher sur votre établissement comme une nuée de sauterelles ! Elles vous harcèleront, vous humilieront et pourchasseront votre vieux cul plissé de raciste jusqu'à la fin de votre misérable existence ! Je me suis bien fait comprendre ?

Le vieil homme déglutit. Il tira la clé des toilettes sous le comptoir et la tendit à Joey.

– Je suis désolé, dit-il en regardant par terre.

Les deux garçons se dirigèrent vers la porte mais Cash marqua une pause à la porte pour se retourner vers le vieil homme.

– Au fait, l'essence, c'est cadeau, affirma-t-il avec conviction. Oh, et ce paquet de chips.

L'acteur claqua la porte derrière eux et sortit immédiatement ses cigarettes.

– Cash, à quoi tu joues ? demanda Joey. C'était vraiment stupide de ta part ! Tu ne regardes jamais les infos ? Tu sais ce qui aurait pu nous arriver ? Ce qui aurait pu m'arriver ?

L'acteur était bien plus secoué que ne le pensait Joey. Il devait savoir les dangers qu'ils encouraient car, tandis qu'il fumait, il avait les mains tremblantes.

– Je sais, je sais. Je suis vraiment désolé... je ne sais pas ce qui m'a pris. On est entré et quand il a dit ce qu'il a dit, j'ai eu un déclic. C'était comme si j'avais perdu tout contrôle, je ne pouvais simplement pas le laisser te dire des saloperies pareilles. Je n'ai jamais l'occasion de me défendre mais j'avais besoin de défendre quelqu'un, tu vois ?

Plus Joey y réfléchissait et plus il comprenait. Il aurait seulement aimé que Cash ne le mette pas en danger pour régler ses problèmes personnels.

– Je comprends que tu veuilles jouer les héros, mais arrête de faire le con. Ça aurait pu très mal se passer. Cela dit, c'était top de voir la tronche du type quand tu lui es rentré dedans.

– Ouais, acquiesça Cash. Ça faisait plaisir de le dire aussi. Que ça reste entre nous. Mo risquerait de faire une crise cardiaque.

Chapitre 15

LA PLACE DU CONDUCTEUR

À dix heures le mercredi matin, le break avait à nouveau le plein et avait retrouvé la route 83. La voiture fonçait vers le sud, avec en ligne de mire Amarillo au Texas, mais personne ne savait si le groupe finirait par arriver à destination. Avec Topher de retour derrière le volant, les voyageurs avançaient bien et s'attendaient à arriver vers quatorze heures. Cash amusait le groupe avec des anecdotes sur les coulisses des cérémonies de remise de prix… que personne n'avait réclamées.

– Alors pendant qu'on annonçait le Golden Globe de la Meilleure chanson originale, Tobey et moi sommes allés aux toilettes. Et c'est là qu'on a vu… Leonardo DiCaprio à un urinoir ! Aucun des mecs dans les toilettes n'en croyaient ses yeux. C'était comme si on avait surpris un demi-dieu en train de faire un acte de simple mortel.

– Vous lui avez parlé ? demanda Sam.

– Non, Tobey et moi, on était paralysé devant lui. Puis quand Leo a eu terminé, tout le monde s'est plus ou moins retrouvé sur une ligne à baisser la tête pendant qu'il partait, comme si c'était un membre de la famille royale. Je n'oublierai jamais ce moment de toute ma vie. Je me souviens aussi qu'il a utilisé les seules toilettes écologiques du lieu mais peut-être que j'invente.

– Il vous a reconnus ? demanda Joey.

– Bien sûr que non ! Quand tu es une star de télé au milieu de stars de cinéma, c'est comme un collégien au milieu d'une fête de terminale, personne ne va te reconnaître. Une fois, à une fête avant les Oscar en 2013, j'étais dehors et Helen Mirren m'a pris pour le voiturier.

– Qu'est-ce que tu as fait ? demanda Mo.

– J'ai pris son ticket et j'ai rapporté sa bagnole, voilà ce que j'ai fait ! Enfin, tu parles d'une chance. Elle m'a donné vingt dollars de pourboire. Je l'ai encadré chez moi, posé à côté de mon Teen Choice Award.

Alors que la voiture traversait la frontière du Texas, Cash enchaînait les histoires avec toujours plus d'énergie. Il faisait des gestes toujours plus amples, parlait d'une voix toujours plus forte et se balançait d'avant en arrière au fil de sa narration. Son comportement rendait les autres anxieux ; il leur rappelait son attitude le soir de Rosemary's Abortion.

– Laissez-moi vous donner quelques conseils au cas où vous vous retrouveriez un jour sur le tapis rouge. Commencez toujours avec un petit sourire, parce qu'il grandira forcément pendant que vous tenez la pose et vous ne voulez pas terminer comme le clown de *Ça* sur les photos de la première de *La Reine des neiges*. Il n'y a rien de plus flippant qu'un adulte hyper excité de voir un film pour enfants. Contractez les muscles sous la langue et étirez le cou pour éviter d'avoir un double menton, soufflez un grand coup pour être pris en photo quand vous êtes le plus mince possible et, pour l'amour de Dieu, trouvez une position naturelle pour vos mains.

– Merci du conseil, rit Topher. Je doute qu'on en ait besoin un jour…

– Je n'ai pas terminé, interrompit Cash. N'essayez pas d'avoir l'air sexy, parce que ça ne marche pas quand on essaie. Au lieu de ça, pensez juste à la chute de votre meilleure blague cochonne, ça rendra bien mieux. Et si jamais vous tombez sur des photographes que vous n'attendiez pas, genre des paparazzis, allez aux toilettes et essuyez-vous le visage avec une de ces protections pour lunettes de toilettes. C'est dégueu mais vous ne brillerez plus, et quand on brille sous des flashs puissants, ça donne l'impression qu'on est bourré. Et si vous êtes bourrés, ne regardez jamais directement dans l'objectif, sinon vous aurez une sale tête et ça se remarquera.

– Tu connais ça par cœur, dis donc, lança Joey.

– On peut parler d'autre chose ? demanda Mo.

– Oui, je crois qu'on a compris, renchérit Sam.

Malgré leur requête, Cash ne changea pas de sujet. Il faisait l'effet d'un vieillard obsédé par ses souvenirs de jeunesse.

– Aussi, faites toujours attention aux journalistes sur les tapis rouges. Vous devez réfléchir trois fois à vos réponses, comme si vous étiez candidat à la présidence. Ils prendront tout ce que vous dites et étireront la vérité aussi loin que possible. Si vous mentionnez l'air de rien qu'il fait chaud, ils sortiront des grands titres comme « Un acteur brise la glace au sujet du réchauffement climatique ». Si vous dites que vous aimez Batman, ils écrivent « Scoop : Cash Carter parle du DC Universe ». Si vous sous-entendez que vous aimez les chips, ils racontent qu'« Un Wiz Kid rompt le silence sur l'addiction des Américains à la junk food ». Et le pire, c'est que les journalistes ne se rappellent jamais quelle question ils ont posée, ils font comme si tu décidais au hasard de faire une déclaration publique, ARRÊTE LA VOITURE !

Topher écrasa la pédale de frein et le break s'arrêta en crissant.

– Qu'est-ce qui se passe, putain ? s'écria Topher.

Cash pressa ses mains et son visage contre la vitre arrière comme s'il avait aperçu un parent porté disparu de l'autre côté de la route. Les autres passagers regardèrent à leur tour mais ne virent qu'une casse avec un tas de vieilles carcasses de voitures.

– Vous voyez ce que je vois ? demanda l'acteur.

– Un champ de tétanos ? rétorqua Mo.

– Regardez la voiture dans le coin ! dit Cash en la pointant du doigt. On dirait carrément une Porsche 550 Spyder !

Il parlait d'une petite voiture de sport décapotable. Le véhicule était tellement abîmé qu'on l'aurait cru repêché au fond de la mer. Il n'y avait plus de phares, pas deux pneus identiques, et il était recouvert soit d'une peinture marron délavée, soit d'une couche de rouille.

– Comment tu sais que c'est une Porsche ? demanda Joey.

– N'importe quel acteur le verrait, c'est une icône du cinéma ! expliqua-t-il en vain. Une 550 Spyder, c'est le genre de bagnole que James Dean conduisait en ville. Il appelait la sienne le Petit Bâtard ! Il faut que j'aille vérifier.

Avant que les autres ne puissent protester, l'acteur enjamba avec souplesse la banquette arrière, grimpa par-dessus Joey et descendit de voiture.

– Il vient de dire qu'il ne nous ferait plus nous arrêter, non ? demanda Topher.

– Je crois qu'on savait tous que ça ne durerait pas, répondit Sam.

Cash traversa la route et marcha le long du grillage de la casse.

Un immense mastiff et un petit carlin jaillirent de nulle part et lui aboyèrent dessus d'un air féroce. Ils captèrent ainsi l'attention de leur propriétaire, qui vint voir ce qui causait ce grabuge.

– Doc ! Marty ! Au pied ! cria le propriétaire en approchant de Cash. Je peux vous aider ?

– Bonjour ! Mes amis et moi roulions sur l'autoroute et je n'ai pas pu m'empêcher de remarquer votre Porsche. Ce ne serait pas une 550 Spyder, par hasard ?

– C'était une 550 Spyder, s'amusa le propriétaire. Comme moi j'étais quarterback autrefois.

Son instinct confirmé, Cash fixa la voiture comme le roi Arthur aurait regardé le Graal.

– Le moteur fonctionne encore ?

– Tout sauf la marche arrière et en montée. Vous voulez acheter cette épave ? Parce que j'ai des choix bien plus intéressants dans…

– Je vous en offre mille dollars si vous me laissez la prendre pour un tour d'essai.

L'instant d'après, le propriétaire de la casse laissa Cash entrer par la grille pour voir de plus près la voiture de ses rêves. L'acteur tapota la capote de la Porsche comme un cheval et il lui murmura des mots doux dans le rétroviseur.

– Il ne va quand même pas conduire ce truc ? demanda Topher.

– Est-ce qu'il est en état de conduire, d'ailleurs ? souligna Sam.

Cash se glissa sur le siège conducteur et agrippa le volant comme un capitaine de navire son gouvernail pour son voyage inaugural. Il fit ronronner le moteur pour la première fois depuis bien longtemps et le pot d'échappement de la Porsche cracha un nuage de poussière. Le début n'était pas des plus prometteurs et le moteur n'allait sans doute pas survivre longtemps, mais Cash le fit obéir. Il sortit la Porsche de la casse et la gara à côté du break.

– Je vais lui faire faire un petit tour, annonça-t-il. Restez là, vous me servez de caution.

– Cash, on a juste envie d'arriver à Amarillo et de prendre une douche, répondit Topher.

– Je n'en ai que pour quelques minutes. Désolé, mais je dois le faire, ou je le regretterai toute ma vie. C'est sur ma liste de trucs à faire avant de mourir.

L'acteur appuya sur l'accélérateur et avança sur la route 83 en laissant une traînée noire, tel un escargot. Les autres pouvaient l'entendre se réjouir le long du chemin jusqu'à ce qu'il disparaisse au loin. Vingt minutes plus tard, Cash revint avec un sourire béat sur son visage rougi, frappé par le vent.

– Il faut que vous l'essayiez ! Il n'y a de place que pour un passager mais vous pouvez venir à tour de rôle. Allez, montez !

– On ne montera pas dans ce truc, répondit Joey.

– Un dos d'âne et elle explose, dit Sam.

– Ne jugez pas un livre par sa couverture, répondit Cash. Les voitures, autrefois, étaient faites pour durer. Il faut que vous entendiez le moteur quand il est lancé… on dirait le ronronnement d'un chat.

Mo souleva un sourcil.

– Un chat avec une *bronchite*, oui.

– Viens l'écouter par toi-même, Mo ! lança Cash. Je promets que quand le vent soufflera dans tes cheveux, tu te sentiras comme une James Bond girl !

De tout le groupe d'amis, Mo était le plus sur la défensive, mais Cash savait exactement quoi dire. Son hésitation s'effondra quand elle s'imagina en starlette d'Hollywood.

– Booooooon, un kilomètre ou deux ne peuvent pas faire de mal, dit-elle à la grande surprise de ses amis. Ne me regardez pas comme ça, vous avez tous fumé un joint hier soir !

Mo s'assit sur le siège passager à côté de Cash et ils foncèrent sur la route. La Porsche vrombit de plus en plus à mesure qu'elle prenait de la vitesse. L'air frappait le visage de Mo, et ses cheveux noirs volaient derrière ses oreilles à la manière d'un drapeau pris dans une tempête tropicale. La voiture faisait l'effet de véritables montagnes russes à côté du break auquel ils s'étaient habitués.

– C'est pas génial ? lança Cash, mais ils avaient du mal à s'entendre à cause du vent sur leur visage.

– C'est fantastique ! J'ai l'impression d'être Marilyn Monroe !

– Quoi ? Tu veux la pousser à fond ?

– Non ! Je disais que j'avais l'impression d'être Marilyn Monroe !

– OK, on la pousse à fond !

Cash écrasa plus fort l'accélérateur et la Porsche fila à toute allure. Ils allèrent si vite que Mo pouvait à peine respirer et encore moins lui demander de ralentir.

– Cash, ça suffit !

L'acteur appuya sur la pédale de frein mais rien ne se produisit. Il se tourna vers sa passagère au regard absolument terrifié.

– Les freins ne marchent pas !

– *QUOI* ? Et le frein à main ?

– Il n'y a pas de frein à main ! Et l'accélérateur est coincé ! Pas moyen de faire ralentir la voiture !

Mo n'arrivait pas à croire qu'elle s'était fait attirer aussi facilement dans un piège mortel. Elle se mit à paniquer et des images de tout ce qui lui était le plus cher, son chat, son père, ses amis, les commentaires positifs sur ses fanfictions, défilèrent devant ses yeux.

– Fais quelque chose ! Je ne veux pas mourir dans un accident de voiture avec toi ! Je ne veux pas que ma mort passe inaperçue !

– T'inquiète pas, je te promets que tu vivras pour voir les couloirs de Stanford !

– Rien à foutre de Stanford ! cria-t-elle, la vérité jaillissant comme la lave d'un volcan. Je vais là-bas uniquement parce que mon père le veut ! Je ne veux pas étudier l'économie. Je veux étudier l'écriture ! Mais ça n'a aucune importance puisque je vais finir ratatinée !

Soudain, Cash pila et la Porsche s'arrêta net. Les cris de Mo se changèrent en rires quand elle réalisa qu'ils étaient vivants. Elle prit l'acteur dans ses bras pour fêter ça.

– Les freins marchent ! C'est un miracle !

– Évidemment que les freins marchent, je déconnais.

– Tu *QUOI* ? hurla Mo qui le frappa à l'épaule le plus violemment possible. Mais espèce de connard ! J'ai cru qu'on allait mourir ! Ça va pas, non ? Comment tu peux faire une chose pareille ?

– Ç'aurait été grave si c'était vrai ? Clairement, je t'aurais épargné une vie dont tu ne veux pas. Qu'est-ce que tu vas foutre à Stanford alors que tu n'as pas envie d'y aller ?

– Je n'aurais jamais dit ça si je n'avais pas cru que j'allais mourir ! Je t'en supplie, n'en parle pas aux autres, je ne veux pas qu'ils le sachent.

– Pourquoi pas ? Ils t'encourageraient simplement à suivre ta passion.

– Je sais… et ce serait encore pire ! C'est déjà assez difficile de savoir que je serai coincée dans une école où je ne veux pas aller et serai forcée d'étudier un sujet qui ne m'intéresse absolument pas. Avoir mes amis qui m'encouragent et me font croire que j'ai mon mot à dire sur la question, ce serait encore plus difficile.

Cash soupira en secouant la tête.

– Mais qu'est-ce qui va pas chez vous, les gars ? Évidemment que tu as ton mot à dire ! La seule raison pour laquelle tu laisses tes parents te contrôler, c'est que tu as trop peur de prendre tes responsabilités.

– Dit l'acteur riche et célèbre. Sans vouloir t'offenser, je ne crois pas que tu sois la voix de la raison sur ce sujet. Je n'ai pas comme toi un compte en banque illimité, c'est mon père qui paie ma scolarité. Il pense qu'écrire, ce n'est pas un vrai métier, et il ne me financera pas. Je n'ai pas envie de rembourser un prêt étudiant jusqu'à la fin de mes jours, alors je n'ai pas le choix !

– Ouin, ouin, répondit Cash. Ce serait vraiment pire que d'être malheureuse toute ta vie ?

Mo détourna le regard, les bras croisés. Il ne pourrait rien dire qu'elle ne s'était pas déjà répété mille fois.

– Écoute, tu as raison, je ne peux pas me mettre à ta place, dit-il. Toute ma vie, j'ai eu des gens pour me dire ce que je devais faire, alors je compatis. Mais tu n'es pas sous contrat ! Tu n'as pas d'obligations légales vis-à-vis d'une chaîne ! Personne ne te poursuivra et ne te prendra tout si tu ne suis pas les ordres ! Ton monde est ouvert et libre comme cette route, simplement tu ne le vois pas !

L'image était pertinente mais Mo ne savait pas ce qu'il attendait d'elle.

– Alors qu'est-ce que je suis censée faire ?

– Tu dois prendre le volant. Ne te mets jamais à l'arrière de ta propre vie ! Mets les gaz, même si la route est accidentée, même si tu as du sang sous les ongles, même si tu perds des passagers en chemin. Toi seule peux donner à ta vie la direction que tu veux.

– C'est une jolie métaphore, mais la vraie vie n'est pas toujours aussi simple.

– Tu veux du vrai, du concret ? Je vais t'en donner. Ta leçon commence maintenant. À toi, Chun-Li !

– Je suis japonaise !

– Prends ma place et discute pas !

Cash contourna la voiture en courant et se glissa sur le siège passager en poussant Mo vers le volant.

– Conduis jusqu'à la casse, ordonna-t-il. Et si cette voiture ne te prouve pas que la vie est meilleure quand on est au volant, alors rien ne le pourra.

– Je n'ai pas le permis.

– Je n'ai pas le permis, se moqua Cash. Je n'ai pas d'argent pour la fac ! Je n'ai pas un papa qui me comprend ! Je n'ai pas envie de déranger et d'être heureuse ! Tu sais combien de gens voudraient te gifler en ce moment ? Tais-toi et conduis !

Une fois de plus, Cash savait exactement comment s'y prendre. Mo contempla la route qui s'ouvrait devant elle sous un jour nouveau. Elle ferma les doigts autour du volant, appuya sur l'accélérateur et la voiture de sport rugit. Être passager de la Porsche était amusant, mais c'était une toute autre expérience derrière le volant. Savoir qu'elle avait le contrôle de la vitesse et de la direction donna à Mo une sensation qu'elle n'avait jamais ressentie auparavant : elle était aux commandes et c'était addictif !

– C'est génial ! s'exclama-t-elle.

– Je te l'avais dit ! C'est comme ça que tu devrais te sentir dans la vie !

– J'emmerde Stanford ! hurla Mo vers le ciel.

– Ouais, voilà !

Ils foncèrent sur une longue distance, au point de rejoindre une autoroute. Mo fit demi-tour et ne ralentit qu'en apercevant ses amis et la casse au loin.

– Waouh ! C'était grisant ! Je comprends que tout le monde aime James Dean à Hollywood. J'imagine la liberté que lui offrait une telle voiture.

Cash savait très bien que l'icône s'était tuée en 1955 dans un accident à bord de sa Porsche 550 Spyder mais il n'avait pas à cœur de le lui raconter.

– Rêve comme si tu vivais éternellement. Vis comme si tu allais mourir aujourd'hui. C'était sa philosophie.

Chapitre 16

LA PRISON

– Par ici, vous verrez la toute dernière photo de Bundy et Claire Carmichael, dit la guide. Le photographe l'a prise en 1933 dans un lieu tenu secret pour le compte du *Chicago Daily Tribune*. Le duo avait attiré toute la pression pendant sa cavale et accepté une interview si le *Tribune* lui payait la modique somme de cent dollars. Le journal a ensuite été critiqué pour avoir aidé des criminels recherchés et ses ventes ont terriblement souffert jusqu'à l'attaque de Pearl Harbor en 1941.

La prison-musée de Bundy et Claire dans la vieille ville d'Amarillo était à peine assez grande pour accueillir Cash et le gang de Downers Grove debout. Cependant, à dix-sept heures ce mercredi-là, le petit bâtiment en brique était plein à craquer, avec eux, trois grandes familles, et leur guide.

– Ici, nous avons une affiche de recherche de 1929, quand la récompense pour la capture du dangereux duo fut fixée à un total vertigineux de trois cents dollars, dit-elle. À côté, voici quelques exemples qui montrent comment Bundy et Claire ont influencé la pop culture. Cette pince à cheveux est une des nombreuses pièces qu'ils ont inspirées à Marc Jacobs pour sa collection automne 2008, « Bad Marc ». Voici une photo du tournage du film de 1965 dans lequel Jack Nicholson et Ann-Margret incarnaient les Carmichael. À côté se trouve une photo du remake de 2001 pour la télévision avec Frankie Muniz et Hilary Duff. Comme vous pouvez le constater, le couple n'était pas aussi séduisant dans la vraie vie.

– C'est un euphémisme, murmura Joey à Topher.

– T'as vu ? Je croyais que c'était des bulldogs habillés en êtres humains.

La guide se faufila à travers le groupe pour désigner les objets sur le mur opposé.

– Poursuivons. Cette carte montre tous les endroits où Bundy et Claire Carmichael ont commis leurs crimes entre la fin des années vingt et le début des années trente. Comme vous pouvez le constater, elle se lit à la manière d'une frise chronologique. Ces deux jeunes du sud de l'Illinois ont convolé en 1926 pour éviter des mariages arrangés prévus par leurs familles. Puis en 1927, ils ont rencontré le fameux gangster Baby Face Bucky et ont rejoint sa bande de mafieux à Chicago. C'est lui qui les a introduits dans le monde du crime et ils sont devenus les fameux criminels que nous connaissons aujourd'hui.

– Ça me rappelle quelque chose, chuchota Mo avec un regard vers Cash.

– À la fin, les Carmichael ont eu une altercation avec Baby Face Bucky, et par là je veux dire qu'ils lui ont tiré une balle en pleine tête. En 1929, ils ont fui dans le Missouri et ont fondé leur propre gang. De 1929 à 1935, le couple a commis vingt-sept hold-up et trente-six homicides dans le sud-ouest des États-Unis. Les forces de police de six États différents se sont unies pour les pourchasser. Après une terrible chasse à l'homme de six mois, on a capturé les Carmichael dans le désert à seulement quelques kilomètres d'ici et on les a amenés dans cette *prison*. Mais l'histoire du couple infernal ne s'arrête pas là. Suivez-moi.

La guide entra dans une cellule de la taille d'un placard à balais.

– C'est ici que Bundy et Claire Carmichael ont attendu leur procès pendant deux mois entiers. Pendant leur détention, ils se sont liés d'amitié avec le gardien, l'officier Clancy Jones. L'officier était fasciné par leurs aventures criminelles, et le couple de manipulateurs a profité de lui. Ils lui ont rempli la tête de récits grandioses de leur vie de hors-la-loi. Lentement mais sûrement, Bundy et Claire ont convaincu l'officier Jones de les aider à s'échapper et de les accompagner dans leur cavale. Le 3 novembre 1935, le gardien leur a apporté des armes et, dès qu'il a ouvert la porte de la cellule, ils l'ont tué. D'autres policiers alentour ont entendu le coup de feu et se sont précipités, et c'est ainsi qu'a commencé la fusillade la plus connue de l'histoire des États-Unis. Les Carmichael étaient en sous-nombre, sous-armés, et le temps jouait contre eux. Sans solution pour en sortir vivants tous les deux, Bundy a pris la décision de se sacrifier pour sa femme. Il a protégé Claire des tirs de police assez longtemps pour qu'elle ait le temps de fuir dans le désert du Texas. Claire Carmichael a été recherchée pendant des semaines, mais plus personne ne l'a jamais revue.

Toutes les femmes dans la pièce soupirèrent et portèrent une main à leur cœur. La guide pointa du doigt un des mille impacts de balle dans les murs de brique.

– En regardant autour de vous, vous pouvez voir les dégâts causés. Et voilà qui conclut notre visite, cet après-midi, de la prison-musée de Bundy et Claire. Avez-vous des questions ?

Sam leva la main.

– Oui ?

– J'ai lu plusieurs articles disant que Bundy et Claire avaient en réalité séduit l'officier Clancy Jones et qu'on les avait surpris en train de faire un ménage à trois du diable quand la fusillade a commencé. Vous pourriez le confirmer ou l'infirmer ?

La guide déglutit et jeta un regard en coin aux familles présentes.

– Je ne peux pas. La prison-musée de Bundy et Claire ne partage que des histoires appropriées aux familles texanes. D'autres questions ?

Une petite fille leva la main.

– Moi, j'en ai une !

– Je t'écoute, ma puce.

La fillette leva les yeux vers Cash.

– Vous êtes le monsieur de la télévision dont tout le monde parle ?

Tous les visiteurs se tournèrent vers Cash comme s'il était la pièce la plus intéressante du musée. Topher, Joey, Sam et Mo se crispèrent.

– Nan ! intervint Topher. C'est pas du tout lui.

– Mais on lui dit tout le temps, ajouta Sam.

– Il est beaucoup plus beau que l'acteur, renchérit Mo.

– Ah, j'ai une question ! annonça Joey. On peut prendre des photos dans la cellule ?

Ce fut la diversion parfaite car toutes les familles sortirent immédiatement leurs appareils photo. Tandis qu'elles attendaient la réponse de la guide, Topher, Joey, Sam, Mo et Cash fuirent à leur tour à la Claire Carmichael et foncèrent vers la boutique de souvenirs dans la pièce voisine.

La boutique du musée faisait cinq fois la taille de la prison elle-même. Ils cachèrent l'acteur derrière un monceau d'objets de mauvais goût tandis que les autres visiteurs prirent des photos et finirent par s'en aller.

– C'est bon, ils sont tous partis, dit Topher qui faisait le guet. Je croyais que la famille avec les T-shirts assortis n'allait jamais partir.

– Je meurs de faim, on peut aller manger ? demanda Joey.

– Oooh ! De la cuisine tex mex ! suggéra Sam.

– On n'ira nulle part avant que j'achète ce poivrier et cette salière Bundy et Claire ! s'exclama Mo qui en prit une paire sur l'étagère. Je ne peux pas rater ça !

Les autres attendirent à l'entrée de la boutique tandis que Mo payait à la caisse. Topher et Joey parcoururent les magazines et furent désolés de voir Cash en couverture de tous les tabloïds. Apparemment, sa perte de conscience à Saint-Louis était l'histoire la plus importante de la semaine. Les garçons les cachèrent à Cash pour qu'il ne les voie pas… mais ils étaient incapables de tout cacher.

Un téléviseur dans un coin de la boutique diffusait « Le Panel », un talk-show quotidien présenté par quatre femmes célèbres : une humoriste, une femme de, une grande femme d'affaires et une sportive à la retraite. Personne n'y accorda la moindre attention jusqu'à ce que Cash devienne le sujet de leurs discussions.

– Puisque le monde entier parle de lui, autant nous y coller aussi, dit l'humoriste. À l'heure qu'il est, je suis certaine que tous nos spectateurs ont vu la vidéo de l'acteur Cash Carter qui s'évanouit à un concert à Saint-Louis ou ce remix vidéo hilarant qui est devenu viral. Les représentants de l'acteur ont publié un communiqué lundi disant qu'il était simplement déshydraté et qu'il se sent bien mieux mais tout le monde n'est pas convaincu. Mesdames, qu'est-ce que vous en pensez ? Est-ce que cet incident est un coup d'un soir avec le scandale ou est-ce la porte ouverte à bien pire ?

– Cela me brise le cœur, car mes enfants et moi adorons *Wiz Kids* ! dit la femme de, en portant une main sur la croix dorée qu'elle portait en pendentif. Je connais beaucoup de gens qui s'empressent de juger l'acteur, mais je refuse d'en faire tout un plat. Nous commettons tous des erreurs. Il a sans doute trop bu et aura appris une dure leçon.

– Malheureusement, ce n'est pas la première fois que l'acteur a un comportement douteux, dit la femme d'affaires. Depuis que cette histoire a éclaté lundi, de nombreux témoins rapportent avoir vu l'acteur ivre dans des bars, faisant la fête dans des clubs, entrant par effraction, recevant des plaintes de ses voisins pour tapage nocturne, et conduisant dans Hollywood avec des strip-teaseuses. Et tous ces incidents se sont produits au cours des trois derniers mois. Il me semble évident que Cash Carter ne commet pas de simples erreurs mais vit un genre de dépression nerveuse.

– Je suis d'accord, commenta la sportive à la retraite. Personnellement, j'ai été déshydratée à plusieurs reprises au cours de ma carrière. La façon dont M. Carter danse avant de s'évanouir n'est pas l'attitude de quelqu'un qui a besoin d'eau. On lui a injecté un mauvais remède, comme on disait sur le terrain. Je suis curieuse de savoir si cela affectera les taux d'audience de sa série quand elle reviendra à l'automne. J'imagine que de nombreux fans sont déçus.

– Vous voyez, je ne suis pas du tout d'accord, répondit l'humoriste. J'ai pris beaucoup de drogues dans ma jeunesse et je sais comme ça peut donner soif. Je veux bien croire le communiqué publié par ses représentants, je crois simplement qu'ils ont éludé certains détails.

Le public présent en studio rugit de rire. Un assistant accourut sur le plateau, tendit un carton à l'humoriste et s'empressa de retourner hors champ.

– Eh bien, on dirait que ça s'aggrave pour la star de *Wiz Kids*, dit-elle en lisant le carton. On a reçu une nouvelle pendant la dernière pause publicitaire. Des sources proches de la série disent que l'acteur n'est pas venu travailler aujourd'hui. Les entraînements pour les cascades de la saison 10 ont commencé ce matin, mais Cash Carter ne s'est pas présenté.

Le public se mit à huer et siffler. La femme de agita les mains sous ses yeux comme pour sécher des larmes qui ne coulaient pas.

– Je ne comprends pas pourquoi il agit de la sorte, dit-elle. En tant que parent, cela amène à des conversations très difficiles avec nos enfants quand ils voient leurs héros se comporter aussi mal. Le monde a les yeux sur Cash Carter depuis qu'il a douze ans, aujourd'hui il n'est pas le Dr Bumfuzzle que tout le monde connaît et adore.

– Mais n'est-ce pas là tout le problème ? demanda la femme d'affaires. Je n'ai jamais regardé la série mais même moi, je le connais sous les traits de son personnage. Et quand on est aussi identifiable, cela peut nuire à la longévité d'un acteur. Je vais être franche, ce gamin ne va probablement plus jamais travailler une fois que *Wiz Kids* sera terminé. Je parie qu'il commence à en prendre conscience et c'est la clé de son mauvais comportement. Cela doit être difficile à avaler de savoir qu'on passera le reste de sa carrière dans des conventions, surtout quand ses collègues moins célèbres obtiennent des rôles comme dans *Moth-Man*.

Le public acquiesça et applaudit à son analyse.

– Bien, nous souhaitons savoir ce que nos spectateurs en pensent, lança la sportive à la retraite face à la caméra. Cash Carter est-il le prochain Bieber, Britney ou Bynes ? Est-ce une dépression, une régression ou une simple déception ? Combien d'avertissements encore avant qu'il ne soit hors jeu ? Allez sur notre site pour partager vos impressions et tentez de gagner des vacances à Porto Rico, offertes par American Airlines. On revient tout de suite.

« Le Panel » laissa place à une page de publicité, mettant fin à la transe hypnotique dans laquelle l'émission avait plongé Topher, Joey, Sam et Mo. L'émission avait beau les mettre dans tous leurs états, ils n'avaient pu s'empêcher de la regarder. Ils se tournèrent tous vers Cash avec une profonde sympathie sur le visage, mais une fois encore ils paraissaient plus affectés que l'acteur lui-même. Cash se contenta de pousser un long soupir et se frotta les yeux, comme s'il avait reçu un courrier administratif plutôt que des critiques à la télévision nationale.

– J'ai assez fui la réalité comme ça, déclara-t-il. Allez dîner sans moi. Je vais retourner à l'hôtel et passer quelques coups de fil avant que les choses ne s'enveniment.

Cash se dirigea vers la sortie, mais Topher se sentit contraint de lui demander quelque chose avant son départ.

– Dis, Cash ? Ce n'est pas vrai, n'est-ce pas ? Tu n'es pas vraiment en train de rater ton travail pour ce voyage avec nous ?

L'acteur se tut un instant avant de répondre, ce qui n'était pas rassurant.

– Bien sûr que non. C'est des conneries pour continuer à parler de moi. Je vous retrouve demain matin.

L'acteur sortit de la boutique et marcha dans la vieille ville vers le Teepee Inn. Les autres explorèrent le quartier à la recherche d'un restaurant de cuisine tex mex et en trouvèrent un appelé Texmexillo. Ils commandèrent une montagne de guacamole et d'entrées noyées dans le fromage mais ils se parlèrent à peine de tout le repas. Ils restèrent scotchés à leurs téléphones pour consulter les blogs et forums de *Wiz Kids*. Hélas, les dernières mésaventures de Cash étaient sur les lèvres de tous les Wizzers.

– C'est incroyable que cette histoire continue de tourner, dit Sam. Que tous les Wizzers se focalisent sur Cash, c'est une chose… mais que le monde entier parle du fait qu'il ne soit pas allé travailler aujourd'hui ! Il n'y a vraiment pas d'informations plus importantes ?

– Et les gens croient ces bêtises, ajouta Mo. Au Royaume-Uni, un tabloïd appelé *The Beast* a dit qu'il n'allait pas travailler parce qu'il se cache d'un baron de la drogue russe à qui il doit de l'argent… et maintenant, un Wizzer de Floride lance une page GoFundMe pour l'aider à payer ses dettes !

Joey haussa les épaules.

– On a cru des choses assez stupides au sujet de Cash auparavant. Vous vous rappelez la rumeur prétendant qu'il quittait *Wiz Kids* pour participer à une mission de la NASA sur Mars ? On était obsédé par cette nouvelle et elle ne provenait même pas d'une source fiable. Qui sait ce qu'on serait prêt à croire si on n'était pas avec lui ?

Topher éteignit son téléphone et s'enfonça dans son siège. De forts soupçons le rongeaient depuis un moment mais, jusqu'à présent, il n'avait pas eu de véritable raison de les exprimer face au groupe.

– Est-on sûr que Cash est honnête avec nous ?

– Ouais, presque trop, répondit Mo.

Sam et Joey acquiescèrent, sans comprendre pour autant où Topher voulait en venir.

– Je sais qu'on veut défendre et protéger Cash parce qu'on s'amuse beaucoup avec lui, mais est-ce qu'on a la preuve que les médias n'ont pas raison à son sujet ? Et s'il s'était vraiment drogué le soir du concert ? Et si toutes les pilules qu'il prenait n'étaient pas pour ses sinus ? Et si se joindre à nous était un signe de sa dépression ? Peut-être qu'il étire toujours la vérité pour couvrir la vérité !

Au vu des visages inquiets de ses amis, Topher comprenait que l'idée leur avait aussi traversé l'esprit mais, tout comme lui, personne ne voulait mettre en doute la parole de l'acteur.

– Topher, tu as lu trop de John Grisham, dit Joey. Je crois que Cash se faisait une mauvaise réputation à Los Angeles et voulait se vider la tête, alors il a sauté sur la première occasion qui s'est présentée à lui de fuir. Malheureusement, cela s'est retourné contre lui. Oui, il boit comme un poisson, il fume probablement trop de beuh et il n'hésite pas à faire des mélanges avec les médicaments, mais je crois qu'on serait au courant s'il était mentalement déséquilibré ou accro à quelque chose.

– Je suis d'accord, répondit Mo. Avec toutes les conneries qui sortent de sa bouche, je doute qu'il serait capable de nous cacher des secrets inavouables. Au contraire, je parie qu'il adorerait en parler pour voir nos regards terrorisés… ça a l'air de le faire jouir.

Tout le monde rit, mais Topher se sentit coupable d'en avoir parlé, et préféra se taire.

– Je comprends ce que tu veux dire, Topher, intervint Sam. Mais tu te souviens de ce que tu as dit au McCarthy's ? De laisser Cash être humain parce qu'il n'en a jamais l'occasion ? Eh bien, tu avais raison. Là, il a trop montré son côté humain et le monde entier parle de lui comme d'un minable. Alors le moins qu'on puisse faire, c'est lui accorder le bénéfice du doute. Personne d'autre ne le fait.

Topher lui sourit avec douceur. Seul Sam pouvait dire à Topher qu'il avait tort tout en le faisant se sentir mieux. En réalité,

Sam était la seule personne au monde qui lui faisait éprouver des sentiments uniques… et plus Sam lui souriait, plus fort Topher les ressentait.

– J'en peux plus de Kylie Trig ! s'exclama Mo en rangeant son téléphone d'un geste théâtral.

– Qu'est-ce qu'elle a encore fait ? demanda Joey.

– Apparemment, elle essaie d'organiser une manifestation de Wizzers devant la maison de Cash à Los Angeles. Elle croit que ça l'incitera à retourner travailler. Je n'ai pas pu me résoudre à regarder sa dernière vidéo. Est-ce qu'on peut changer de sujet, je vous en prie ? Parlons d'autre chose !

– J'ai vraiment aimé le musée aujourd'hui, répondit Sam.

– Oh ouais, c'était génial, dit Joey. C'est une histoire tellement incroyable.

– C'est clair ! dit Mo. On aurait cru que c'était tiré des pages de mes fanfictions. Vous imaginez aimer une personne au point de vouloir mourir pour elle ? J'en ai le cœur brisé.

– Je commence à l'imaginer, répondit Topher.

S'efforçant de ne pas réagir, Sam pouvait sentir le regard lourd de sens de Topher posé sur lui. Alors un puissant éclair de culpabilité éclata au fond de lui. La sensation de brûlure fut si forte qu'il se mit à craindre un ulcère s'il ne faisait rien pour y remédier. Sam ne pouvait plus cacher la vérité à Topher. La prochaine fois qu'ils se retrouveraient seuls, il allait tout lui dire, et comme il n'avait aucun moyen de savoir quelle serait la réaction de Topher, Sam craignait cet instant comme la peste.

Plus tard au Teepee Inn, Sam ne put fermer l'œil à cause de la confession qui germait dans son esprit. À minuit, il décida d'aller marcher pour se changer les idées. Il rassembla ses affaires et se faufila discrètement hors du tipi numéro 3 sans réveiller ses amis.

À une heure aussi tardive, la vieille ville d'Amarillo était totalement déserte. Sam ouvrit l'œil, à l'affût de la moindre personne ou chose qui se cacherait dans l'obscurité, mais il était totalement seul avec ses pensées. Il erra dans les rues pendant deux heures, sans que le vieux quartier à l'ouest de la ville ne lui offrît aucune solution nouvelle.

Sam s'assit sur un banc juste à l'extérieur de la prison-musée de Bundy et Claire et pria pour que le fantôme de Claire Carmichael daigne se montrer et lui donne un conseil sur la façon d'échapper à cette épineuse situation.

– Salut, capitaine !

Sam bondit en entendant cette voix inattendue. Elle résonna dans toute la rue mais il fut incapable de trouver d'où elle provenait.

– Là-haut !

Il leva les yeux et vit Cash assis sur le toit de la prison-musée. L'acteur tenait une bouteille ouverte de Johnnie Walker dans une main et un gobelet en plastique dans l'autre. Un sourire en coin, les yeux brillants, il était visiblement éméché. Sam pouvait sentir le whisky dans l'haleine de Cash de là où il était assis.

– Qu'est-ce que tu fous là-haut ?

– Je me la colle, rit Cash. Toi non plus, tu dormais pas ?

– Je pense trop à la fac. C'est rien à côté de ce que tu vis. C'est normal que tu sois encore debout.

– Ouais, cette journée m'aura bien baisé ! Y a ça et le fait que mon tipi pue la pisse de chat et les regrets. Tu montes me rejoindre ? Ça sert à rien de faire les insomniaques en solo.

Sam haussa les épaules ; il n'avait rien de mieux à faire.

– Comment je monte ?

– Il y a une échelle à l'arrière près des poubelles.

Sam trouva l'échelle et grimpa sur le toit. La vue n'était pas bien différente de celle du banc en contrebas mais ils pouvaient apercevoir les lumières du centre d'Amarillo et des banlieues au loin.

– Tu veux un verre ?

D'instinct, Sam allait refuser mais, compte tenu de son état, il se dit qu'il en avait bien besoin.

– Je n'ai jamais bu auparavant, dit Sam. Ça va m'aider à dormir ?

– Comme du lait maternel.

L'acteur versa du whisky dans un autre gobelet pour Sam avant de remplir le sien. Cash jeta la tête en arrière et but le sien d'une traite et Sam l'imita. Après avoir avalé, Sam toussa et s'étouffa comme si l'acteur l'avait empoisonné.

– Ça a un goût de pétrole ! s'écria Sam. Comment tu fais pour boire ce truc ?

– Au début ça brûle, et puis ça t'anesthésie. Et j'ai bien besoin d'une petite anesthésie après une journée pareille.

L'acteur remplit à nouveau leurs verres et ils burent à nouveau cul sec. Le deuxième verre passa plus facilement mais resta très déplaisant. Sam sentit la chaleur monter dans ses joues et son esprit ralentir comme s'il avait pris beaucoup de sirop anti-rhume ; le changement n'était pas désagréable. Puis les mots se mirent à se déverser de sa bouche avant même qu'il ait le temps d'y penser.

– Je suis désolé que la Terre entière soit sur ton dos. C'est tellement cruel que tout le monde analyse tes moindres faits et gestes. C'est comme si on oubliait que tu es un être humain parce que tu passes à la télé.

– J'ai l'habitude, répondit Cash. Tu perds ton droit à une humanité à la seconde où tu deviens célèbre. C'est comme ça, alors je ne vais pas me mettre à pleurnicher. Ça ressemble à la façon dont les gens traitaient les monarques à l'époque. Tout roule, puis la révolution éclate et là, on veut ta tête. Cette semaine, c'est à mon tour de jouer Marie-Antoinette, la semaine prochaine ce sera à quelqu'un d'autre.

– Ce n'est pas juste pour autant. Et ça vaut ce que ça vaut mais je me fiche de savoir ce que les femmes du « Panel » disent. Tu travailleras à nouveau, c'est évident. N'importe quel réalisateur ou studio aurait de la chance d'avoir une personne aussi talentueuse et populaire que toi dans son projet. C'est idiot de penser le contraire.

– Oh non, elles ont raison. (Cash rit.) Mais ce n'est pas une nouvelle, je le sais depuis la saison 2. Je n'oublierai jamais la fois où un réalisateur a refusé de me voir en audition pour son *reboot* du *Chihuahua de Beverly Hills*. Pour une leçon d'humilité, on ne fait pas mieux. Mais je m'en fiche. C'est la vie, n'est-ce pas ?

L'acteur prit une gorgée directement au goulot de la bouteille de whisky et contempla les lumières de la ville devant lui. Sam ne comprenait pas comment il pouvait se montrer aussi détaché.

– Qu'est-ce qui t'atteint alors ? Sans indiscrétion, si le monde disait ou pensait de moi la moitié de ce qu'on dit sur toi, je serais désespéré.

Cash dut réfléchir un instant avant que la réponse ne lui vienne.

– Je crois que ce qui m'embête le plus, c'est d'être renvoyé à quelque chose qui n'existe pas. Ça te grille le cerveau d'être jugé selon des éléments de fiction. Les gens me voient comme un expert en physique quantique depuis que j'ai douze ans et chaque fois que je me montre différemment, on réagit comme si je faisais quelque chose de mal, comme si j'offensais les gens personnellement, du fait que je sorte des limites du personnage que je joue à la télévision. Tu comprends ce que je veux dire ?

Sam acquiesça à son tour. Sa réponse résonnait en lui plus que Cash ne pouvait l'imaginer.

– Je crois. Parce qu'on te voit dans ce rôle depuis si longtemps, on ne réalise plus que c'est une performance. Alors chaque fois qu'on leur rappelle que ce n'est pas vrai, c'est une trahison ou une attaque de quelque chose qu'on aime.

– Voilà. Les gens sont accros au fantasme que tu leur offres et ils se retournent contre toi à la seconde où tu arrêtes de le leur donner. Tu sais, si j'étais une rock star, personne ne parlerait de moi en ce moment. La seule raison pour laquelle ça prend de telles proportions, c'est parce que que je ne suis pas comme le Dr Bumfuzzle. Tu vois ce que je veux dire ?

– Complètement, répondit Sam doucement. Les gens ont des attentes faussées et t'en veulent quand tu ne peux pas y répondre. C'est ta faute si tu n'es pas celui qu'ils veulent que tu sois. C'est toi, le malade. C'est toi, le monstre. Alors qu'en réalité tu essaies juste d'être… toi-même.

Il ignorait si c'était le whisky ou la conversation, mais Sam s'émut. Il se tourna vers les lumières de la ville pour cacher ses yeux luisants.

Cash était choqué de voir combien Sam le comprenait.

– Exactement, dit-il. Pour être honnête, c'est ce qu'il y a de plus dur avec *Wiz Kids*. Rien n'est pire que de savoir que le monde entier te voit comme quelque chose que tu n'es pas. Tu te sens seul, tu es frustré et tu as plus mal que les gens ne peuvent…

Soudain, Sam éclata en sanglots, comme un système d'arrosage automatique cassé. Les larmes coulèrent sur son visage si fort qu'il ne s'arrêta plus de les essuyer. Il sanglotait tellement qu'il n'arrivait plus à respirer et poussait des jappements semblables à ceux d'un chiot. Cet élan d'émotion prit Cash totalement par surprise et il fixa Sam comme un vase qu'il aurait cassé par accident en étant ivre.

– Euh… Sam, qu'est-ce qu'il y a ?

– Rien ! renifla Sam. Ç-ç-ç-ça va !

– J'ai dit quelque chose de mal ?

– N-n-n-non ! Je te c-c-c-comprends plus que tu ne peux imaginer.

Sam utilisa son T-shirt tout entier pour essuyer ses larmes mais elles continuèrent de couler.

– Tu veux en parler ?

– Je ne peux pas ! Je ne peux en parler à personne encore.

– Heureusement pour toi, je ne suis pas une personne, je suis une célébrité, tu te souviens ? rit Cash, en vain. Sans vouloir te commander, tu ferais mieux d'en parler avant d'inonder toute la ville. Tu te sentiras mieux.

Comme emporté par ses émotions, Sam ne put garder son secret enfoui plus longtemps.

– Je suis transgenre ! Je sais ce que c'est quand tout le monde te voit différemment de ce que tu es car j'ai vécu ça toute ma vie. Je n'ai jamais rencontré quelqu'un qui puisse comprendre… mais tout ce que tu as dit était vrai ! Nous sommes tous les deux piégés ! Nous sommes tous les deux prisonniers d'attentes injustes !

Il fallut un instant à Cash pour digérer la confession. Il avait cru qu'il s'agissait du financement des études, de problèmes avec ses amis ou d'un souci avec sa mère, mais il n'avait jamais imaginé un dilemme aussi personnel. L'acteur regarda autour d'eux sur le toit pour voir s'il n'y avait pas quelqu'un de mieux qualifié que lui pour gérer la situation mais il était le seul sur lequel Sam pouvait compter.

– Waouh… Je croyais juste que tu aimais te *looker* comme Anne Hathaway. Tu es sûr que tu es transgenre ?

– Bien sûr que je suis sûr. Ce n'est pas un truc qu'on dit pour le kiff. Je ne me suis jamais senti fille. Chaque fois que je me vois dans un miroir ou en photo, j'ai l'impression de regarder une autre personne. Je sais que je suis trans comme je sais qu'on n'a pas le droit de boire sur ce toit.

– Tu en as déjà parlé à quelqu'un d'autre ?

– Je suis allé voir un psy à Downers Grove. En gros, il m'a dit que j'étais un malade mental. En dehors de lui, tu es la seule personne au courant.

– Eh bien, c'est difficile pour certains de comprendre…

– Ça ne devrait pas l'être ! J'ai le cœur et l'esprit d'un homme et je veux que le reste corresponde, c'est aussi simple que ça.

– Donc tu n'en as pas parlé à tes amis ni à ta famille ?

– Ma mère doit croire que les transgenres sont une espèce de tigre rare. Quand j'étais plus jeune, je ne voulais pas en parler à mes amis parce que j'avais peur de leurs réactions. Maintenant, je sais qu'ils m'accepteraient, j'ai simplement peur que la vérité ne fasse de mal à quelqu'un.

– Tu prêches un converti, répondit Cash. J'imagine que tu parles de Topher, hein ?

Sam le regarda comme si l'acteur avait lu dans ses pensées.

– Comment tu le sais ?

– Je t'en prie, ce gamin est plus transparent qu'un papier calque. Je vois comment il te regarde dans la voiture et quand on est à table. C'est à la fois adorable et pathétique.

– Eh bien, selon la loi de l'attraction…

– Quoi ? s'écria Cash. Tu veux dire que, toi aussi, tu en pinces pour Topher ? Eh ben, tu le caches bien mieux que lui.

Sam fit un hochement de tête.

– Je l'ai découvert récemment. Je croyais autrefois que je cachais la vérité à Topher pour le protéger, je ne voulais pas qu'il soit blessé en prenant conscience que la fille de ses rêves est en réalité un garçon. Maintenant, je réalise que je me cache la vérité pour me protéger. Je crains qu'il n'aime pas qui je suis réellement ou qu'il m'en veuille en apprenant que je lui ai menti. Je comprendrais que notre relation n'aille pas plus loin qu'une amitié mais je ne peux rien imaginer de pire que de le perdre totalement.

– Houlà… Aucune chanson de Taylor Swift ne te sortira de là.

– Non.

Cash versa une nouvelle tournée de whisky, et ni l'un ni l'autre ne sentit de brûlure dans la gorge cette fois.

– Pardonne mon ignorance mais est-ce que tout ça va changer ? demanda l'acteur. Est-ce que tu vas te mettre à préférer les filles une fois que tu auras entamé ta transition ?

– Non, l'identité de genre et l'orientation sexuelle n'ont absolument rien à voir, expliqua Sam. La plupart des gens ne comprennent pas que ce sont deux questions distinctes, que chaque personne trans vit différemment. Il y a plusieurs façons de faire sa transition mais cela change rarement l'orientation sexuelle.

– Vraiment ? Je ne savais pas qu'il y avait des options.

– Bien sûr. Certaines personnes trans sont *gender fluid* et passent de femme à homme au fil du temps. Certaines sont non binaires et peuvent ne pas s'identifier à l'un ou l'autre, ou alors s'identifient aux deux. D'autres sont transsexuelles et s'identifient émotionnellement et psychologiquement au sexe opposé, comme moi. Tu peux changer un corps mais tu ne peux pas changer une âme. Le cœur désire ce qu'il désire, point.

– Waouh, c'est incroyable.

– Je t'en prie, c'est pas comme si on était des êtres surnaturels.

– Non, je voulais dire que tu es incroyable. La plupart des gens passent la vingtaine, voire la trentaine, à se chercher, mais toi, tu sais exactement qui tu es avant même d'entrer à la fac. Tu es un exemple.

Sam s'était tellement focalisé sur ses désavantages qu'il n'avait jamais réalisé qu'il pouvait y avoir un avantage caché au milieu.

– Merci… Je n'avais jamais vu les choses sous cet angle. C'est difficile de comprendre qui on est dans ce monde, mais c'est encore plus difficile de l'assumer.

– Le monde n'a jamais été super mais cela ne devrait pas t'empêcher d'être qui tu es. Ce ne sera pas facile, mais qu'est-ce qu'il y a de pire que de vivre la vie de quelqu'un d'autre ? Moi, par exemple. J'ai énervé les fans de science-fiction prépubères du monde entier en étant moi-même, mais je ne reviendrai pas en arrière. Tu as peut-être peur maintenant mais il faut que tu imagines comme tu te sentiras bien quand tu auras atteint ton but. Il faut que cela t'encourage au lieu de te faire peur.

Sam acquiesça et essaya de se montrer courageux, mais c'était la première fois qu'il avait l'impression que quelqu'un l'écoutait vraiment, plutôt que de l'analyser. Deux larmes coulaient encore sur ses joues, que Cash essuya avec sa manche. Sam n'arrivait pas à croire qu'il parlait au même homme rencontré dimanche.

– D'où te vient toute cette sagesse ? demanda-t-il. Où était ce type quand l'autre Cash nous faisait fumer et nous donnait des fausses cartes d'identité ?

Cash rit.

– Les transitions apportent beaucoup en sagesse et tu n'es pas le seul à en vivre une. Je suis en train de devenir un bon vieux *has been*, tu te souviens ?

Pour la première fois de la soirée, Sam sourit. L'acteur leur versa une dernière tournée de whisky avant qu'ils ne retournent au Teepee Inn. Cash brandit son verre pour trinquer.

– À la transition, dit Cash.

– À la transition, répéta Sam.

Chapitre 17

TOUTE LA VÉRITÉ, RIEN QUE LA VÉRITÉ

Ce jeudi matin, le gang de Downers Grove s'autorisa à faire la grasse matinée puisqu'il s'agissait d'une des journées les plus légères de leur programme. Les heures de sommeil supplémentaires étaient plus que bienvenues après qu'ils avaient passé la nuit précédente sur le béton d'un parc de loisirs abandonné. Sam n'avait pas retrouvé son lit avant trois heures et demie après sa conversation sur le toit avec Cash, aussi apprécia-t-il beaucoup ce repos additionnel. Il se réveilla avec un léger mal de crâne à cause du whisky, mais il était dans le même temps très soulagé. Certes, ses problèmes étaient loin d'être terminés, mais avoir eu la chance de parler à quelqu'un lui avait plus que jamais remonté le moral.

À dix heures, Topher, Joey, Sam et Mo se rassemblèrent devant la porte du tipi numéro 5 pour prévenir Cash qu'ils allaient prendre la voiture pour aller à Albuquerque, au Nouveau-Mexique.

À travers la porte, ils pouvaient l'entendre parler au téléphone, et l'acteur n'était pas content.

– Salut Carl, c'est Cash. Ouais, j'ai perdu mon tél… Je t'appelle d'Amarillo… Écoute, je viens tout juste d'avoir ton message… Il faut qu'on s'en occupe tout de suite ou ça peut attendre mon retour à Los Angeles ? Je devrais rentrer lundi.

– On devrait attendre dans la voiture, proposa Topher à ses amis. Ça ne se fait pas d'écouter aux portes comme…

– Putain, un procès ? hurla Cash.

Là-dessus, Topher, Joey, Sam et Mo dirent adieu à tout sens de moralité et se penchèrent plus près de la porte pour mieux entendre l'acteur. Mo vida même son café Starbucks dans l'herbe pour poser le gobelet contre la porte à la manière d'un stéthoscope.

– Ils ont pété un câble ! poursuivit Cash. On n'a jamais commencé l'entraînement pour les cascades aussi tôt avant un tournage… S'ils avaient un message à faire passer, ils pouvaient le faire par téléphone, pas par voie légale… Damien veut que ça fuite pour me foutre la honte… Ouais, je sais qu'ils ne savent pas tout mais je ne veux pas qu'ils le sachent tout de suite… Parce qu'ils trouveront le moyen de l'utiliser à leur avantage… D'accord, si ça m'évite que des poursuites finissent dans tous les journaux, envoie-leur ce qu'il faut… Ils peuvent faire ce qu'ils veulent, mais je refuse qu'on annonce quoi que ce soit avant mon départ… Bon, je dois y aller.

Cash raccrocha et sortit si vite du tipi numéro 5 que les autres eurent une demi-seconde pour trouver une position qui ne trahisse pas ce qu'ils faisaient.

– Bonjour, dirent-ils tous à l'unisson.

Cash ne répondit pas et ne regarda personne dans les yeux.

– On va où ? lança-t-il d'un ton énervé.

– Albuquerque, répondit Topher. Mais on s'arrêtera à la tour d'observation des ovnis et à Dinoworld en chemin.

– Compris. Eh ben, restez pas plantés là, on décolle.

L'acteur mit ses lunettes de soleil, son sac à dos par-dessus l'épaule, et mena la charge vers le break sur le parking. Le gang de Downers Grove échangea un moment de malaise avant de le suivre. Ils avaient vu de nombreuses facettes de Cash Carter au cours de la semaine mais, ce jour-là, il se comportait totalement différemment. Il était groggy et grincheux, comme si le vent ne le portait plus. Ils savaient que quelque chose n'allait pas, mais ne voulaient pas lui demander quoi.

– À votre avis, qu'est-ce qui se passe ? chuchota Mo aux autres.

– Je crois qu'il commence à prendre conscience de tout, répondit Joey. Avec un peu de chance, la tour d'observation devrait lui remonter le moral.

Le break prit la route 40 avec Joey au volant et se dirigea vers l'ouest, direction Albuquerque au Nouveau-Mexique. Cash n'avait pas l'air d'avoir envie de parler, donc tout le monde se tut et écouta la radio le long du trajet. L'acteur voyait bien qu'on le laissait tranquille et il l'appréciait vraiment.

– Je suis désolé d'être aussi calme, dit-il. Je me suis juste levé du pied gauche ce matin.

– Pas de problème, répondit Topher. Surtout après la semaine que tu as eue.

– Ouais… Bon, c'est quoi, cette tour d'observation des ovnis ? Pourquoi on s'arrête là-bas ?

– C'est l'endroit du fameux atterrissage d'un ovni en 1948, expliqua Joey, mais il vit bien que l'acteur ne savait pas de quoi il parlait. Tu n'en as jamais entendu parler ?

Cash secoua la tête.

– Il faut croire que j'étais trop occupé à perdre ma virginité. Désolé, c'était malpoli de ma part. Il faut sans doute que je m'explique pour que vous ne preniez pas mon attitude personnellement.

Tout le monde se tint un peu plus droit sur son siège, curieux de connaître le contenu de sa conversation téléphonique. Cash prit une profonde inspiration et se frotta les paupières sous ses lunettes avant de s'expliquer.

– J'ai découvert ce matin que l'entraînement aux cascades avait bien commencé hier. Cela commence toujours trois semaines avant que la production d'une nouvelle saison ne commence, et nous ne sommes pas censés tourner avant la mi-août. Je crois que l'histoire à Saint-Louis a inquiété les producteurs, qui ont anticipé l'entraînement d'un mois pour me faire rentrer avant que je ne fasse une autre scène. Ils ont menacé de me poursuivre si je ne rentrais pas, mais mon contrat stipule clairement qu'il me faut deux semaines de préavis avant que l'entraînement ne commence, donc mon avocat s'en occupe. Bref, aujourd'hui je suis en mode *Black Swan*. Alors je vais continuer à me taire le temps que ça passe.

– Pas de problème, répondit Topher.

– Ouais, prends tout le temps qu'il faut, ajouta Sam.

Trois heures et demie plus tard, au mille cinq cent cinquantième kilomètre de leur voyage qui devait au départ en faire trois mille, la voiture atteignit le parking de la tour d'observation des ovnis, quelques kilomètres après la petite ville de Santa Rosa. La tour ressemblait à la tour Space Needle à Seattle, mais devait faire un bon quart de moins et était fabriquée dans un piètre métal. Elle avait la forme d'une soucoupe volante, suspendue au-dessus du sol grâce à cinq piliers en béton.

Les voyageurs se garèrent et montèrent un escalier en colimaçon raide. L'intérieur de la tour d'observation se composait d'une grande pièce ronde avec un plafond de verre. Les murs étaient recouverts de dessins de différents vaisseaux extraterrestres, d'espèces d'aliens et de photos d'apparitions d'ovnis les plus connus à travers le monde. La plupart des objets volants non identifiés ressemblaient à des soucoupes, mais certains étaient triangulaires, d'autres, de simples boules de lumières multicolores.

Les souvenirs étaient tout aussi (sinon plus) minables que les objets de la prison-musée. Il y avait des autocollants LA VÉRITÉ EST AILLEURS, des panneaux TRAVERSÉE D'EXTRATERRESTRES et des serre-tête ornés d'antennes d'aliens. Il y avait des T-shirt de mauvais goût disant NOUS VENONS EN PAIX, J'AI ÉTÉ ENLEVÉ PAR LES EXTRATERRESTRES ET JE N'AI EU QUE CE T-SHIRT POURRI, ou encore JE REPRENDRAIS BIEN UN PETIT COUP DE SONDE. Il y avait aussi des peluches en forme d'alien, des posters de Sigourney Weaver, des romans de Shirley MacLaine, et la série complète *X-Files* en DVD.

Topher, Joey, Sam et Mo étaient très amusés par les objets à vendre, mais Cash levait les yeux au ciel et soupirait face à chacun d'entre eux.

L'unique employée se tenait derrière la caisse, lisant un livre sur son Kindle. Topher et les autres avaient déjà parcouru la moitié de la boutique avant qu'elle ne remarque leur présence.

– Bonjour, dit Topher. Vous êtes ouverts ?

– Ah, bonjour, *hola*, *guten tag*, *buenos dias* et *kon'nichiwa*, répondit-elle en se levant pour les saluer. Bienvenue à la tour d'observation des ovnis, où vous pourrez trouver toutes les informations sur les extraterrestres et visiter les expositions sans coût supplémentaire. Nous sommes ouverts tous les jours hormis les jours fériés ou à moins que je n'officie comme jurée au tribunal.

Je suis le Dr Darla Plemons, la propriétaire et fervente croyante que « la vérité est ailleurs ». Qu'est-ce qui vous amène dans notre boutique aujourd'hui ?

Darla parlait avec l'énergie et l'enthousiasme d'un directeur de camp de vacances sous meth. Elle était grande, mince, arborant une veste avec des centaines de badges et de pin's sur le thème des aliens. Le gang était épuisé rien qu'à la regarder. Cash fit même quelques pas en arrière pendant les présentations.

– Nous sommes en route de l'Illinois à Santa Monica, expliqua Joey. Nous avons tous lu que le crash d'un ovni a, a priori, eu lieu ici en 1948 et nous avons vu sur votre page Facebook que vous exposiez des objets.

– Le crash qui a, a priori, eu lieu ? répéta Darla comme si elle parlait à une foule immense. Mon ami, si vous pensez que ce ne sont que des racontars, alors le gouvernement a déjà gagné. Je parie que vous croyez aussi que nous sommes vraiment allés sur la Lune et que c'est Lee Harvey Oswald qui a tiré sur John Fitzgerald Kennedy.

– Donc le crash a vraiment eu lieu ? demanda Sam.

– Est-ce que George Washington avait des dents en bois ? Est-ce que Walt Disney a été cryogénisé juste après sa mort ? Est-ce que Beyoncé a été créée dans un laboratoire à Houston comme instrument pour la paix dans le monde ?

La réponse ne fit que les perdre davantage et ils la fixèrent d'un air hébété.

– Ça me dépasse aussi, répondit Darla en haussant les épaules. Il n'y a absolument aucune preuve pour vérifier ou démentir ces théories.

– Une théorie prétend que Beyoncé a été créée dans un laboratoire ? rebondit Mo.

– Quand il s'agit de résoudre des conspirations, il ne faut pas regarder les informations qu'on vous donne, seulement les informations qu'on ne vous donne *pas*, répondit Darla avec le clin d'œil d'une poupée cassée. En ce qui concerne le crash d'ovni en 1948, le gouvernement a consacré beaucoup de temps et d'efforts pour nous dire que ça ne s'était pas produit.

– Je n'arrive pas à savoir si elle est géniale ou complètement jetée, murmura Topher à ses amis.

– Elle est jetée à cent cinquante pour cent, répondit Cash.

Darla tapa dans les mains.

– Alors vous voulez voir plein de chouettes bidules d'aliens ou quoi ?

Elle les conduisit à l'autre bout de la pièce où une boîte carrée était recouverte d'un tissu noir. Elle posa les mains dessus comme si un animal exotique risquait d'en jaillir à tout moment.

– Avant que ces objets ne vous soient révélés, il me semble important de vous donner une petite leçon d'histoire. Imaginez, 1948, le Nouveau-Mexique. Truman est président et il n'y a rien à faire sinon se reproduire, élever du bétail et mourir. Deux fermiers solitaires, Elmer et Essie Fitzpatrick, sont réveillés une nuit d'été par les bruits de leur troupeau devenu fou. Ils se précipitent dehors pour voir ce qui se passe et voient de la fumée au loin. Ils en approchent aussi vite que le permet le pied bot d'Elmer. À l'emplacement exact de cette tour, les fermiers découvrent une soucoupe volante écrasée et quatre cadavres d'aliens à l'intérieur !

– Top, répondit Joey.

– Ben voyons, dit Cash.

– Qu'ont fait les fermiers ? demanda Sam.

– Ce que n'importe quel couple respectable ferait face à une telle découverte : ils ont appelé le shérif. Cependant, Elmer et Essie ne réalisent pas tout de suite ce qu'ils ont découvert. Ayant été des simples gens de la campagne au milieu de la seconde guerre mondiale, et de parfaits racistes, le couple présume que ces quatre petits hommes verts au milieu des décombres sont des pilotes de chasse japonais. Alors le shérif appelle immédiatement l'armée après le coup de fil des Fitzpatrick. Elle se rend jusqu'à une base au sud du Nouveau-Mexique et se retrouve en trois heures sur le lieu du crash, mais quelques secondes lui suffisent pour comprendre ce qu'elle voit. L'armée nettoie l'endroit en moins d'une heure et envoie le vaisseau et les corps dans un centre gouvernemental tenu secret. On dit aux Fitzpatrick que l'engin était une sonde météo et que les corps étaient ceux de quatre petites personnes inconscientes qui l'ont volée. Mais heureusement pour nous, Elmer Fitzpatrick a eu la présence d'esprit de prendre un morceau du vaisseau juste avant !

Darla découvrit la vitrine d'exposition avec zèle, dévoilant une très fine couche de ferraille.

– Du papier d'alu, quoi, commenta Cash.

– Je vois qu'il y a un *sceptique* parmi nous, répondit Darla qui se focalisa sur lui. Si vous croyez que c'est un simple morceau d'aluminium, alors répondez à cette question : comment les Fitzpatrick ont pu mettre la main sur un morceau de papier d'aluminium alors qu'il y avait une pénurie d'aluminium au Nouveau-Mexique à la fin des années quarante à cause de la seconde guerre mondiale ?

– Rien à foutre des Fitzpatrick, peut-être que vous l'avez foutu là ce matin, on n'en sait rien. On voit encore de la graisse de poulet dans le coin.

– Vous seriez surpris de voir comme la graisse de poulet ressemble et a l'odeur de l'ADN extraterrestre. Faites-moi confiance, j'ai un doctorat en ovnilogie de l'université en ligne William-Shatner. À présent, suivez-moi vers notre seconde pièce.

Darla conduisit le groupe de l'autre côté de la boutique où une autre vitrine carrée était recouverte d'un drap noir. Elle le retira immédiatement et les autres contemplèrent à l'intérieur un ensemble de morceaux de métal irréguliers.

– C'est quoi ? demanda Mo.

Darla regarda autour d'elle pour s'assurer qu'aucun membre du gouvernement ne l'écoutait.

– Voici des implants extraterrestres trouvés dans le corps de personnes enlevées par des aliens, murmura-t-elle. On les a retirés à des personnes du monde entier, sur lesquelles des grands gris, des petits gris, des blonds nordiques, des xénomorphes et des Reptoïdes ont fait des expériences. Comme vous pouvez le constater, chaque espèce laisse un objet de forme différente à l'intérieur de ses victimes.

– À quoi servent ces implants ? demanda Sam.

– Personne ne le sait. Leur technologie est si avancée que nous ne pouvons la comprendre. Selon toute vraisemblance, il s'agit de systèmes de géolocalisation, ce qui signifie que les aliens doivent nous écouter en ce moment même !

– On dirait des pièces de métal d'un vieux jeu de société, dit Cash. Attendez… c'est exactement ça. Il y a même un coin du candélabre du Cluedo, et là au centre, c'est le chien du Monopoly.

Daria haussa les épaules.

– Je n'ai jamais dit que tous les kidnappés étaient honnêtes. Certaines personnes feraient n'importe quoi pour un peu d'attention.

– Seulement les kidnappés ? lança Cash en la fixant du regard. Parce que je suis à peu près sûr que vous ne racontez que des conneries.

Les autres furent choqués par l'impolitesse de l'acteur.

– Cash ! s'exclama Topher.

– Je suis désolé mais tout ça, c'est des conneries, et tous ceux qui croient cette femme sont des cons finis.

– Mec, arrête, intervint Joey. On est là pour rire un bon coup. Ne le prends pas aussi sérieusement.

– Désolé mais ça ne me fait pas rire. Je ne trouve pas ça drôle parce que certaines personnes le prennent sérieusement, justement, même quand on leur dit que tout est faux, elles y croient quand même. Puis au lieu d'affronter la vérité, elles passent leur vie entière à en faire leur réalité et se foutent du mal qu'elles font au passage. Moi, j'ai déjà fait ma part, je n'ai pas besoin de venir dans une tour d'observation pour le voir. Je vous retrouve dehors.

Cash partit en trombe et dévala l'escalier en colimaçon. Les autres restèrent interloqués par le coup d'éclat de l'acteur. Il faisait une vraie crise, et ils ne l'avaient jamais vu dans un tel état auparavant.

– Veuillez excuser notre ami, dit Topher. Il traverse une période très difficile. Je vais aller lui parler.

Darla leva une main pour empêcher Topher de suivre Cash.

– Je m'en occupe, dit-elle avec assurance. Pour mon doctorat en ovnilogie, j'ai dû suivre plusieurs cours de conseil et de management de crise. Profitez de la tour, je vais dire un mot à votre ami.

Avant qu'ils ne puissent lui dire que c'était une mauvaise idée, Darla Plemons se précipita vers l'escalier à la poursuite de l'acteur énervé. Elle le retrouva en train de fumer à l'ombre d'un pilier en béton.

– C'était un bel éclat, dit-elle.

– Désolé. Je ne voulais pas être méchant, j'ai juste eu une très mauvaise semaine.

– Tu es l'acteur de *Wiz Kids*, n'est-ce pas ? Cash Carter, si ma mémoire est bonne.

– Laissez-moi deviner, vous avez vu « Le Panel » ou lu *Star Magazine* ?

– Non, je te reconnais parce que nous nous sommes déjà rencontrés. Tu ne te souviens pas de moi, j'imagine ?

Cash haussa les épaules.

– On a été enlevé ensemble et je ne m'en souviens pas parce que les aliens ont effacé ma mémoire ?

Darla croisa les bras et le sonda des pieds à la tête avec un sourire en coin. Elle prit une voix plus grave, se redressa, et son air loufoque disparut.

– Non, j'étais autrefois avocate dans le monde du spectacle chez Weinstock Schultz Krueger. Je ne m'appelle pas Darla Plemons mais Diane Feldgate. J'ai participé à la négociation de ton premier contrat sur *Wiz Kids* avec Carl Weinstock. Tu percutes ?

Cash eut soudain l'impression de vivre une expérience hors du corps semblable à un enlèvement par les extraterrestres. Il reconnut Diane d'une réunion à laquelle il avait assisté des années auparavant, avant même le lancement de *Wiz Kids*. Diane s'avança d'un pas plus assuré et renifla la fumée de la cigarette de Cash comme si c'était un bouquet de roses.

– Marlboro lights ? demanda-t-elle. Je peux t'en taxer une ?

L'acteur accepta et lui alluma sa cigarette. La folle aux aliens prit une bouffée particulièrement longue et lui souffla au visage.

– Mais qu'est-ce qui vous est arrivé, franchement ? demanda Cash. On vous a surprise en train de voler des trucs au bureau ou quoi ? Comment vous avez atterri dans un trou pareil ?

– C'est typique, répondit-elle. Chaque fois que quelqu'un quitte le monde du show-biz, tous ceux qui sont encore dans le show-biz le voient comme un bond en arrière, comme un échec cuisant. Tu me croirais si je te disais que je suis partie volontairement ?

– Bien sûr que oui. Je ne comprends pas pourquoi, c'est tout.

– C'est difficile de faire respecter la loi dans une industrie qui n'en a pas. Ça rend les gens fous. Alors je suis partie tant que j'étais encore saine d'esprit.

– Donc vous êtes venue dans le désert travailler dans une soucoupe volante ? Parce que vous étiez saine d'esprit ? Je comprends le fait de quitter l'industrie, mais pourquoi vendre des T-shirts pourris au lieu de pratiquer dans un autre domaine du droit ?

– Je pensais que ce serait amusant et un changement de rythme agréable, et j'avais raison. Le fils d'Elmer et Essie, Doug Fitzpatrick, me l'a vendue avant sa mort. Je l'ai achetée à un bon prix, volée presque. Et je me suis bien plus amusée ici que dans n'importe quel bureau d'un autre cabinet d'avocats. En réalité, j'ai écrit un livre sur tous les gens barrés que j'ai rencontrés dans cet endroit. Les droits d'adaptation pour la télévision viennent d'être acquis par Bad Robot, tu sais, la société de J. J. Abrams.

– Oui, je connais. Donc ce changement vous a fait du bien. Mais vous passez encore votre temps à vendre du mensonge aux gens. Vous n'êtes pas lassée ?

– Non, parce que je ne le vois pas comme ça. Les gens sont prêts à croire tout ce qu'ils veulent, tu le sais mieux que personne. Moi, je me contente de leur donner un espace dans lequel croire ce qu'ils veulent. C'est très proche de ce que tu fais, simplement tu es trop renfermé sur toi-même en ce moment pour voir le bon côté des choses.

Cash grommela.

– Difficile de voir le bon côté d'être le sujet des ragots de tabloïds et des critiques à la télé nationale.

– Ce ne sera pas toujours le cas. Même les présidents n'ont pas été critiqués ni débattus éternellement. Bientôt, on se lassera d'inventer des choses à ton sujet et on voudra t'admirer à nouveau. C'est un cercle vicieux, mais c'est le show-business. C'est fou d'en partir mais c'est encore plus fou d'y rester.

– C'est tellement chiant… Je connais depuis toujours des gens qui me prennent pour le personnage que j'interprète à la télé, mais je ne m'attendais pas à être puni quand ils s'apercevraient que ce n'était pas moi.

– Aussi énervant que ce soit, tu fournis malgré tout aux gens une échappatoire à leurs problèmes. Prends Doug Fitzpatrick, par exemple. Il a consacré sa vie entière et toutes ses économies à une bête attraction au bord de la route pour mettre en avant une légende de famille. Doug savait que le crash d'un ovni était du grand n'importe quoi et il a sacrifié sa réputation en disant aux gens le contraire… L'État tout entier le prenait pour un dingo. Mais tu crois que Doug est mort en pensant être un charlatan ? Tu crois qu'il est mort en songeant à toutes les personnes qui le prenaient pour un fou ? Non ! Doug est mort en songeant à toute la joie qu'il avait apportée au monde. Un jour, toi aussi, tu te concentreras là-dessus, et pas sur tous les ennuis que cela t'a apportés.

– Si je comprends bien, vous ne croyez pas que « la vérité est ailleurs » ?

– Oh si ! corrigea Diane. Mais qui veut la vérité quand on a quelque chose de mieux à croire ? Et vu l'état du monde actuel, ce n'est pas du luxe !

Cash fit tout son possible pour ne pas se laisser toucher par les mots de la folle aux ovnis mais il commençait à la comprendre.

– Je suis peut-être d'accord avec vous mais je persiste à croire que vous êtes tarée.

Diane rit.

– Je vends des T-shirts marqués JE REPRENDRAIS BIEN UN PETIT COUP DE SONDE. Tu crois que j'en ai quelque chose à foutre de ce que les gens pensent ? Allez, remonte, il fait trop chaud ici. Tes amis et toi, je vous offre une sonde glacée à la framboise, cadeau de la maison.

Chapitre 18

CARNIVORES

À quinze heures trente le jeudi, l'attitude de Cash n'avait pas particulièrement changé depuis que le groupe avait quitté le Teepee Inn, mais personne ne lui en tenait rigueur. Ils entrèrent dans Dinoworld, et le moral de tout le monde fut sapé d'un coup. D'une part, il faisait si chaud dans le désert du Nouveau-Mexique qu'ils avaient la sensation d'être cuisinés vivants. Et exactement comme la plus grande balle d'élastiques du monde, il devint évident que le site Web de Dinoworld était un tissu de mensonges.

En voyant les images de la page d'accueil, le gang de Downers Grove avait imaginé une biosphère primitive et colorée à la *Jurassic Park*. Au lieu de cela, la plus grande collection de statues de dinosaures grandeur nature était… un parking pour caravanes. Pour juste dix dollars supplémentaires, les voyageurs pouvaient garer leur caravane au milieu des grands reptiles pour la nuit. Les statues de dinosaures étaient tellement endommagées qu'il était difficile de les distinguer des camping-cars garés à travers le site. Même les mieux conservées ressemblaient davantage à de vieilles *piñatas* qu'aux créatures géantes qui dominaient autrefois sur Terre.

– Oh regardez, un tricératops ! montra Sam.

– C'est juste une Volkswagen avec la capote relevée, répondit Joey.

– Vous savez, aucun d'entre nous n'était là il y a soixante-cinq millions d'années, rebondit Topher qui restait positif en toute occasion. C'est peut-être exactement à ça que ressemblaient les dinosaures et c'est Steven Spielberg qui se trompe.

– Je comprends que Dieu les ait exterminés, alors, conclut Mo.

Dinoworld était de loin la plus grande déception de leur voyage jusque-là. Ils auraient demandé un remboursement si les billets avaient coûté plus de deux dollars chacun.

– C'est naze ! lança Cash. Je vais piquer un somme dans le nid du ptérodactyle. Réveillez-moi quand ce sera l'heure de quitter le monde de l'après-midi perdu.

Le nid dont il parlait était en réalité un tas de membres de dinosaures cassés au fil des années, mais l'acteur s'y installa malgré tout.

– On aurait mieux fait d'aller à Santa Fe, dit Mo. On est loin d'Albuquerque ?

– À une demi-heure environ, répondit Joey. Et notre réservation à dîner au Barbecue Aztèque n'est pas avant dix-neuf heures, donc on a du temps à tuer.

– Vous ne voulez pas retourner voir les gens dans l'immense camping-car Winnebago ? suggéra Sam. Je crois qu'ils construisaient une fusée.

Tout le monde haussa les épaules avant de se diriger là-bas.

– Pendant que vous regardez ces gens, je vais faire le plein d'essence, dit Topher. Ce sera toujours ça en moins à faire demain matin.

Topher retourna vers le break et conduisit jusqu'à une station-service elle aussi sur le thème des dinosaures, Brontosessence. Il inséra sa carte dans la pompe et joua à un jeu sur son téléphone en attendant que le plein se fasse.

Une Toyota Prius noire aux vitres teintées se gara à la pompe voisine de celle de Topher. Il y jeta un coup d'œil et vit que le véhicule avait une plaque d'immatriculation de Californie. La voiture était identique à celle qui avait fait paniquer Sam deux jours plus tôt, en chemin vers Oklahoma City. Topher savait que les chances que ce soit le même véhicule étaient proches de zéro mais cela n'empêcha pas un sentiment de méfiance de s'installer en lui.

Le chauffeur descendit et fit le plein de sa Prius. Il avait la quarantaine, portait une chemise hawaïenne et un Borsalino, ne s'était pas rasé depuis une semaine et mâchonnait un cure-dents. Pendant que son plein se faisait, il ne cessait de regarder vers Topher et le break. Le jeune homme sentit qu'il voulait entamer la conversation mais ne leva pas les yeux de son téléphone.

– C'est la voiture de votre mère ? demanda l'homme.

– Je vous demande pardon ? répondit Topher, pas certain qu'il s'adressait à lui.

– Je demandais si c'était la voiture de votre mère. J'ai vu l'autocollant MON FILS EST PREMIER DE SA CLASSE sur le pare-chocs. Vous m'avez l'air trop jeune pour être père.

– Je suis le premier de la classe, oui. Enfin, j'étais. Je viens de terminer le lycée.

– Donc j'avais vu juste, dit l'homme. Vous allez à la fac ?

L'inconnu parut un peu trop intéressé au goût de Topher.

– Euh… ouais. Je commence à l'automne.

– Et vos amis ? Ils vont tous faire des études, aussi ?

Topher eut soudain l'impression d'être le personnage principal d'une vidéo éducative sur les dangers de parler aux inconnus. Faisait-il référence aux amis avec lesquels Topher voyageait ? Et dans ce cas, comment savait-il qu'il voyageait avec des amis ? Il jeta un coup d'œil à la pompe et vit que les chiffres restaient fixes : l'homme n'était pas là pour prendre de l'essence, il était là pour lui.

– Mec, tu me fais flipper. Fous-moi la paix avant que j'appelle les flics.

– Pardonnez-moi, où ai-je la tête ? dit l'homme en faisant un pas en avant pour se présenter. Je m'appelle Barry, Barry Reid.

Topher refusa de lui serrer la main.

– Tu nous suis depuis l'Oklahoma, hein ?

– Ah… oui, c'est tout à fait vrai. Je dois avouer que vous avez parcouru une sacrée distance en deux jours. Je trouvais déjà Jennifer Lawrence difficile à suivre, mais son chauffeur peut avoir honte à côté du garçon manqué dans votre équipe.

– J'appelle la police, dit Topher qui composa le numéro.

– À vrai dire, elle ne pourra rien faire, répondit Barry. Voyez-vous, vous voyagez avec une personnalité publique. Et quand vous êtes avec une personnalité publique, vous ne pouvez, légalement, pas m'empêcher de vous suivre.

– Tu es un *paparazzi*…

– Je préfère le terme « photographe indépendant » mais oui. Écoutez, je ne suis pas apparu par magie. Quelqu'un a fait l'erreur d'utiliser le vrai nom de Cash Carter dans votre hôtel d'Oklahoma City et le concierge m'a rencardé. Le type fait pas mal de grabuge, la première photo de lui après qu'il a perdu connaissance va s'arracher à prix d'or. Il faut que je me nourrisse, donc me voici avec mon appareil.

– Je suis désolé de te décevoir mais Cash est parti hier, répondit Topher du tac au tac.

– C'est drôle, mon contact à l'aéroport de Los Angeles ne m'a pas dit qu'il avait pris un vol.

– Je n'ai pas dit qu'il était rentré chez lui ni même qu'il avait pris un avion. J'ai juste dit qu'il était parti.

Barry sourit comme s'il pouvait lire dans les pensées de Topher.

– Tu es bien un premier de la classe. Je comprends, tu es un étudiant dans la dèche qui voit une occasion de se faire un peu de fric. Je respecte. Je te donne cinq mille si tu me dis où Cash est allé.

– Quoi ? Je n'essaie pas de t'extorquer.

– Très bien, champion, sept mille, négocia Barry. Mais c'est ma dernière offre.

Topher ne répondit pas, obligeant Barry à tenter une autre tactique.

– D'accord, d'accord. Tu le considères sans doute comme un ami et tu ne veux pas le balancer. De mon point de vue, Cash s'est balancé tout seul quand il s'est mis à faire n'importe quoi. C'est un gars intelligent, il savait exactement ce qu'il faisait. Aujourd'hui, beaucoup de gens profitent du bordel qu'il a créé, c'est pourquoi tout le monde veut que l'histoire se poursuive. Plus Cash passera de temps dans la nature à jouer au con, plus il y aura de clics, de commentaires et de vues sur les sites d'actu. Alors pourquoi est-ce que nous, on ne prendrait pas notre part du gâteau ?

– Je n'aime pas les gâteaux. Même si je le voulais, je serais incapable de te dire où Cash se trouve puisqu'il ne nous a pas dit où il allait. Maintenant, dégage ou j'appelle la police, il n'y a pas de personnalité publique ici.

Le paparazzi semblait avoir trouvé un adversaire à sa mesure.

Il était à la fois déçu et impressionné par Topher. Barry sortit alors son portefeuille.

– Voici ma carte, au cas où tu aurais des nouvelles de lui et changerais d'avis. Réfléchis, gamin. Sept mille dollars feraient beaucoup pour un étudiant. Profite de la fin de ton voyage.

Le paparazzi décrocha la pompe de sa voiture et repartit. Topher fut si chamboulé par leur échange qu'il ne remonta pas en voiture avant que l'homme ne disparaisse au loin. Il déchira la carte de Barry Reid en deux, la jeta dans la poubelle puis retourna chercher ses amis à Dinoworld.

Topher s'était réveillé ce matin-là en s'attendant à voir des carnivores effrayants mais il n'avait pas imaginé que le plus terrifiant de tous conduirait une Prius.

Chapitre 19

COLLISION

Toute la journée de jeudi, Cash avait été d'une humeur assassine, mais vendredi matin l'acteur se réveilla une tout autre personne.

– Cash ? lança Topher en tapant à la porte de sa chambre d'hôtel.

– Qu'est-ce que tu veux ? hurla Cash à l'intérieur.

Son ton prit Topher par surprise. Cash ne parlait pas fort simplement pour que ses amis l'entendent à travers la porte mais hurlait pour montrer clairement combien il était énervé.

– Je suis désolé. Ça ne va pas ?

– Dis-moi juste ce que tu veux !

– Il est huit heures. On était censé se retrouver dans le hall à sept heures et demie, tu te souviens ? On a un long trajet à faire aujourd'hui et on voudrait se mettre en route dès que possible.

– Je sors dans une minute ! Et n'attends pas derrière la porte comme hier, ça ne me fera pas aller plus vite.

– Ah, OK… On se retrouve à la voiture alors.

Une heure plus tard, l'acteur émergea enfin de l'hôtel d'Albuquerque et rejoignit les autres au break. Ils voyaient tous à sa seule démarche que quelque chose n'allait pas. Cash marchait très lentement, comme si chaque muscle et chaque os de son corps le faisait souffrir. Il respirait lourdement à la manière d'un bulldog après une longue promenade. Son visage était figé avec un air mécontent, comme si le monde entier lui posait problème.

– Je peux pas rester dans le putain de fond, aujourd'hui, dit Cash en arrivant à la voiture. Faut que quelqu'un change de place avec moi.

– Je veux bien le faire, répondit Joey qui passa à l'arrière du break, sur les bagages.

– Cash, sans vouloir t'offenser, tu as une gueule de merde, dit Mo.

– Peut-être parce que je me sens comme une merde, petit génie. Je n'ai plus de médicaments pour les sinus et je me suis réveillé avec une putain de migraine.

– Tu as besoin qu'on s'arrête pour t'acheter un truc ? demanda Sam du siège conducteur.

– Tout ce dont j'ai besoin, c'est de silence, rétorqua Cash. On peut tous se taire aujourd'hui dans la voiture ? C'est permis ?

– Euh… ouais, répondit Topher. On peut faire ça.

– Bien.

Les autres fixèrent Cash, incrédules. Un démon semblait avoir pris le contrôle de son corps.

– Qu'est-ce qu'on attend ? lança-t-il. On bouge, allez !

Ils roulèrent pendant trois heures dans un silence absolu à la demande de l'acteur. Cash enchaîna les cigarettes d'un air féroce tout le long et s'enfila un ourson tous les cinquante kilomètres. Il garda les yeux fermés pendant la majeure partie du trajet et ne les ouvrit que pour s'allumer une cigarette ou chercher des oursons dans son sac à dos.

À midi, le break arriva au parc national de la forêt pétrifiée. Il quitta la route 40 et descendit une longue piste sinueuse à travers le paysage érodé de couleur écarlate du désert peint, les collines à bandes indigo du Blue Mesa et suivit les panneaux conduisant à la forêt Jasper pour atteindre la forêt pétrifiée. Le parc national était si unique que Topher, Joey, Sam et Mo pensaient avoir pris le mauvais chemin et atterri sur une autre planète. Au bout de trente kilomètres dans le parc, la voiture parvint à un point de vue sur la forêt Jasper. C'était un petit canyon parsemé de troncs d'arbre qui s'étaient fossilisés entre les pierres multicolores au fil de plusieurs millénaires. Le gang de Downers Grove descendit de voiture pour prendre des photos de ce phénomène rare tandis que Cash resta à l'intérieur pour que le garde du parc ne le voie pas fumer. Sam lut les informations sur un panneau qui se dressait au milieu du point de vue.

– « La forêt Jasper abrite de nombreux exemples de bois pétrifiés. Le processus de pétrification se produit principalement lorsque le bois est brûlé par des cendres volcaniques qui le protègent de la décomposition grâce au manque d'oxygène. Le cours d'eau dépose ensuite des minéraux sur les cellules de la plante, formant de la moisissure de pierre. Ce sont des restes fossilisés de végétation terrestre qui remonte à la période du Trias, il y a environ deux cent trente millions d'années. »

La dernière information devait avoir trouvé un écho chez Cash, car l'acteur descendit de voiture pour voir le bois fossilisé de ses propres yeux. Il avança dans le canyon et tomba à genoux devant le premier tronc pétrifié qu'il trouva. L'acteur posa les mains sur le tronc et se mit à sangloter de manière incontrôlable. Il pleura si fort que même son nez se mit à couler ; on aurait dit qu'il était agenouillé face à la tombe d'un vieil ami.

Topher, Joey, Sam et Mo ne comprenaient pas ce qui provoquait ces changements d'état drastiques. Malgré tout, ils s'accroupirent à côté de l'acteur pour lui offrir leur soutien.

– Qu'est-ce qui se passe, l'ami ? demanda Topher.

– Je n'arrive pas à croire que ça fasse si longtemps que ce truc est là… pleura l'acteur. C'est émouvant quand on y réfléchit… D'une façon ou d'une autre, ce bois a résisté à l'épreuve du temps plus que n'importe quoi… Il était là des centaines de millions d'années avant nous et il sera là des centaines de millions d'années après nous… Une once de certitude dans un monde tellement incertain… Aucun de nous ne sait de quoi demain sera fait… Aucun de nous ne sait ce qui va se passer…

L'acteur reposa la tête sur le bois pétrifié tout en pleurant. Ce qu'il disait n'était pas vraiment sensé mais le groupe de Downers Grove comprenait d'où venait toute son émotion. Après une semaine de critiques, d'analyses, d'insultes, d'humiliations et de réprimandes par toutes les sources d'information, stations de radio, talk-shows, magazines et blogs people de la planète, Cash Carter vivait enfin la dépression nerveuse tant convoitée par les médias. C'était probablement le plus grand moment d'humanité que vivait l'acteur, et hélas pour les tabloïds, personne n'était là pour capter cet instant.

Ayant fini d'explorer la forêt pétrifiée, le gang de Downers Grove prit la direction de l'ouest vers le cratère de météorite en Arizona. À seize heures, le break quitta la route et s'aventura sur un nouveau chemin sinueux dans le désert jusqu'au site de la collision préhistorique. Du parking, l'attraction ressemblait à une colline rocheuse mais, après être montés sur le pont d'observation autour du cratère, les cinq contemplèrent le trou béant avec admiration. Il faisait presque un kilomètre et demi de large et environ deux cents mètres de profondeur.

– C'est incroyable ! s'exclama Sam. Je n'imaginais pas la taille que ça fait !

– C'est tendancieux, ce que tu dis, plaisanta Joey. Mais tu as raison ! C'est comme si Dieu avec prit une boule dans la terre avec une énorme cuiller à glace.

– Enfin quelque chose dans ce voyage qui ne déçoit pas, dit Mo. Je craignais qu'on ait exagéré un nid-de-poule.

– Les scientifiques pensent qu'il s'agit de la météorite qui a tué tous les dinosaures, expliqua Topher au groupe. Vous imaginez comme le sol a dû trembler à l'impact ?

Cash n'était pas aussi intéressé par l'attraction que les autres. Il s'isola tout au bout de la plateforme d'observation et alluma une nouvelle cigarette. Entre-temps, Topher, Joey, Sam et Mo prirent des selfies et des photos de groupe et de paysage. Ils publièrent les clichés sur Twitter, Facebook, Instagram et Snapchat, ravis d'avoir enfin quelque chose digne d'être partagé.

Tous leurs téléphones se mirent subitement à vibrer en même temps à cause d'un appel vidéo.

– Oh regardez, Huda et Davi nous appellent ! dit Mo. Je parie qu'ils ont vu nos photos et qu'ils sont *jalouuuuuuux* ! On n'a qu'à répondre avec le cratère dans le fond juste pour remuer le couteau dans la plaie.

Ils tournèrent le dos au cratère et répondirent à leurs amis en même temps.

– Salut les gars ! dit Topher. Devinez où on est !

Huda et Davi semblaient paniqués, ils donnaient l'impression qu'une tragédie venait de se produire. Davi avait le visage rouge vif et haletait comme s'il avait couru jusqu'au cybercafé. Huda avait les yeux bouffis, on aurait dit qu'elle venait de pleurer.

– C'est vrai ? renifla Huda. On se disait que vous seriez au courant comme vous êtes avec lui.

– Qu'est-ce qui est vrai ? demanda Mo.

– Vous n'avez pas entendu ? s'écria Davi, choqué. Toute la presse et tous les blogs de Wizzers en parlent.

– On essaie d'éviter Internet depuis Saint-Louis, répondit Joey.

– Vous parlez des rumeurs au sujet de Cash et de l'entraînement aux cascades ? demanda Sam. Si c'est le cas, vous n'avez pas besoin de vous inquiéter. C'était juste une simple incompréhension, Cash s'en est occupé.

Ses mots ne suffirent pas à les rassurer. En réalité, les Wizzers à l'étranger paniquèrent encore un peu plus.

– Davi, ils ne savent pas de quoi on parle ! dit Huda. Comment se fait-il qu'ils ne sachent rien alors qu'ils sont avec lui ?

– Désolé, nos alertes Google devenaient trop envahissantes alors on les a désactivées, répondit Topher. Qu'est-ce qui se passe ?

Ils voyaient que Davi faisait une recherche sur Internet pendant qu'ils se parlaient car ses yeux parcouraient l'écran continuellement. Le garçon brésilien tomba sur quelque chose qui le fit sursauter et il se couvrit le visage.

– Oh non ! s'exclama Davi. Huda, c'est vrai ! Un site appelé *Deadline* vient de le confirmer !

La jeune fille saoudienne éclata en sanglots comme si elle venait d'apprendre la mort d'un parent. Elle dut se couvrir la bouche pour ne réveiller personne dans sa maison.

– Vous nous faites peur ! dit Mo. Crachez le morceau ! Il se passe quoi ?

– Les gars… sanglota Huda. Au début, on refusait d'y croire… La chaîne l'a annoncé cet après-midi… Wiz Kids est annulé ! La série ne reviendra pas ! C'est fini !

Topher, Joey, Sam et Mo restèrent tous en état de choc.

Apparemment, le cratère de météorite en Arizona était seulement le second plus grand choc de la journée.

Chapitre 20

DES HÉROS ET DU BONHEUR

La route du cratère jusqu'au Grand Canyon fut le trajet le plus silencieux de tout le voyage, sans que personne n'ait eu à le réclamer. Le gang de Downers Grove était trop abasourdi pour parler. Comme si les quatre avaient été transportés par magie dans une boule à neige, le monde avait été retourné et violemment secoué dans tous les sens, et ils ne savaient pas par où commencer pour retrouver de l'ordre. Les voyageurs ne savaient pas quoi dire, quoi faire, ni même quoi penser. Leur seul point de repère était leur itinéraire, si bien qu'ils le suivirent dans l'espoir qu'un peu de réconfort les attende à la prochaine étape.

Cash restait muet, lui aussi, mais son silence inspirait mille questions. L'acteur savait-il que la série était annulée ou était-ce également une nouvelle pour lui ? S'il était au courant, depuis combien de temps ? Son comportement était-il la raison de l'annulation par la chaîne ? Pourquoi se joindre à des fans pour un *road trip* s'il savait que la nouvelle allait tomber ? La voiture roula sur cent cinquante kilomètres avant que quelqu'un ne trouve suffisamment de courage pour formuler ces questions tant redoutées à haute voix.

– Tu le savais ? demanda Mo.

Son regard grave était pointé sur Cash mais l'acteur ne détourna pas le sien du désert de l'Arizona.

– Je savais que je ne tournerais pas la saison 10, répondit-il calmement. Mais j'ignorais qu'ils allaient annuler la série au passage.

– Donc tu nous as menti, intervint Joey.

– Je n'ai jamais menti. Je ne vous ai pas dit toute la vérité, il y a une différence.

– Pourquoi quittes-tu la série ? demanda Sam.

– Parce que c'est l'heure pour moi de partir, d'accord ? Mon Dieu, j'ai passé toute la semaine à vous raconter le cauchemar que c'est, et vous êtes surpris ? Vous voulez me jeter la pierre ?

– Tu aurais dû nous le dire, répondit Mo. Tu aurais dû nous préparer à cette… cette…

– Déception ? l'interrompit Cash. Eh bien, je suis désolé de vous décevoir. En réalité, je m'en fous un peu. J'ai déjà déçu le monde entier, qu'est-ce que j'en ai à foutre d'ajouter quatre cassos de plus à la liste ?

– Cash, tu savais ce que la série représentait pour nous, dit Topher. Tu savais qu'on la regardait depuis l'école primaire. Et tu savais que la série allait nous garder unis quand on serait à la fac. Comment ne pas être déçus, maintenant ?

L'acteur secoua lentement la tête.

– Crétin, dit-il dans sa barbe.

– Je te demande pardon ?

– Je ne parle pas de toi, je me parlais tout seul. Vous voyez, pour une fois, je pensais avoir trouvé des gens attachés à moi plus qu'à la série. Pour une fois, je pensais avoir trouvé un groupe d'amis, mais il faut croire que je me suis trompé. Les gens comme moi, on n'a que deux personnes autour de nous : les fans et les critiques. Je suis bête de m'attendre à plus.

– Maintenant, tu fais ta *drama queen*, dit Mo. On peut être tes amis et des fans de la série aussi. En tant que fans, nous sommes dégoûtés de savoir que notre série préférée est annulée mais en tant qu'amis, ça nous saoule que tu n'aies rien dit plus tôt. On dirait que c'est toi qui ne sais pas être un vrai ami.

– Donc vous dites que si je vous avais dit le premier jour que je quittais la série, on se serait quand même amusé ensemble ? demanda Cash au groupe. Parce qu'on est au sixième jour et vous faites comme si j'étais un meurtrier. Soyons francs, vous êtes avant tout des fans. Vous ne vous intéressez qu'à la série et au fantasme qu'elle vous offre, c'est la seule raison pour laquelle vous m'avez supporté toute la semaine. Alors ne me donnez pas de leçon sur ce qu'est la véritable amitié.

Les autres voulaient protester mais ils étaient incapables de lui prouver le contraire. Ils avaient beau avoir l'impression de s'être rapprochés de Cash, peut-être qu'il n'était pas un vrai ami si *Wiz Kids* restait au centre leurs préoccupations. Après tout, ils connaissaient l'acteur depuis moins d'une semaine, mais avaient connu sa série la majeure partie de leur vie.

– Ne vous inquiétez pas, je ne serai pas là très longtemps. Dès que la voiture s'arrête, je vous quitte, vous serez libres de me crucifier et de me calomnier comme tous les Wizzers du monde en ce moment même.

Il était dix-neuf heures ce vendredi quand le break s'arrêta au point d'observation au bord du Grand Canyon. Cash rassembla ses affaires et bondit de la voiture avant même qu'elle ne soit à l'arrêt.

Il fonça dans la forêt à côté du canyon sans la moindre idée d'où aller, il voulait seulement partir le plus loin possible.

– Tu vas où ? lança Topher.

L'acteur fit mine de l'ignorer et s'enfonça dans les bois. Topher lui courut après et les autres lui emboîtèrent le pas, mais Cash marchait d'un pas si assuré qu'il leur était difficile de suivre le rythme. Les vues à couper le souffle du Grand Canyon étaient à quelques mètres d'eux mais personne n'y prêtait attention.

– Il n'y a rien à des kilomètres, insista Topher. Tu vas te perdre.

– Occupe-toi de ton cul ! répondit Cash.

– Tu le prends comme ça ? demanda Topher. On a passé tout le voyage à s'occuper de ton cul justement ! Quand je t'ai traîné hors de l'entrepôt, je m'occupais de ton cul ! Quand on a retardé nos plans pour aller à Fun Flow, on s'occupait de ton cul ! Quand on s'est arrêté au bord de la route pour que tu conduises une Porsche, on s'occupait de ton cul aussi ! Quand on a dû te cacher de tous ces touristes dans le musée, on s'occupait de ton cul ! Et maintenant, on te court après dans une forêt, pourquoi, parce qu'on s'occupe de ton cul !

– Alors quoi ? Vous voulez une médaille ?

– Non, mais un peu de reconnaissance. Tu as eu une semaine pourrie mais ce n'était pas facile pour nous non plus ! Tu nous as dévoilé des secrets sur notre série télé préférée, nous avons appris que notre héros n'était pas comme nous l'imaginions, nous nous sommes retrouvés au milieu d'un scandale et nous venons de découvrir que nous avions perdu le socle sur lequel reposait notre amitié ! Tu ne peux pas être un peu indulgent ?

La remarque pénétra Cash par tous les pores de la peau et il s'arrêta pour se tourner vers Topher et les autres.

– Je suis désolé d'avoir gâché votre série préférée. Je suis désolé d'avoir gâché votre petit voyage. Je suis désolé de vous avoir conduits vers le côté obscur de mon monde. Mais je ne suis pas désolé que vous ayez perdu un héros parce que vous êtes tous des adultes. Vous devriez savoir à votre âge que les héros n'existent pas. Vous ne pouvez vous en prendre qu'à vous-mêmes si vous croyez encore le contraire.

– Ce n'est pas vrai ! s'exclama Topher. Je sais que les héros existent parce que je suis le héros de mon petit frère. Ce n'est pas facile, ce n'est pas toujours drôle, ce sont beaucoup de choix difficiles, et parfois on doit se mettre en retrait pour aider ceux qu'on aime. Mais être un héros est un choix et tu as choisi de décevoir des millions de gens en quittant ta série ! Alors ne me dis pas que les héros n'existent pas parce que tu es trop égoïste pour en être un !

Joey, Sam et Mo pensaient que Cash serait furieux mais l'acteur ne semblait pas du tout affecté. Au contraire, il regarda Topher avec un air de pitié comme si c'était un pauvre petit garçon.

– Tu te trompes, Topher. On peut passer des années à faire tout ce que tu viens de décrire et encore décevoir des gens à la seconde où on pense d'abord à soi. Tu ne peux pas gérer le bonheur de ton frère plus que je ne peux gérer le tien. La vérité, c'est qu'on n'est responsable que d'une seule et unique personne, soi-même. Crois-moi, je l'ai appris à mes dépens.

Soudain, l'acteur tomba à genoux et se tint la tête de douleur.

– *PUTAIN, J'AI MAL AU CRÂNE !* gémit-il.

Cash ouvrit la poche avant de son sac mais ne trouva pas ce qu'il cherchait.

– Merde, et j'ai plus d'ourson ! Il y en a peut-être un au fond.

Cash renversa le contenu de son sac et fouilla parmi ses affaires.

Un flacon de médicaments vide roula hors du sac jusqu'aux pieds de Topher. Ce dernier le ramassa et lut l'étiquette.

– De l'oxycodone ? Pourquoi tu te balades avec des narcotiques ?

– Ne regarde pas ça ! Rends-les-moi !

– C'est ça que tu prends depuis le début ?

Le visage de l'acteur se couvrit de honte ; c'était la première fois que les autres le voyaient gêné par quelque chose.

– Ce n'est pas ce que vous croyez. Écoutez, je me suis blessé sur le tournage de *Wiz Kids* il y a deux mois et j'essaie de me sevrer…

– Tu te les enfiles comme des vitamines depuis le début du voyage ! C'est pas ce que j'appelle se sevrer, dit Topher, qui eut soudain une prise de conscience. Merde alors… tu es un toxico ! Tout le monde avait raison à ton sujet ! Nous te protégeons, te défendons depuis le début… et tu nous mens !

Cash poussa un rire grave et sombre en rassemblant ses affaires.

– C'est fort de se faire traiter de menteur par un groupe comme vous ! « Que celui qui n'a jamais eu de secret jette la première pierre. » Ah voilà, vous ne pouvez rien faire, puisque vous vous mentez tous les uns aux autres !

Topher ne pouvait pas voir ses amis derrière lui mais Joey, Sam et Mo devinrent très tendus.

– De quoi tu parles ? demanda Topher. On n'a pas de secret entre nous.

– Ah vraiment ? Tu veux que je fasse la liste ?

– Cash, non ! cria Sam.

– S'il te plaît, arrête, lança Mo.

– Mec, ne fais pas ça, dit Joey.

Topher restait interloqué face aux visages suppliants de ses amis. Il avait l'impression que tout le monde savait quelque chose qu'il ignorait.

– Pourquoi vous pétez tous un câble ?

– Faisons un tour de table, dit Cash. Joey est gay, je l'ai chopé en plein rencard avec un mec qu'il a connu via une appli de rencontres. Mo jette sa vie par la fenêtre, elle ne va à Stanford que pour faire plaisir à son papounet. Sam est transgenre et sa seule raison de le cacher, c'est parce que Topher est amoureux de lui et que lui est amoureux de Topher. J'ai oublié quelqu'un ?

Tout le monde se figea, comme si les mots de Cash l'avaient changé en pierre. Jamais dans leur vie ils ne s'étaient sentis aussi nus, aussi violés, et aussi vides. Comme si quelqu'un avait arraché leurs vêtements et jeté leur cœur au fond du Grand Canyon. Cash savait qu'il venait de faire quelque chose d'horrible et d'inhumain, mais il était trop tard pour revenir en arrière. Le mal était fait.

– Je vois un groupe de randonneurs qui arrive dit-il. Je vais leur demander si quelqu'un peut me conduire à la ville la plus proche.

L'acteur ne savait pas comment dire au revoir aux jeunes de Downers Grove et la solution ne lui vint pas. Sans rien dire de plus, Cash fila entre les arbres vers les randonneurs et disparut au loin. Topher, Joey, Sam et Mo ne le suivirent pas. En réalité, ils restèrent exactement là où ils étaient, muets et immobiles, jusqu'à la tombée de la nuit.

Le soleil se couchait sur le Grand Canyon. Ce n'était pas seulement la fin d'une semaine pleine d'émotions ou d'une terrible journée pour les quatre amis, c'était aussi la fin d'une ère pour les Wizzers du monde entier.

Chapitre 21

RÊVE CALIFORNIEN

Le trajet de sept heures et demie jusqu'à Santa Monica en Californie le lendemain fut le trajet le plus inconfortable de leur vie. Au cours des derniers sept cents kilomètres jusqu'à leur destination, les quatre meilleurs amis eurent l'impression d'être de parfaits inconnus. Chaque passager se tut mais son esprit ne cessait de tourner, tiraillé entre le choc et la honte. Personne ne dit un mot jusqu'à ce que le break dépasse la frontière de l'État de Californie.

– Donc… on ne va pas en parler du tout ? demanda Mo. On va juste rester assis à faire semblant de ne pas se connaître ?

– On se connaît ? demanda Joey.

– Oui ! répondit-elle d'un ton péremptoire. C'est peut-être plus facile pour moi parce que mon secret est moins surprenant, mais je crois qu'on exagère. Je suis sûre qu'on avait tous de bonnes raisons de garder nos secrets… mais ce n'est pas comme si on ne se faisait pas confiance ou qu'on ne tenait pas les uns aux autres.

Mo était impatiente que le processus de guérison commence.

Elle regarda chacun de ses amis dans les yeux en lui disant exactement ce qu'elle pensait de leur situation.

– Joey, j'ai toujours voulu un meilleur ami homo. Je ne t'en veux pas de m'avoir caché ton orientation sexuelle, je t'en veux à cause de tous les épisodes de *Will & Grace* qu'on n'a pas pu regarder ensemble. Sam, je me fiche totalement que tu sois transgenre. J'aurais juste aimé que tu me le dises plus tôt pour que je puisse me sentir en avance sur mon temps en t'étouffant de mon amour et de mon soutien. Et Topher, je me moque que tu en pinces pour Sam. La seule raison pour laquelle ça m'embête, c'est que je croyais que tu en pinçais pour moi.

– Tu le voulais ? demanda Topher depuis le siège conducteur.

– Bien sûr que non, tu es comme mon frère. Mais c'était une bonne façon de me booster le moral de temps en temps. Ça me manquera.

L'apprentie écrivaine n'aidait pas autant qu'elle l'imaginait. Mo vit d'ailleurs que ses amis espéraient qu'elle arrête de parler.

– Ce que j'essaie de dire, c'est que ça devrait seulement nous rapprocher encore. Tout le monde a des secrets, et maintenant que les nôtres sont sur la table, cela ne devrait que renforcer notre amitié. On ne peut pas redevenir amis comme avant ? On va vraiment laisser ça mettre un terme à notre amitié ?

– Ce n'est pas si facile à digérer pour tout le monde, Mo, répondit Topher. N'en parlons plus pour le moment.

Même si ses yeux n'étaient pas dirigés vers lui, Sam savait qu'il était visé. Topher prenait la nouvelle plus mal encore qu'il ne l'avait imaginé.

– Alors, qu'est-ce qu'on fait une fois arrivés à Santa Monica ? demanda Mo. On s'évite et chacun fait son truc ?

– C'est une bonne idée. Ça nous donnera plus de temps pour

réfléchir. En plus, maintenant que *Wiz Kids* est terminé, il n'y a pas d'intérêt à poursuivre une amitié qui ne durera pas.

C'était difficile, mais Topher avait raison. Rester liés dans les années à venir allait être bien plus ardu sans la série. Plutôt que de perdre le contact progressivement au fil du temps, peut-être valait-il mieux couper le cordon d'un coup.

À dix-sept heures ce samedi, le break arriva à Santa Monica. Ils s'installèrent au Sea Glass Inn, l'hôtel le moins cher permettant de marcher jusqu'à la fameuse jetée de Santa Monica. Topher lut en ligne que les plateaux de *Wiz Kids* avaient déjà été démontés pour laisser place à ceux du énième *spin-off* de *NCIS*, alors cela ne servait à rien d'aller voir les studios ; ils n'y seraient même pas allés si les plateaux étaient restés intacts. La troupe de Downers Grove passa les deux premiers jours en Californie du Sud à errer dans les environs de Los Angeles, chacun de son côté. Les seules fois qu'ils se retrouvaient étaient à l'hôtel, seulement pour quelques minutes par soir avant de se coucher, et le matin au réveil.

Le 4 juillet, troisième et dernier jour en Californie, ils ne s'étaient toujours pas réunis ni réconciliés. Sam passa la soirée à la jetée de Santa Monica pour admirer le coucher du soleil sur l'océan Pacifique. Il avait cru connaître la solitude, mais maintenant que lui et ses amis ne se parlaient plus, Sam avait appris ce qu'être seul voulait réellement dire. Il pria pour que le voyage retour à Downers Grove réunifie le groupe, mais les autres ne furent pas aussi patients.

– Salut.

Sam se tourna et vit Topher debout sur la jetée derrière lui. Il se dit que Topher devait être là depuis un moment, car il n'avait pas entendu de bruits de pas.

– Salut, répondit Sam.

Ce fut un moment de malaise pour tous les deux. Il y avait tant à dire, mais pas de façon simple de le dire, si bien qu'ils se contentèrent de se regarder.

– Dure semaine, hein ?

– Tu l'as dit. Tu avais bien prédit que ce serait un été mémorable.

– Oui, répondit Topher en riant. Alors, quoi de neuf ? Tu as vu des trucs cool ?

– Je suis principalement resté dans le coin. Je suis allé sur la promenade, à l'aquarium, au cinéma… rien d'extraordinaire. Et toi ?

– J'ai marché. Je suis allé à Venice, Pacific Palisades, Brentwood, et un endroit qui s'appelle Century City. Je ne faisais jamais de projet, j'avançais au hasard.

– Topher, rien de ce que je pourrai dire ne te fera aller mieux, mais je ne voulais pas te…

– Sam, tu n'as pas besoin de t'excuser. J'avais simplement besoin de temps pour moi, pour réfléchir, tu vois ?

Sam acquiesça.

– Je comprends. Comme le MIT, je suis la seconde chose qui ne fonctionne pas comme tu l'aurais voulu.

– Et pourquoi pas ? Si on le veut tous les deux, qu'est-ce qui nous en empêche ?

Le commentaire fit tourner la tête de Sam.

– Tu veux dire que ça ne complique rien pour toi ?

– Bien sûr que ça complique les choses mais quelle relation n'est pas compliquée ?

Sam resta sans voix. De toutes les conséquences qu'il avait imaginées, celle-ci était la dernière sur la liste.

– Désolé, je ne sais pas quoi dire. J'étais convaincu que tu m'évitais ces derniers jours parce que tu m'en voulais…

– Je ne t'ai pas évité parce que j'étais en colère. Je t'ai évité parce que j'étais perdu. C'était une surprise de découvrir que tu es trans, mais une plus grosse surprise encore de me rendre compte que ça ne me gênait pas. J'ai toujours été attiré par les filles, mais il n'y a qu'une personne que j'aime vraiment… et c'est toi. Le monde n'est pas tout blanc ni tout noir, et les gens qui le croient sont toujours ceux qui foncent dans le mur. Je ne veux pas être comme eux. Je veux seulement être heureux et rien ne me rend plus heureux que toi. Alors qu'est-ce que tu en dis ? On essaie d'être gris ensemble ?

– Et si ça ne marche pas ?

– Alors ça ne marche pas, répondit Topher avec un haussement d'épaules. Même si on finit en ami, je ne peux pas imaginer pire que de ne plus t'avoir dans ma vie. Donc je serai toujours là pour toi, pour tout et pour toujours. C'est aussi simple que ça.

Sam en eut les larmes aux yeux, mais aussi loin qu'il pouvait se rappeler, c'était pour la première fois des larmes de joie. Sam serra Topher le plus fort possible dans ses bras.

– Tu n'imagines pas depuis combien de temps j'attendais que quelqu'un me dise ça.

– C'était bien ? demanda Topher. J'ai répété tout ça dans ma tête toute la journée. J'espère que ça ne faisait pas trop mielleux ni désespéré parce que je le pensais vraiment.

– Non, c'était parfait, rit Sam. Et rien ne me rendrait plus heureux que d'être gris avec toi.

Topher et Sam étaient tellement pris dans leur conversation qu'ils n'avaient pas remarqué la présence de Joey derrière eux.

– On dirait que vous avez le moral ! J'espère que je n'interromps rien.

– Non, non, on se retrouvait, répondit Topher. Tu nous rejoins ? J'en ai marre qu'on ne se parle plus.

– Carrément ! Vous m'avez manqué. La ville est magnifique mais c'est terrifiant tout seul. Hier soir, je suis allé voir le *Rocky Horror Picture Show* et un travesti a dessiné des vagins sur mon visage et m'a passé un boa.

– C'est plus excitant que tout ce qu'on a vu, dit Sam. Je propose de chercher Mo et de faire un truc sympa ensemble, c'est notre dernière nuit sur la côte ouest. On devrait en profiter.

– Donc tout va bien ? demanda Joey. On reste ami malgré tout ?

Topher soupira.

– Qui peut savoir ? Mais je suis prêt à faire tout mon possible pour qu'on reste ensemble. Quand on a commencé ce voyage, j'avais peur que ce soit le début de la fin pour nous. Après toutes les merdes qu'on a vécues cette semaine, je dirais que ce voyage aura bétonné notre amitié. Soyons honnêtes, personne ne croira jamais ce qui nous est arrivé. On doit rester ami ne serait-ce que pour les histoires à raconter !

– Je suis bien d'accord, rit Joey. Vous savez, j'étais furieux que Cash éclate nos vies comme il l'a fait, mais je suis content de ne plus devoir vous mentir. Je n'avais pas réalisé comme ça me tuait de me cacher.

– Moi aussi, répondit Sam. C'est agréable qu'il n'y ait plus de barrières entre nous. On dirait que la route devant nous est longue, mais au moins on ne marchera plus seul.

Soudain, leurs trois téléphones portables vibrèrent exactement en même temps.

– C'est Mo, dit Sam. Elle nous a envoyé un message groupé.

– « Venez dans ma chambre, c'est urgent », lut Joey. Oh merde !

Les trois filèrent de la jetée et coururent vers le Sea Glass Inn aussi vite que possible. À leur arrivée, la porte de la chambre de Mo était ouverte et ils la trouvèrent assise près de la fenêtre. Son visage était rouge vif et des larmes coulaient sur ses joues.

– Oh mon Dieu ! s'écria Topher. Mo, est-ce que ça va ?

– J'ai l'air d'aller bien ? cria-t-elle.

– Qu'est-ce qui s'est passé ? C'est quoi, l'urgence ? demanda Sam.

– Notre amitié ! On n'a jamais passé autant de temps sans se parler et je n'en peux plus ! Notre amitié est la seule chose positive dans ma vie ! Si on n'est plus amis, autant que je me jette par la fenêtre !

Elle ouvrit la fenêtre d'un geste théâtral et la brise marine emplit la pièce.

– Mo, on est au rez-de-chaussée, dit Joey.

– C'est une image ! éclata Mo. Écoutez, je sais qu'on allait tous profiter de *Wiz Kids* pour garder le contact, mais soyons réalistes, la série pue depuis la saison 3 ! C'est peut-être la raison pour laquelle on est devenus amis, mais ce n'est pas la raison pour laquelle on est *resté* ami. On l'utilisait seulement comme excuse pour passer du temps ensemble, et je ne vais pas laisser cette amitié se terminer parce que la série l'est ! Vous êtes plus que des amis pour moi, *vous êtes ma vraie famille !* Tant pis si on se sépare pour aller à la fac, je veux passer le reste de ma vie avec vous ! Je veux qu'on se retrouve les jours fériés, pour les vacances et pour l'anniversaire de Zac Efron comme une vraie famille !

– Ooh, merci Mo, dit Topher.

– Ouais, c'est vraiment mignon, ajouta Joey.

– On pense la même chose de toi, conclut Sam.

– Bien, parce que mon père et mon chat sont des *trous du cul* ! Alors on doit se promettre que quoi qu'il arrive, après nos études, on vivra tous dans la même ville et qu'on restera ensemble ! Topher n'aura plus à s'occuper de son frère, Joey pourra vivre librement loin de ses parents, Sam aura sans doute fait sa transition et je serai la seule fille et j'aurai plus de succès quand on sortira... tout le monde est gagnant ! Mais ça commence ici, et maintenant ! On doit se rabibocher et redevenir ami parce que je ne veux plus vivre un jour sans vous dans ma vie !

Mo s'interrompit pour reprendre son souffle pour la première fois depuis leur arrivée. Aucun de ses amis ne parut accablé par sa requête. Ils échangèrent un regard et haussèrent les épaules comme si c'était parfaitement raisonnable.

– Je suis d'accord, dit Topher.

– Moi aussi, ajouta Joey.

– J'ai hâte ! lança Sam.

Mo était ravie, mais leur volonté la dérangea quand même. Ils l'avaient pris bien mieux qu'elle ne l'avait imaginé.

– Il s'est passé quelque chose dans mon dos ? demanda-t-elle. Vous vous êtes déjà rabibochés sans moi ? Parce qu'il y a une heure à peine, personne ne se parlait, et là vous êtes tous d'accord pour rester amis à vie.

– Ouais, répondit Topher. À l'instant sur la jetée.

– On était tous au même endroit au même moment, expliqua Joey.

– Ouais, ce n'est pas comme si on t'avait exclue ou quoi, ajouta Sam.

Mo hocha la tête et essuya ses larmes. Elle avait préparé un discours d'une demi-heure sur les raisons pour lesquelles ils devaient sauver leur amitié, mais de toute évidence il n'y en avait pas besoin.

– Eh ben... super. J'aurais bien aimé que quelqu'un me prévienne avant que je ne menace de sauter par la fenêtre, mais je suis contente qu'on soit ensemble ! Maintenant, aidez-moi à descendre de là et faites-moi un câlin !

Ses amis obéirent avec plaisir. Tandis qu'ils finissaient leur câlin de groupe bien mièvre, une série d'explosions retentit à l'extérieur, les prenant par surprise.

– C'était quoi ? demanda Topher. On est bien dans un quartier tranquille, non ?

– C'est la fête nationale, crétin ! lui rappela Sam. On tire des feux d'artifice de la jetée ! Venez, allons les voir tous ensemble !

Les amis réunis rejoignirent une foule immense sur la jetée de Santa Monica pour regarder ensemble le spectacle multicolore. Ils avaient bien plus à fêter que l'indépendance de leur pays. Leur nouvelle dévotion les uns aux autres rendait soudain l'avenir bien plus lumineux. Qu'importait ce que la vie allait mettre sur leur route, ils savaient qu'ils pourraient compter sur les autres pour les aider.

À la moitié du spectacle, Topher sentit sa poche vibrer. Il baissa les yeux vers son téléphone, et vit une notification de CashCarter.com :

> Juste pour vous prévenir que je suis à Phoenix pour me soigner.
>
> J'espère que vous me rendrez visite en chemin. Je regrette ce que j'ai dit.
>
> 778 S. Grant Street. – CC

Chapitre 22

DES PROMESSES

Le mercredi 5 juillet, le gang de Downers Grove se réveilla tôt pour entamer les trois mille kilomètres retour vers la maison. Après une très longue et épuisante discussion, Topher avait convaincu ses amis d'ajouter cent cinquante kilomètres à leur itinéraire pour rendre visite à Cash Carter à Phoenix, dans l'Arizona.

Sept heures plus tard, le break atteignit Phoenix et se gara sur le parking du centre Sunny Skies situé au 778 S. Grant Street. Topher descendit de voiture et marcha les quelques mètres vers le centre de soin, quand il se rendit compte qu'il était tout seul.

– Vous ne venez pas ?

– On a accepté de venir à Phoenix mais on n'a jamais dit que l'on viendrait le voir, répondit Mo.

– Il veut s'excuser.

– Il n'a qu'à nous envoyer une lettre, répondit Sam. Je ne veux pas le voir.

– Mais il a cassé les barrières pour nous, vous vous souvenez ?

– Il nous a quand même trahis, dit Joey. Si tu te sens l'âme d'un bon Samaritain, tant mieux, mais aucun de nous n'est prêt à lui faire une faveur.

Topher n'insista pas. La seule raison pour laquelle il se sentait obligé de voir l'acteur était que, lui aussi, avait dit des choses qu'il regrettait. Avoir la chance de s'excuser allait être un soulagement pour tous les deux.

– D'accord, d'accord. Tenez, prenez mes clés et laissez le moteur allumé pour ne pas mourir de chaud. Je vais essayer de faire vite.

Topher laissa ses amis et remonta un chemin de pierre vers le centre Sunny Skies. Le hall était très propre, dans des couleurs douces et relaxantes. Topher s'adressa à une infirmière à l'accueil.

– Bonjour, je viens voir Cash Carter.

L'infirmière tapota sur son ordinateur, sans résultat.

– Je suis désolé, nous n'avons pas de patient à ce nom.

– Au temps pour moi, il doit probablement utiliser le nom Thomas Hanks.

– Ah oui, chambre 828. Je vais vous ouvrir.

Elle appuya sur un bouton sur le comptoir et une grande porte en verre s'ouvrit lentement derrière elle. Les yeux de Topher se baladèrent dans le hall tandis qu'il attendait que la porte s'ouvre complètement. Il remarqua une famille nombreuse assise dans un coin avec un prêtre. Tous pleuraient et le prêtre essayait de les réconforter. De l'autre côté se trouvait une autre famille assise auprès d'un vieillard en chaise roulante. On essayait de lui parler, mais l'homme regardait dans le vide en silence, comme un patient Alzheimer.

– Excusez-moi, dit Topher à l'infirmière, c'est quel genre de centre de désintoxication ?

– Ce n'est pas un centre de désintoxication, c'est un hospice. Donc, vous allez passer par cette porte et tourner à gauche au fond du couloir. La chambre sera sur votre droite.

– Merci.

Topher suivit ses indications, en se demandant si ses amis avaient eu raison d'attendre dans la voiture. Qu'est-ce que Cash pouvait bien faire dans un hospice ? Rendait-il visite à un ami ou un fan malade ? S'agissait-il de son père ? Et dans ce cas, pourquoi Cash les aurait-il fait venir ?

Topher entra dans la chambre 828 mais il n'y avait aucune trace de Cash Carter. Un jeune homme très mince et fragile dormait dans un lit mais Topher ne le connaissait pas. Il avait de gros cernes sous les yeux et était relié à de nombreuses machines et une perche à perfusion. La personne semblait en tous cas ne plus avoir beaucoup de temps à vivre. Topher fit les cent pas dans la pièce en silence en attendant Cash. Vingt minutes s'écoulèrent et toujours aucune trace de l'acteur.

– Tu es venu.

Topher se tourna vers le lit et vit que le patient était réveillé. Il regardait Topher avec un petit sourire et ses yeux étaient juste assez ouverts pour qu'il puisse voir. Visiblement, il connaissait Topher mais ce dernier ne se rappelait pas quand ils s'étaient rencontrés.

– Je n'étais pas sûr que tu aies reçu mon message, dit doucement le jeune homme. Je suis content de te voir.

Soudain, Topher comprit qui était le patient… Il était dans un tel état que Topher ne l'avait pas reconnu.

– Cash ? Mais qu'est-ce qui t'est arrivé ?

– Tout s'est aggravé dimanche. Les randonneurs m'ont conduit à Flagstaff le soir où je vous ai quittés. Je cherchais une pharmacie quand je me suis évanoui et je me suis réveillé à l'hôpital. On m'a transféré ici lundi. C'était le seul hospice des environs qui avait de la place pour moi.

– Mais pourquoi ? Tu es malade ?

– J'ai un glioblastome, répondit Cash. C'est un joli nom de scène pour une tumeur au cerveau.

Topher eut l'impression que la pièce tanguait autour de lui et il se glissa sur une chaise au pied du lit. La tête lui tournait tellement qu'il s'agrippa de toutes ses forces à son siège comme s'il était sur un grand huit sans ceinture de sécurité.

– Tumeur au cerveau ? répéta-t-il, sous le choc.

– Désolé de te balancer l'info comme ça. Ça choque, hein ?

– Tu viens à peine de le découvrir ?

L'acteur malade détacha son regard par culpabilité et secoua lentement la tête.

– En avril, je me suis mis à avoir de terribles migraines. Un médecin est venu sur les plateaux et m'a conseillé de faire une IRM. On était en retard dans le tournage alors les producteurs n'ont pas voulu me laisser le temps de m'en occuper. En mai, alors qu'on terminait la saison 9, je suis enfin allé faire mon IRM. On a trouvé une tumeur de la taille d'un grain de raisin dans mon tronc cérébral.

– Et… et… et tu as commencé ton traitement ?

– Mes choix étaient limités. Une opération était risquée et pouvait potentiellement endommager ma capacité verbale, et tu sais comme j'aime parler, alors ça n'allait pas le faire. D'autres traitements m'auraient laissé paralysé ou auraient effacé ma mémoire, ce n'était pas génial. Le neurologue a dit que si on ne faisait rien, je n'avais plus que trois mois à vivre, alors j'ai décidé d'en profiter pleinement.

– Attends, l'interrompit Topher qui prit son temps pour lui poser une question dont il ne voulait pas connaître la réponse. Cash, tu es en train de dire que tu vas… tu vas… mourir ?

L'acteur prit une profonde inspiration avant de le confirmer.

– Ouais.

Topher ferma les yeux et se tut tandis qu'il digérait l'information. Il rejetait la réalité des faits, mais tant de choses au cours de la semaine passée commençaient à faire sens et le puzzle se résolut pratiquement tout seul.

– Alors ton comportement... La fête, l'alcool, les joints, la danse, les infractions... Tout ce que le monde entier te reproche... C'était juste...

– Ma façon d'en profiter jusqu'à la dernière goutte.

– Et la nuit du concert, la matinée après le concert, tes soubresauts, la migraine, les oursons, l'oxycodone dans ton sac...

– Des symptômes, et des remèdes. Je t'ai dit que ces pilules n'étaient pas ce que tu croyais.

Tout devenait logique mais ce n'était pas facile pour autant. Topher essaya de maintenir une façade pour Cash mais il lui était impossible de bloquer la tristesse qui envahit son corps.

– Il te reste combien de temps ?

– Quelques jours. L'IRM de dimanche dernier montre que le cancer s'étend et qu'il grossit vite. Les tumeurs, c'est comme les Starbucks, il y en a partout maintenant.

– Puisque tu étais si malade, pourquoi es-tu venu avec nous ? Pourquoi passer tes derniers jours avec de parfaits inconnus ? Un homme mourant a sans doute mieux à faire de son temps.

L'acteur sourit ; il avait espéré que Topher lui pose la question.

– Dans mon sac, tu trouveras un classeur noir. Ouvre-le.

Topher trouva le sac à dos sur une chaise de l'autre côté du lit. Il l'ouvrit et en tira le classeur. Celui-ci contenait des dizaines de lettres adressées à Cash, certaines écrites à la main et les autres imprimées d'Internet. Topher ne saisit pas leur importance jusqu'à ce qu'il reconnaisse l'écriture et comprenne qu'elles avaient été écrites par la même personne.

– Putain ! Ce sont les *miennes*… Tu as *gardé* toutes les lettres que je t'ai écrites…

– Je promets que ça ne cache rien de bizarre. Quand la série a démarré il y a neuf ans, tu as été la première personne à m'écrire une lettre adressée à mon nom et non au Dr Bumfuzzle. Tu ne faisais pas semblant que la série était vraie, tu ne faisais pas semblant que j'étais autre chose qu'un acteur qui faisait son boulot et tu ne m'as jamais demandé de faveur. Tu m'as simplement remercié pour mon travail et m'as traité comme un être humain, ce qui est rare. Tu n'avais que huit ans quand tu m'as écrit ta première lettre et moi douze quand je l'ai lue, mais ta lettre représentait tout pour moi. J'ai demandé aux sociétés qui gèrent mon courrier de fans et mon site Web de me prévenir si tu m'envoyais quelque chose. C'était agréable pour moi que quelqu'un sache que j'étais juste un gamin et pas un spécialiste en physique quantique.

– Je ne sais pas quoi dire. Il y a des lettres là-dedans que je ne me souviens même pas avoir écrites.

– Ah ça, j'avais l'impression d'être ton psy ! rit Cash. Tu m'avais écrit après le tout premier épisode de *Wiz Kids* en disant que tu avais trouvé ça extraordinaire. Tu m'as écrit le jour où tu as rencontré Joey, Sam et Mo et m'as dit comme tu étais excité d'avoir des amis aussi cool. Tu m'as écrit quand ton père a eu son premier poste d'enseignement dans un autre État et m'as dit comme ça te rendait triste. Tu m'as écrit quand on a diagnostiqué la paralysie cérébrale de ton frère et m'as dit comme ça te faisait peur. Tu m'as écrit le jour de ton entrée au lycée et m'as dit comme ça te rendait nerveux. Tu m'as écrit en terminale en disant comme tu étais inquiet de ne pas finir premier de ta promo. Tes lettres étaient toujours si détaillées que j'avais l'impression d'y être ! C'était la seule chose qui me faisait me sentir comme un garçon normal.

Topher alla à la dernière page du classeur et trouva le message qu'il avait écrit à l'acteur la veille de leur départ.

– Puis je t'ai invité à nous rejoindre et tu es vraiment venu.

L'acteur avait les larmes aux yeux en acquiesçant doucement.

– J'avais besoin de dire au revoir. Tu sais, dans chacune de tes lettres, tu me remerciais et m'attribuais ton courage, mais je pense qu'en réalité c'était toi qui me poussais à être courageux. Dans une industrie qui s'amuse à réduire les célébrités en pièces, et sur un plateau de tournage contrôlé par des personnes qui n'en avaient rien à faire de moi, savoir que j'avais quelqu'un comme toi pour me soutenir rendait le tout supportable. Tu es mon héros depuis que je suis le tien.

Les paroles de Cash projetèrent une lumière toute nouvelle sur la vie de Topher. Tout ce qu'il avait vécu semblait avoir un sens bien plus profond que la médiocrité dans laquelle sa vie baignait auparavant. Topher n'arrivait pas à croire qu'il se tenait près du lit de mort de son héros d'enfance et se sentait si important. La vague d'émotions qu'il ressentait était trop difficile à gérer face à l'acteur.

– Je dois aller chercher les autres. Ils garaient la voiture, je crains qu'ils ne se soient perdus. Je reviens tout de suite.

Il se précipita dans les couloirs du centre Sunny Skies et accourut sur le parking comme un aliéné. Ses amis étaient soulagés de le voir enfin mais énervés qu'il ait pris autant de temps.

– C'est pas trop tôt, dit Joey.

– Ouais, je m'ennuie à mourir, renchérit Mo.

– Tu as parlé à Cash ? demanda Sam.

– Ouais, répondit Topher, haletant. Et je sais que vous ne voulez pas le voir… mais il faut vraiment que vous veniez.

– Jamais de la vie ! répliqua Mo.

– On ne changera pas d'avis, ajouta Joey.

– Topher, on peut partir ? demanda Sam. On a tellement de route à faire…

– *CASH VA MOURIR !* lança Topher.

Toute l'émotion qu'il avait réprimée jaillit comme une cascade. Ce ne fut qu'en le disant que la réalité de la situation le frappa. Topher s'appuya contre le break, glissa au sol et éclata en sanglots. Ses amis descendirent de voiture et l'approchèrent comme un animal blessé.

– Topher, c'est une blague ? demanda Sam.

– Non, dit-il en pleurant. Cash est malade depuis le début ! Il joue un rôle depuis qu'on l'a rencontré ! Ce n'est pas une mauvaise personne, il a une tumeur au cerveau ! C'est pour ça qu'il a agi comme il l'a fait ! On représente plus pour lui que vous ne pouvez l'imaginer… et on a failli rentrer chez soi sans s'arrêter pour le voir !

Les autres n'avaient jamais vu Topher dans un tel état. Ils savaient qu'il parlait sérieusement et prenaient la nouvelle exactement comme lui. C'était difficile à accepter, mais plus ils y pensaient et plus cela leur semblait sensé.

– Je n'arrive pas à le croire, dit Sam.

– Il faut qu'on aille le voir, ajouta Mo.

– Topher, tu nous conduis à sa chambre ? demanda Joey.

Quand Topher se reprit, il guida ses amis à l'intérieur du centre Sunny Skies jusqu'à la chambre 828. Il suffit d'un regard sur l'acteur pour confirmer la nouvelle. Même en ayant été avertis de ce qu'ils allaient voir, les autres ne purent contenir leur émotion aussi bien que Topher auparavant.

– Vous n'avez pas à vous sentir aussi mal pour moi, dit Cash. Je suis sous assez de morphine pour assommer un troupeau d'éléphants. Ça pourrait être pire.

– Pourquoi tu ne nous as pas dit que tu étais malade ? demanda Mo.

L'acteur rit.

– Sans vouloir vous offenser, vous n'êtes pas le groupe le plus à l'aise avec les mauvaises nouvelles. Au fait, je suis désolé d'avoir balancé vos secrets comme je l'ai fait. Ce n'est pas parce que je suis mourant que je peux me permettre d'être un connard. J'espère que vous me pardonnerez.

– Je crois que je parle au nom de tout le monde quand je dis que tu as tout notre pardon, répondit Joey. Ça nous a énervés un certain temps mais, finalement, ça nous a rapprochés encore. Alors on ferait mieux de te remercier.

– Ce n'est pas comme si c'étaient des mensonges, ajouta Topher. Contrairement à ce que les gens disent sur toi. Le monde entier se trompe… Quand est-ce que tu vas l'annoncer ?

– Pas avant mon départ, répondit Cash avec un sourire en coin. C'est dommage car j'aurais tellement aimé voir le visage de tous ces crétins en découvrant qu'ils faisaient la morale à un mec qui a le cancer. Ils vont tous être morts de honte ! Profitez-en bien pour moi.

– Pourquoi tu ne veux pas le voir par toi-même ? demanda Sam.

L'acteur poussa un long soupir.

– Cela ne ferait que créer une plus grosse tempête encore. Ma vie a toujours été folle, bruyante et frénétique. Pour une fois, je veux simplement du calme. Et puis, quand le monde entier salit votre nom, c'est là que vous voyez qui sont vos vrais amis. Vous quatre, c'est tout ce dont j'ai besoin.

Mo parvint à peine à parler entre les larmes.

– Est-ce qu'on peut faire quoi que ce soit pour toi ?

Elle s'était sentie obligée de poser la question, même s'ils savaient tous qu'il n'y avait rien à faire. Cependant, Cash avait une demande particulière à leur adresser et il était content d'avoir l'occasion de la formuler.

– Oui, je veux que vous me fassiez une promesse. Promettez-moi de ne pas gâcher le reste de votre vie à faire plaisir aux autres parce que, sinon, vous vous réveillerez un jour et comprendrez que vous n'avez pas vraiment vécu. Faites-moi confiance, vous ne voulez pas apprendre la leçon de la même manière que moi.

Topher, Joey, Sam et Mo donnèrent leur parole à l'acteur, le plus grand cadeau qu'ils pouvaient lui faire.

Le gang de Downers Grove était décidé à rester auprès de Cash jusqu'à la toute fin. Ils téléphonèrent chez eux et dirent à leurs familles qu'ils rentreraient quelques jours plus tard que prévu. Ils se contentèrent de dire qu'ils avaient rencontré un ami en chemin, qui était malade et hospitalisé, et qu'ils allaient rester avec lui jusqu'à sa sortie. Aucun d'entre eux ne ressentit la moindre once de culpabilité car, comme Cash le leur avait appris, il y avait une différence entre un mensonge et ne pas raconter toute la vérité. Heureusement, aucun de leurs parents ne s'y opposa, car même une collision de météorite ne les aurait pas fait partir.

Au fil de la semaine, la santé de Cash déclina toujours plus rapidement chaque jour. Jeudi, l'acteur perdit toute sensation dans les jambes et les pieds. Vendredi, l'insensibilité s'étendit aux bras et aux mains. Samedi, il cessa de s'alimenter et de s'hydrater. Dimanche, il cessa de parler et d'ouvrir les yeux. Puis, le lundi

10 juillet, Cash Carter poussa son dernier souffle et mourut paisiblement dans une chambre très silencieuse, entouré de quatre amis. L'acteur avait eu très peu le contrôle de sa vie, mais sa mort fut exactement telle qu'il l'avait souhaitée.

À partir de ce jour, quand Topher, Joey, Sam ou Mo pensaient à Cash, ils n'imaginaient jamais le personnage de télévision ni l'homme malade sur son lit d'hôpital. Non, le groupe voyait l'acteur au volant d'une Porsche 550 Spyder brillante et rutilante, roulant sur l'autoroute de l'au-delà, se moquant, poussant à bout et corrompant chaque petit ange naïf qu'il rencontrait en chemin. C'était le Cash Carter que personne d'autre ne connaissait, et c'était le Cash Carter qui leur manquerait à jamais.

Chapitre 23

TRUSTS

Le 10 août, exactement un mois après la disparition de Cash Carter, Topher, Joey et Mo étaient assis dans la salle de leur restaurant chinois préféré, Coq en Wok. Ils y fêtaient leur dernier repas ensemble avant de se séparer pour l'université le lendemain, et attendaient Sam avec impatience. Ils n'étaient pas pressés seulement parce qu'ils mouraient tous de faim, mais aussi parce que c'était le jour où Sam comptait révéler à sa mère qu'il était transgenre et ils voulaient connaître la réaction de Candy Rae Gibson.

– Le voilà ! dit Mo en apercevant Sam par la fenêtre. Mon Dieu, je flippe tellement de savoir comment ça s'est passé ! J'ai presque l'impression d'avoir fait mon *coming out* transgenre !

– Il n'y a que toi pour retourner l'histoire autour de toi, s'amusa Joey.

Sam entra dans le restaurant et prit place à table. Ses amis étaient surexcités et ne daignèrent même pas lui dire bonjour, ils allèrent droit au but.

– Alors ? demanda Topher.

– *Beeeeeen*… dit Sam, et ses amis se penchèrent plus près. Honnêtement, ça ne s'est pas si mal passé.

– C'est super ! s'exclama Joey.

– Après, il y a quand même eu beaucoup de larmes, annonça Sam. Mais dans l'ensemble, Candy Rae Gibson l'a plutôt bien pris. Je n'ai pas eu à lui expliquer ce que « transgenre » veut dire, ce qui est sympa. Apparemment, il y avait un personnage trans dans la dernière saison de *Grey's Anatomy*, alors ma mère pense être une experte sur le sujet maintenant. Elle m'a quand même posé plein de questions, est-ce que ça avait un lien avec elle, est-ce que j'étais transgenre parce qu'elle était une mauvaise mère, est-ce qu'elle aurait dû faire certaines choses différemment qui auraient changé la donne, *bla-bla-bla*, mais je lui ai assuré que ça n'avait rien à voir avec elle et elle était contente. À vrai dire, elle était un peu trop contente… elle m'a fait écouter avec elle *Born This Way* de Lady Gaga genre six fois de suite.

– Sam, je suis tellement heureuse pour toi ! dit Mo en le serrant fort dans ses bras. Tu stressais depuis des semaines !

– Ouais, ça fait du bien que tout le monde soit au courant maintenant. Je lui ai parlé de la clinique que j'ai trouvée à Providence où je compte entamer ma thérapie hormonale. Elle voulait savoir si elle pouvait venir elle aussi et peut-être se prendre un coup d'œstrogène, j'ai été obligé de lui expliquer que ce n'était pas comme se faire faire une manucure.

Joey était fou de joie pour son ami mais il ne put empêcher sa tristesse de se lire dans ses yeux.

– Joey, ça va ? demanda Sam.

– Carrément. Je suis vraiment content pour toi, Sam. J'aurais juste aimé que ce soit un peu plus facile pour moi, tu vois ?

– Tu n'as toujours pas reparlé à ton père ? demanda Mo.

– Pas un mot. Mais je déjeune avec ma mère un jour sur deux. Elle exagère tellement… elle porte toujours des lunettes de soleil et un voile pour que personne de l'église ne la reconnaisse. Je lui répète sans cesse que je suis gay, pas terroriste.

– Je sais que c'est horrible que ton père t'ait dit de partir en l'apprenant mais c'est génial de t'avoir chez moi, dit Topher. Joey nous soulage beaucoup, ma mère et moi, avec Billy. Et le week-end, il fait les meilleurs pancakes du monde. Hier, ma mère l'a même appelé « son fils » et ne s'est pas reprise.

– Je ne te remercierai jamais assez de me loger. Je dois admette que j'ai l'impression d'être en vacances. Je préfère Billy à tous ces païens avec lesquels je vivais.

Même s'ils étaient tous directement en face d'elle, Mo tapota son verre avec une cuiller pour attirer l'attention de ses amis.

– J'ai une petite annonce à vous faire, moi aussi. Aujourd'hui, j'ai réussi à convaincre mon père de financer mes études à Columbia.

– Excellent ! s'exclama Sam. Comment tu as fait ?

– Puisque la compassion ne servait à rien, j'ai tenté une autre méthode… le chantage ! déclara Mo fièrement. Je lui ai dit que s'il ne mettait pas la main à la poche, quand il serait vieux, je le mettrais dans la maison de retraite avec la pire évaluation sur Yelp. Ça a fait son effet.

Tout le monde rit et se tapa dans la main.

– Bien joué, Mo ! lança Topher.

– Sérieux, tu es terrifiante quand tu t'y mets, ajouta Joey.

Mo lui fit un grand sourire sournois mais qui s'effaça lorsqu'une pensée triste lui traversa l'esprit.

– Vous savez, c'est grâce à Cash si j'ai pu le faire, en réalité. J'ai beaucoup pensé à lui aujourd'hui. Vous vous rendez compte, ça fait un mois qu'il est mort.

– Ça me paraît toujours irréel, comme le voyage tout entier d'ailleurs, répondit Sam. Il était comme la pire version au monde de Mary Poppins. Il a déboulé un beau jour dans nos vies, nous a retourné le cerveau pour que nous fassions des choses horribles et, d'une façon ou d'une autre, a changé nos vies pour le mieux. Je suis allé voir avec ma mère la voyante à laquelle elle fait des permanentes, vous savez, au cas où l'esprit de Cash aurait quelque chose à dire.

– Il s'est manifesté ? demanda Topher.

– Pas au début, expliqua Sam. Donc j'ai demandé à Mme Beauffont, c'est le nom de la voyante, de faire tous les efforts possibles pour entrer en contact avec lui. Elle a reçu un message très clair de quelqu'un et je pense que c'était lui.

Tous ses amis se tenaient au bord de leur chaise.

– Et ? demanda Joey. Qu'est-ce que ça disait ?

– « La ferme, je me tape Marilyn Monroe ! » lança Sam.

Tout le monde rit si fort que les autres clients du restaurant se retournèrent. D'une phrase vulgaire, ils eurent la confirmation qu'il y avait bien une vie après la mort. Seul le vrai Cash aurait pu faire une remarque pareille.

– C'est pas pour jouer les rabat-joie mais est-ce que quelqu'un a vu les images des funérailles de Cash aujourd'hui ? demanda Mo.

– Pourquoi a-t-il fallu attendre un mois pour les organiser ? rebondit Topher.

– Parce que Cash était sponsorisé par Canon et que leur nouvel appareil photo sort cette semaine. Moi, je les ai regardées jusqu'à ce que Damien Zimmer fasse un éloge funèbre, puis j'ai arrêté. J'ai bien fait parce que apparemment Kylie Trig a chanté *Wind Beneath My Wings* juste après.

– Ça ressemble plus à l'exécution de Cash qu'à son enterrement, dit Joey. Comment la personne qui a lancé une grève de la faim internationale à l'annulation de *Wiz Kids* a-t-elle pu être invitée à chanter à la cérémonie en l'honneur de son acteur principal ? Et elle ne sait même pas chanter !

– Je n'ai vu aucune vidéo mais j'ai vu des photos, dit Sam. Et je suis désolé mais c'est tellement de mauvais goût de mettre un tapis rouge à un enterrement. Est-ce qu'Amy Evans devait porter un chapeau Pharrell à la cérémonie ? C'est tellement irrespectueux.

Toute la tablée était d'accord là-dessus.

– Les mercredis soir ne seront plus jamais pareils, dit Topher. Peut-être qu'on devrait toujours se faire un chat vidéo un soir de semaine et commencer à regarder une autre série, comme *Game of Thrones* ou *The Walking Dead*. On peut même proposer à Huda et Davi de se joindre à nous !

– Excellente idée, répondit Mo. Et n'oubliez pas, on va tous voir Sam à Rhode Island le week-end de Thanksgiving, puis on revient tous ici à Noël, et au printemps vous venez me voir à New York.

– Je suis tellement content que tu restes à Downers Grove pour tes études, Joey, dit Sam. Je doute que l'Oklahoma soit un super endroit pour passer des vacances.

– Oui, moi aussi je suis content de rester ici. Topher et moi allons tous les deux faire notre licence puis nous irons dans un endroit mieux coté. Espérons dans un endroit sur la côte est, pas loin de vous pour que nous nous retrouvions plus facilement pendant les vacances.

Topher regarda autour de la table et sourit à ses amis. Ils avaient tenu la promesse faite à Cash et avaient fait beaucoup de progrès en un mois. Il espérait que, de là où était l'acteur, il les regardait avec fierté. Toutefois il ne se laissa pas emporter car le moment fut interrompu quand son téléphona vibra dans sa poche.

– Quelqu'un m'appelle avec le préfixe 323. Vous savez d'où ça vient ?

– Los Angeles, je crois, répondit Mo.

– Allô ?

– Bonjour, suis-je bien au numéro de M. Christopher Collins ? demanda un homme au téléphone.

– Oui, qui est à l'appareil ?

– Je suis vraiment soulagé de réussir à vous contacter enfin, monsieur Collins. J'essaie de vous joindre depuis deux semaines. Je m'appelle Carl Weinstock, j'étais l'avocat de Cash Carter avant sa disparition.

– Bonjour, M. Weinstock, répondit Topher avant de couvrir son micro pour répondre aux regards de curiosité de ses amis. C'est l'avocat de Cash.

– Qu'est-ce qu'il veut ? chuchota Joey.

Topher haussa les épaules.

– Qu'est-ce que je peux faire pour vous ?

– J'espère que je ne vous dérange pas. Je suis l'exécuteur testamentaire de M. Carter et dois terminer de distribuer ses biens d'ici à la fin de la semaine. Il a laissé un trust à votre nom. Si je viens à Chicago par avion demain, vous seriez libre pour me rencontrer ?

– Euh, bien sûr, dit Topher avant de parler à ses amis. Cash m'a laissé quelque chose dans son testament.

– Dis donc ! lança Sam.

– Vous ne connaîtriez pas M. Joseph Davis, Mlle Samantha Gibson ou Mlle Moriko Ishikawa, par hasard ?

– À vrai dire, ils sont tous les trois assis juste devant moi.

– Qu'est-ce qu'il nous veut ? demanda Mo.

– Magnifique ! s'exclama M. Weinstock. M. Carter a laissé des trusts à leurs noms aussi. Pourraient-ils se joindre à nous si nous trouvons un moment demain qui convienne à tout le monde ?

– Je leur demande. Sam, à quelle heure je te conduis à l'aéroport demain ?

– Pas avant seize heures.

Topher leva un pouce en l'air.

– On est libre jusqu'à quinze heures environ.

– Très bien. Je réserve un vol pour ce soir. J'ai un associé à Chicago qui nous laissera utiliser sa salle de réunion. Je vous recontacte demain pour vous confirmer l'horaire et le lieu.

– Parfait, à demain.

Topher raccrocha. Ses amis le fixaient comme s'ils regardaient un film d'Hitchcock avec le son coupé.

– Qu'est-ce qu'il voulait ? demanda Mo.

– Apparemment, Cash a laissé quelque chose pour chacun d'entre nous dans son testament. Son avocat veut nous rencontrer demain à Chicago pour nous distribuer ce que Cash a mis de côté pour nous.

– Waouh ! s'exclama Sam. Je me demande ce qu'il nous a laissé.

– J'espère que ce n'est pas de la beuh qu'il nous a fait fumer, répondit Mo.

* * *

À dix heures le lendemain matin, Topher reçut un message de Carl Weinstock avec un horaire et une adresse de rendez-vous. Topher transféra le message à ses amis et, à quatorze heures, les autres amis le rencontrèrent au vingt-deuxième étage d'un immeuble de bureaux dans le centre de Chicago. L'étage appartenait à une entreprise chic appelée Meredith Brown & Associés, et la réceptionniste à l'accueil les conduisit jusqu'à une grande salle tout en longueur, intimidante. Carl Weinstock les y attendait avec un attaché-case ouvert. C'était un homme petit et rond avec une épaisse moustache.

– Merci beaucoup à vous tous de me voir avec un préavis si court, dit-il en leur serrant la main. Asseyez-vous, je vais faire au plus vite.

Topher, Joey, Sam et Mo s'assirent en face de l'avocat qui passa à chacun un dossier avec leur nom dessus.

– Avant toute chose, permettez-moi de vous adresser mes sincères condoléances. Je travaillais avec Cash depuis ses douze ans, alors la période est difficile aussi bien pour moi que pour mes collègues. Peu de temps avant sa mort, Cash a mis de côté une somme pour chacun d'entre vous pour payer vos études. Allez-y, regardez.

Ils ouvrirent tous le dossier en face d'eux et baissèrent la tête, choqués du montant astronomique que l'acteur leur avait laissé.

– Putain de bordel de merde ! s'exclama Joey.

– C'est… c'est… pour nous ? demanda Sam.

– Oui. M. Carter n'était pas sûr du montant exact de vos frais de scolarité, comme vous allez tous intégrer des universités différentes, mais il voulait vous laisser suffisamment pour que vous n'ayez pas à vous inquiéter.

– Il croyait qu'on allait où ? s'écria Mo. Buckingham Palace ?

– Il y a trois zéros de plus que nécessaire, dit Topher.

– Il y a une seconde page, précisa Carl.

Les jeunes tournèrent la première page et découvrirent un autre généreux don de la part de l'acteur.

– Comme vous pouvez le constater, la seconde page est personnalisée avec vos besoins spécifiques. Monsieur Davis, Cash vous laisse son appartement de l'Upper East Side à Manhattan, au cas où vous poursuiviez votre carrière artistique à New York. Mademoiselle Moriko, Cash vous cède les droits de sa biographie, au cas où vous décideriez d'écrire sa vie d'acteur un jour. Et pour M. Collins et Mlle Gibson, Cash laisse un trust supplémentaire. Pour vous, monsieur Collins, le second trust s'appelle le Billy Trust, qui contient de quoi payer un assistant de vie à plein temps pour votre frère afin que vous puissiez vous concentrer sur vos études. Mademoiselle Gibson, Cash n'a laissé aucune information sur la façon dont il voulait que vous utilisiez ce second trust, mais il l'a appelé Trust de transition.

Après toutes les bombes que les jeunes de Downers Grove avaient subies au cours de l'été, ils pensaient que plus rien ne pourrait les choquer. Cependant, ils fixèrent tous les quatre les documents officiels les yeux écarquillés et la bouche ouverte ; ils n'avaient pas l'habitude des bonnes surprises.

– Je vois que vous êtes tous bouleversés. Je vais vous laisser seuls un moment pour que vous puissiez absorber ces informations. Si vous avez des questions, je serai dans la pièce voisine.

L'avocat quitta la salle de réunion pour leur donner quelques minutes d'intimité. Il fallut un moment à Topher, Joey, Sam et Mo pour s'assurer qu'ils ne rêvaient pas, et plus longtemps encore pour trouver les mots pour se parler.

– Putain de bordel de merde, répéta Joey, comme si tous les autres mots du dictionnaire lui échappaient.

– On a le droit d'accepter tout ça ? demanda Sam.

– Bien sûr que oui, répondit Joey. Tout partira aux impôts si on n'accepte pas, hein, Topher ? Topher ?

– Désolé, je ne m'en remets vraiment pas. Je n'aurais jamais cru que Cash fasse ça pour nous. Et toi, Mo ? C'est toi, la créative, dans le groupe. Tu imaginais que quelque chose comme ça puisse nous arriver ?

En dépit de son imagination débordante, Mo était aussi choquée qu'eux. L'apprentie écrivaine avait l'impression qu'elle et ses amis étaient en train de vivre un *happy end* ridicule à la dernière page d'un de ses récits abracadabrants.

– Absolument pas… Je me fiche de ce que Cash a dit le premier jour dans la voiture, tout ce qui nous est arrivé cet été… c'était bien plus bizarre que de la fanfiction !

NOTE DE L'AUTEUR

Le Voyage de nos vies raconte l'histoire de cinq jeunes adultes face à des difficultés sociales particulières. De nombreux sujet sensibles y sont abordés dans l'espoir de réconforter et d'encourager les lecteurs qui pourraient connaître des difficultés semblables, ainsi que d'éduquer et de sensibiliser les autres lecteurs.

Cependant, dans le souci d'une narration de qualité, les choix et les idées des personnages sont parfois douteux. Veuillez ne pas faire de leurs agissements une généralité ni un exemple à suivre ; ce sont les erreurs et les triomphes d'êtres humains.

Et si vous êtes parent, je vous promets que votre enfant a déjà lu tous les gros mots qui s'y trouvent…

REMERCIEMENTS

Je tiens à remercier Rob Weisbach, Alvina Ling, Alla Plotkin, Melanie Chang, Megan Tingley, Derek Kroeger, Will Sherrod, Heather Manzutto, Rachel Karten, Nikki Garcia, Jerry Maybrook, Joey Garcia, Kheryn Callender, Collyn Dungey, Fox Benwell, Jen Graham, Karina Granda, Ruiko Tokunaga, ainsi que ma famille et tous mes amis.

Et, bien sûr, tous les auteurs de fanfiction dans lesquelles mes acolytes et moi-même avons eu le privilège d'être inclus. Merci de m'avoir inspiré… et de me décrire avec des abdos.

IMPRIM'VERT®   PEFC™ 10-31-1510

Imprimé en France
par Corlet Imprimeur
14110 Condé-en-Normandie
N° d'imprimeur : 202719
Dépôt légal : mars 2019
ISBN : 978-2-7499- 3483-9
LAF 2507